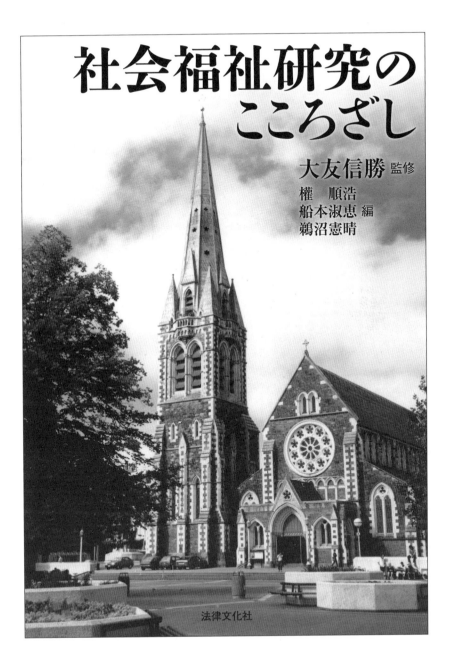

社会福祉研究のこころざし

大友信勝 監修

權　順浩
船本淑恵 編
鵜沼憲晴

法律文化社

巻頭言

　本書は、大友信勝先生の研究生活50周年のお祝いを機に、大学院ゼミ生（当時）による感謝の気持ちを少しでもお伝えしようと企画したものです。そして、この趣旨から寄せた論稿によって編纂されています。

　恩師の大友先生は2012年3月末をもって、日本福祉大学、東洋大学等を経て、龍谷大学において定年退職を致しました。半世紀にわたって社会福祉分野に携わりつつ、社会福祉にとって何よりも重要な理念や価値を一貫して大勢の学生に教授してこられました。いまや大友先生から教わった理念と価値を受け継いだ大勢のゼミ生たちが日本をこえ、東アジア全域で活躍しています。とくに、社会福祉分野においては、社会福祉実践家はもちろん、先生と同様に社会福祉の人材育成をはかる研究者もいます。

　大友先生から教わったのは、単なる社会福祉に対する知識や価値、理念だけでなく、ひとりの人間として、ひとりの研究者としてどう生きていくべきなのか、研究者としての生き方であったと思われます。

　退職後でも、大友先生は、研究機関に所属し、現役なみの研究活動や社会活動等をなさっており、自ら率いて、われわれと共同研究や国内外の調査等を行い、より大きく成長できるようにご指導なさっておられます。このように、大友先生から言葉では言い表せないほど多くのことを学びました。

　そのすべてを恩返しすることができません。弟子としてできることは、大友先生への感謝の気持ちをお伝えすることと、先生が大事にしてこられた社会福祉の理念や価値、生き方を受け継ぐことと、それを次世代に伝えることだと思われます。

　本書の構成は、第1部「社会福祉行政と貧困」、第2部「障害者の自立支援と課題」、第3部「高齢者福祉の論点と課題」、終章に「社会福祉研究・教育の歩み」の4部構成となっています。

　第1部は、社会福祉の法的側面から捉える際の課題、生活保護行政の現状と進むべき方向性の提示、母子世帯・子どもの貧困問題の現状と実践に関する5

本の論稿が寄せられました。第2部は、障害年金に着目した国際比較を含む論稿が2本、障害者福祉政策の動向に関する検討、そして、障害者の自立に向けた実践的研究の論稿4本で構成されています。第3部は、高齢者福祉教育、高齢者施策、高齢者サービス等、国際比較の検討も含めた5本の論稿で、高齢者の福祉に関して、現状と課題、実践が示されています。このように、各部ではそれぞれの領域における理論、現状、実践について論じられています。そして、終章「大友先生の自分史」では、学生時代から現在まで、大友先生が社会福祉の道を選ばれた背景や学生時代に学んだこと、そして研究・教育者として50年間歩んでこられた価値や思想等が述べられています。そして、終章「社会福祉研究・教育の歩み」では、学生時代から現在まで、大友先生が社会福祉の道を選ばれた背景や学生時代に学んだこと、そして研究・教育者として50年間歩んでこられた先生の価値や思想が述べられています。

　大友先生がこれまで旧産炭地域（筑豊）や中山間地域、あるいは、大都市公営住宅居住者調査、母子世帯調査等、実証研究を重視し、社会的に弱い立場の声に耳を傾け、その現状・実態を把握し、生活問題改善と解決に取り組まれた研究には、「社会福祉とは何か」を原点から追求する視点と方法が組み込まれています。現在における新たな貧困（生活）問題は経済的困窮だけではなく、社会関係の悪化や貧困の世代的再生産につながる重層化した問題を含み、社会的視点から取り組む方法を基礎においています。

　大友先生は「底辺に向かう志」を大事にされておられますが、その根底には、個人の尊厳や社会正義、ソーシャルアクション、当事者主権といった社会福祉の基本的な価値と思想が深く根ざしており、それを貫くために権力にも抗する民主主義の価値と理念がありました。そうした思想と価値は、子どもの頃から受けた北方性教育（生活綴り方）と大学時代のセツルメント運動が基底にあり、高島進ゼミナールに入り、それを社会科学的に体系化する視点を学んだものと考えます。こうした、先生の研究姿勢や思想・価値に敬意を表し、本著のタイトルを『社会福祉研究のこころざし』としました。

　本書は、貧困、障害者、高齢者といった各分野別それぞれのテーマは大学院時代に各執筆者が先生からご指導を受けたものです。そして、すべての内容は

先生が貫いてこられた思想と価値に基づいて論じられており、それが本書の大きな特徴といえます。

　このような形で「社会福祉研究のこころざし」が出版でき、少しでも大友先生に対する感謝の気持ちを表すことができ、大変嬉しいことです。この気持ちは、博士の学位取得後、急逝された故野中ますみ氏（龍谷大学で博士号取得）はもちろん、今回の刊行に参加することができなかった大勢の大友ゼミ先輩や後輩たちも同じだと思われます。

　ここまでたどり着くことができたのは、研究会や合宿を通して、惜しみないご助言をくださった「社会福祉原論研究会」皆様のご協力によるものであり、改めて感謝申し上げます。そして、当初の予定より遅くなり、各執筆者と先生にご心配をおかけした点においては、すべて編集委員の力不足によるものであり、お詫び申し上げます。

　大友先生は、これからも人の生命を大切に、人間の尊厳を重んじ、社会的排除や差別のない、誰もが安全に安心して暮らせる福祉社会の実現にむけて揺らぎない信念のもと、社会的に最も弱い立場におかれている人々の生活問題改善・解決のため、研究及び社会活動をなさるでしょう。先生のますますのご健勝・ご活躍を心より祈念しております。

　最後になりましたが、出版情勢が厳しい中、本著の刊行に特段のご配慮とご尽力をいただいた法律文化社の小西英央氏に、深く感謝申し上げます。

　2016年12月

編集委員　權　順浩（代表）　船本淑恵　鵜沼憲晴

目　次

巻頭言

第1部　社会福祉行政と貧困

1章　社会福祉事業の法的再構築　　　鵜沼　憲晴　3
　　―社会福祉事業を構成する6要素に焦点をあてて

2章　生活保護行政における自立支援の到達点と課題　　　戸田　典樹　19
　　―伝統的自立支援を克服し新しい自立支援の確立を目指して

3章　ワークフェアか所得保障か　　　武藤　敦士　45
　　―女性労働者問題から考える母子世帯の貧困

4章　「子どもの貧困」の問題点と対策　　　田中　聡子　62

5章　"人を人として"大阪市西成区「こどもの里」の営為　　　竹之下　典祥　81
　　―子どもがもつ主体性と福祉実践教育の可能性を信じて

第2部　障害者の自立支援と課題

6章　障害年金給付のあり方と精神障害者の生きづらさ　　　青木　聖久　97
　　―近年における障害年金の不支給や支給停止への対峙として

7章　障害年金に関する日中韓比較研究　　　磯野　博　113
　　―障害者に対する保護雇用との関連から

8章　社会開発政策におけるコロニー　　　船本　淑恵　132
　　―障害者の地域移行政策との関連において

9章　機能的で自発的なコミュニケーションの支援を考える　　門　道子　151
　　　　―自閉症児の自立に向けて

第3部　高齢者福祉の論点と課題

10章　「高齢者福祉」教育の現状と課題　　權　順浩　175
　　　　―日本社会福祉教育学校連盟会員校のシラバス分析を中心に

11章　社会福祉士養成課程における高齢者福祉分野科目の位置づけ　　森田　靖子　195
　　　　―国家試験問題からの一考察

12章　医療制度改革は高齢者に何をもたらしたか　　湯川　順子　210
　　　　―2000年以降を中心に

13章　特別養護老人ホームのサービスは利用者主体となりえているのか　　大友　芳恵　226
　　　　―措置制度から介護保険への制度変化のなかで

14章　韓国における認知症高齢者支援システムの現状と課題　　李　栖瑛　246
　　　　―日本における認知症高齢者への支援システムとの比較を通して

終　章　社会福祉研究・教育の歩み　　大友　信勝　257
　　　　―自分史を中心として

大友信勝先生　略歴

第1部
社会福祉行政と貧困

*1*章 社会福祉事業の法的再構築
―― 社会福祉事業を構成する6要素に焦点をあてて

鵜沼　憲晴

1 はじめに

　社会福祉事業は、1951年制定の社会福祉事業法（以下、51年法）にて法定列挙されて以降、福祉六法体制への移行、1990年の老人福祉法等の一部を改正する法律による社会福祉事業法改正（以下、90年法）、社会福祉法（以下、社福法）等において新規事業が追加されてきた。30あまりでスタートした社会福祉事業は、現在70種類を超える。

　しかし、そもそも「社会福祉事業」とは、いかなる事業なのか。

　この命題は、51年法制定から60年以上が経過したにもかかわらず、法制においても理論的にも等閑視され続けてきた。結果、社会福祉事業の場当たり的追加および個別分野法あるいは事業ごとに相違する事業手続、事業監査方法をもたらし、かつ統括的概念の確立を困難にしている。「社会福祉基礎構造改革について（中間まとめ）」（以下、「中間まとめ」）は、社会福祉事業の「範囲の見直し」および「規制及び助成」の「検討」等、「社会福祉の基礎構造ともいえる社会福祉事業…」の「抜本的改革」を提起したが（「中間まとめ」Ⅰ、Ⅲ1.(1)）、社福法に反映されたのは、新規事業の追加と適用除外要件の一部緩和にとどまり、上記命題が明らかになるような「改革」には至らなかった。

　また、近年の特定非営利活動、社会的企業による事業あるいは民間営利事業の振興は、社会福祉事業との境界線を曖昧化し、その独自性・排他性を脅かしている。

　社会福祉事業が、憲法第11条、第25条を基盤とする公的サービスとして今後も重要な役割を担うならば、社会福祉事業を構成する条文を検討し、必要な立法課題を提起すること、すなわち社会福祉事業の法的再構築が喫緊の課題であ

ろう。

「共通的基本事項」を定める社福法において（社福法第1条）、社会福祉事業を構成する条項は、①社会福祉事業の法的範囲（社福法第2条第1項・第4項）、②社会福祉事業の種別区分（同条第2項、第3項）、③社会福祉事業の経営を行うための手続（第62条～第69条）、④社会福祉事業の経営主体（第60条）、⑤社会福祉事業の質確保のために実施される事業監査、改善命令等（第70条～第73条）、⑥利用者の利益の確保（第75条～第87条）の6要素にカテゴライズできる。

本稿は、これら6要素を検討対象とし、社福法および個別分野法における6要素の法的実態分析2、および法的再構築に向けての課題提起3を目的とする。

2　社会福祉事業の現状

1　社会福祉事業の法的範囲

(1)　**行政主導による社会福祉事業の改廃**　51年法に至る法案には、「この法律の適用を受ける『社会福祉事業』とは、生活保護法…、児童福祉法…、身体障害者福祉法…の適用を受ける事業その他援護、育成又は更生を要する者に対し、必要な指導その他の措置を講じ、社会の成員としてその能力を発揮せしめることを目的として行う事業…」（「1951年2月6日付　社会福祉事業法案」第2条）のごとく、社会福祉事業の法的定義を試みたものもあった。が、木村いわくその「困難」故に断念し、結局、適用事業を「列挙的に定め」る方法を採った（木村 1955：16、33）。そしてその方法は、社福法においても「一般的に通ずる性格を見出すのは容易なことではない」（社会福祉法令研究会編 2001：68）との理由により踏襲されている。すなわち、社会福祉事業の範囲については、51年法以来、適用事業の列挙および適用除外要件の例示列挙（社福法第2条）のまま放置され続け、その採否は、専ら行政主導によって行われてきた。これにより、経済的、社会的変動にともなう福祉ニーズの顕在化・増大といった、主となるべき要因に加え、政策方針、政局の動き、あるいは他省庁との軋轢といった政治的動向や行政の都合によって社会福祉事業の種類が増減するきっかけを作った。

また社福法においては、福祉サービス利用援助事業の追加と公益質屋経営事業の削除が行われた。前者は、契約制度に不可欠な事業ではある。しかし当該事業は、実施主体が不明であり、かつ社会福祉事業によって提供される「福祉サービスの適切な利用のため」の事業であるにもかかわらず、第2種社会福祉事業に含まれてしまった（社福法第2条第3項第12号）、よって、公的主体が実施する何らかの福祉サービスを提供する事業という社会福祉事業の法的性格が混迷化することとなった。後者に関しては、その根拠として全国で5施設と「事業数がごく少な」く、「代替的福祉施策」が充実してきたことが挙げられている（厚生省社会・援護局企画課 1999：13）。しかし、「中間まとめ」に至る計13回の中央社会福祉審議会社会福祉構造改革分科会において、公益質屋経営事業廃止に関する発言は、「社会福祉事業の範囲については、…たとえば公益質屋や授産について、制定当時の事情はあるものの、事業の内容から見直しをし、第1種、第2種の内容について整理をしておく必要があるのではないか」という1本に過ぎない（厚生省社会・援護局企画課 1998：40　発言8）。

　以上より、行政主導による社会福祉事業の採否は、社会福祉事業の範囲を拡散させ、ひいては社会福祉事業の統括的把捉を困難とし、またニーズの高い事業が社会福祉事業から排除される危険性をも生じさせるといえる。よって、一定の社会福祉事業の定義化および社会福祉事業の追加・削除過程の明示化が必要といえよう。

(2)　**社会福祉を目的とする事業との関係**　　さらに、社福法は「社会福祉を目的とする事業」を法対象事業としたが（社福法第1条）、当該事業について、法的定義をはじめ、該当事業の例示列挙、あるいは適用要件、適用除外要件の列挙もない。「この法律は、社会福祉を目的とする事業の全分野における共通的基本事項を定め」（社福法第1条）という文言からすれば、適切な「福祉サービスを提供する事業」（社会福祉法令研究会 2001：62）であり、社会福祉事業を含むことは理解できる。しかし、社会福祉事業以外の社会福祉を目的とする事業（以下：「狭義の社会福祉を目的とする事業」）については、有料老人ホーム（老人福祉法第4章の2）や認可外保育施設経営事業（児童福祉法第59条の2）等の個別分野法に規定される民間営利事業との関係、あるいは地域公益事業（社福法

第55条の2）、老人の福祉を増進することを目的とする事業（老人福祉法第10条の3）、社会福祉に関する活動（社福法第4条）、福祉サービスに「参画する者の活動」（児童福祉法第21条の8、身体障害者福祉法第14条の2、知的障害者福祉法第15条の3）等との関係が条文上不明である。

「社会福祉事業の公明かつ適正な実施の確保」と「(狭義の)社会福祉を目的とする事業の健全な発達」を図ることを目的としたならば（社福法第1条）、「狭義の社会福祉を目的とする事業」に該当する事業についても、一定範囲の明示は必要であると考える。

2 社会福祉事業の事業種別

(1) **曖昧な種別区分根拠**　51年法では、社会福祉事業を第1種、第2種に区分した。木村は「その対象に対する影響の軽重から」種別化したと述べる（木村 1955：33）。そして社福法も当該種別区分を引き継いでいる（社福法第2条第1項）。

しかし、「対象に対する影響の軽重」という曖昧な基準は、時々の政策動向と大きく関連し揺れ動くこととなる。例えば、福祉六法の成立をみた1960年代は、精神薄弱児通園施設、肢体不自由児通園施設、情緒障害児短期治療施設、通所型身体障害者更生援護施設等、通所型あるいは短期入所型の社会福祉事業さえも第1種とされた。逆に、低成長期に入った80年代後半以降は、第2種が急増する。そこには、認知症対応型老人共同生活援助事業、小規模住居型児童養育事業、児童自立生活援助事業のように、入所施設に相当する事業も含まれている。

こうした矛盾の要因は、「対象に対する影響の軽重」という抽象的な区分根拠ゆえに、財政状況や民間営利事業経営者参入の推進をはじめとする政策意図によって種別区分が容易に操作されてきた点にある。結果、種別化の意義や根拠の稀薄化を招いている。

(2) **入所型と在宅型の接近**　社福法以降では、小規模多機能型居宅介護事業、複合型サービス福祉事業のように、総合的・包括的なサービス提供を行う事業が第2種とされる一方、第1種である救護施設、特養等の最低基準におい

て「サテライト型」小規模施設の設置が認められている（「特別養護老人ホームの設備及び運営に関する基準」（以下：「特養基準」）第12条第7項、「救護施設、更生施設、授産施設及び宿所提供施設の設備及び運営に関する基準」（以下：「救護施設等基準」）第9条）。

地域福祉理念（社福法第4条）や障害のある人の権利に関する条約第19条各項における「地域社会で生活する権利」からすれば、在宅福祉事業の総合的、包括的提供および入所施設のさらなる小規模化・サテライト化は必然であろう。今後、両者の接近あるいは統合によって、種別区分のさらなる曖昧化が促進される可能性がある。とすれば、上記木村の見解に依拠した現行種別区分の是非および区分方法の検討が求められよう。

3　社会福祉事業の事業手続

51年法は、事業開始等の手続につき個別分野法を優先させた。それにより、社会福祉法人による施設設置をともなう第1種の事業開始手続は、福祉六法が出揃った段階で、①児童福祉法、生活保護法、老人福祉法における都道府県知事の認可、②51年法による事前届出（軽費老人ホームや婦人保護施設等）、③身体障害者福祉法における51年法による事前届出および都道府県知事の指定、④精神薄弱者福祉法における51年法による事前届出および都道府県知事による施設基準適合の判断、の4種類となり、第1種という種別の共通性、整合性が失われていった。とりわけ認可については、児童福祉法、生活保護法のみならず、51年法以後に制定された老人福祉法においても採用されている点で、「共通的基本事項」を定めるとする51年法の目的や届出とした根拠（木村 1955：205）が蔑ろにされたことがうかがえる。

90年法になると、それが第2種にも及ぶ。90年法における第2種事業の事業開始が都道府県知事への事後届出とするのに対し（90年法第57条）、居宅介護等事業等は都道府県知事への事前届出となり、都道府県知事による事業の制限または停止を行う場合、老人および身体障害者を対象とする事業のみ地方社会福祉審議会の意見聴取の手続が課せられた。以降でも、障害者総合支援法の都道府県知事の「指定」、子ども・子育て支援法における「市町村長の確認」等が

加わり、現状においてますます多様化の様相を呈している。

　社福法と個別分野法とで事業手続が相違する点については、51年法70条（社福法74条）を根拠に、51年法（社福法）と個別分野法との関係を「一般法」と「特別法」の関係として捉える見解が通説であり（黒木 1951：78、146、小川 1992：117）、これまで不問とされてきた。しかし、同じ種別区分でありながら、社福法と個別分野法間、個別分野法相互間、あるいは各事業間において事業手続が相違する論理的必然性、整合性があるのかは、甚だ疑問である。当該相違が縦割り行政によるものに過ぎないならば、こうした状況が種別区分を形骸化させていることに鑑み、社会福祉事業すべてに共通する、または種別ごとに統一的な事業手続が規定されるべきであろう。

4　社会福祉事業の経営主体

　51年法は、第1種にのみ経営主体の原則的制限を課した。しかし木村は、「社会福祉事業をおこなうことをその本来の目的として組織される法人ならば、原則として社会福祉法人であることをたてまえとすることを本旨とし…、第二種社会福祉事業にぞくするもの…であっても、…社会福祉法人の本来の目的となるものにほかならない」（木村 1955：146）としている。51年法制定当時は、社会福祉事業の「純粋性」の保持、「公共性」の向上を促進し、もって「公共の責任をまっとう」するため（木村 1955：28、32、49）、さらには「対世間的な信用というものを確保」（1950年「第十回国会参議院　厚生委員会会議録」15）するため、実質的に、経営主体を国、地方公共団体、社会福祉法人に限定していたといってよい。

　ところが、第2次臨調行革路線の到達点ともいえる90年法第3条は、「国、地方公共団体、社会福祉法人その他社会福祉事業を経営する者」という表現を用いた。すなわち、社会福祉法人以外の民間事業経営者の参入を前提とする方向へと転換したのである。90年法による第2種社会福祉事業の大幅増加以降、「民間事業者による在宅介護サービス及び在宅入浴サービスのガイドライン」（昭和63老福27、社更187）、民間事業者による老後の保健及び福祉のための総合的施設の整備の促進に関する法律、介護保険法における事業者指定、「保育所

の設置認可等について」(平成12児発295)等により、社会福祉事業経営主体の民間開放は急速に展開していく。社福法以降では、2002年の「軽費老人ホームの設備及び運営について」(平成14老発0130002)による許可法人、2011年の「介護サービスの基盤強化のための介護保険法等の一部を改正する法律」による社会医療法人の追加(老福法第15条第4項)等、経営主体の多様化が第1種にも及ぶ。

今後、こうした傾向が継続するならば、経営主体からみた第1種、第2種社会福祉事業の相違や、第2種社会福祉事業と「狭義の社会福祉を目的とする事業」あるいは一般的な接客業との相違、ひいては社会福祉事業そのものの概念が曖昧化するであろう。

5 福祉サービスの質確保施策

(1) **相違する施設最低基準の位置付け**　個別分野法の主管局・課ごとに定められる施設最低基準は、厚生省令、厚生省告示、厚生省各局(長)通知と、その位置づけは各担当部局によって相違するものであった。また、事業監査の対象の範囲や表現も個別分野ごとに相違し、軽費老人ホームでは最低基準がありながら事業監査規定がない等、事業間での不均衡も生じさせた。こうした縦割り行政の弊害は、実際に監査を実施する都道府県行政および担当職員の縦割り運用をもたらし、利用する施設種別によって享受するサービスの質に格差が生じる危険を生んだ。

(2) **サービスの質に関する基準の格差**　施設最低基準は、いずれも施設設備、職員の職種、人数等のハード面の規定が中心であり、福祉サービスそのものについての基準は極めて少なかった。しかし、1994年の改正老人福祉法第21条の2において処遇の質の評価および利用者の立場に立った処遇が規定され、社福法でも、社会福祉事業経営者による良質かつ適切な福祉サービス提供努力および国による福祉サービスの質の公正かつ適正な評価の実施(社福法第78条)が追加される等、福祉サービスの質に関する条文が増えてきた。そしてそれらを踏まえた施設最低基準改正では、例えば刷新された「特養基準」(平成11厚令46)は、処遇の方針、介護、食事の提供、苦情処理、地域との連携等の条文が

追加されている。

一方、「母子福祉施設の設備及び運営に関する基準」では、苦情への対応が追加されておらず、また「救護施設等基準」や「婦人保護施設の設備及び運営に関する基準」においては、依然として設備、職員配置に重点が置かれ、サービスに関する基準が乏しい等、各個別分野間における最低基準の格差も生じている。

さらに、2011年の「地域の自主性及び自立性を高めるための改革の推進を図るための関係法律の整備に関する法律」では、施設最低基準を各都道府県の条例に委ねた（社福法第65条等）。地方分権の象徴の1つとして評価できる一方、説明責任、福祉サービスの内容、設備に関する基準（例えば「特養基準」第15条第3項、第16条第1項～第6項、第35条第1項～第3項等）が「参酌すべき基準」（第1条第1項第4号）となっている点で、福祉サービスの質における都道府県間格差をもたらす危険があるといえる。

6　福祉サービス利用者の利益

51年法においては、社会福祉事業経営に対する助成と監督に関する条文が中心であり、「利用者」の視点は乏しかったが、1970年代以降は、重度障害児・者を対象とする事業や特別養護老人ホームの急増により、収容の場から生活の場へ、被収容者から生活主体者へ、という意識の転換が求められるようになった。しかし、利用者の利益を掲げる条文の新設や入所生活の質を向上するような最低基準の改正は遅々として進まなかった。

それに対し、社福法は、第1条において「福祉サービス利用者の利益の保護」を法目的に掲げ、新設した第8章においてその利益保護の具体的内容を提示しており、「利用者」の視点を導入した点は評価できる。しかし、社福法第1条での「利益の保護」は、契約制度での「対等な関係」の確立が主眼とされたため（「中間まとめ」Ⅱ①）、①契約制度による福祉サービス利用者を主たる対象とされている点、②社会福祉事業経営者等の努力義務とされていることから反射的な利益にとどまり、利用者の権利として列挙されていない点、③保護される利益も、抽象的な条文の文言により利益の内容が不明確となっている点で問題

である。①については、措置制度は「中間まとめ」において「利用者と提供者の間の法的な権利義務関係が不明確であ」り、「対等な関係が成り立たない」（Ⅲ 1(3)）と批判されたが、児童養護施設等において、利用者の特徴から存続が必要な事業があるならば、むしろその利用者の利益保護こそを詳細に規定すべきと考える。また②は、1995年勧告が「社会保障推進の原則」として挙げた社会福祉の「権利性」（1995年勧告第1章第1節2）という点からすれば、不十分であると判断せざるを得ない。さらに③では、例えば誇大広告について、「著しく事実に相違する」表示や「著しく優良」であると誤認させる表示は禁止され、違反した場合の不利益処分が規定されているが（社福法第72条第2項、第79条）、その対象事項が限定され（社福法規則第19条）、かつ「著しく」に相当する範囲が不明であることから、ともすれば利用者の利益に反する条文になりかねないという点が挙げられよう。

3　社会福祉事業再構築のための立法課題

以上、社会福祉事業を構成する6要素の実態から、揺らぎつつある現状を明らかにした。われわれは、社会福祉事業の再構築に向けて以下のような理論的、立法的課題を早急に検討する必要がある。なお、筆者は、その検討の基底として、社福法を社会福祉事業の「共通的基本事項」を規定する「社会福祉事業の基本法」として位置づけること、すなわち、①関連他事業との境界の明確化、②事業手続、事業監査等、社会福祉事業経営に関する規定の集約、③福祉サービス利用過程における利用者の総則的権利の明示を想定している。②は、社会福祉事業間の整合性の向上、ひいては①の社会福祉事業の独自性を担保するものとなる。また③によって、社福法は、憲法と個別分野法を媒介する役割を担い、利用者の権利の体系化が可能となるだろう。

1　対象事業の範囲

(1)　**社会福祉を目的とする事業**　「狭義の社会福祉を目的とする事業」は、先進性、地域性、自主性、開拓性等、本来、第2種社会福祉事業に期待されていた特徴（木村 1955：39）を有するものであり、また阪神淡路大震災以降、多

様な主体による事業が活発化している現状から、さらにはそれらが地域福祉の一角を担うという点から、当該事業を法対象とすることについて異論はない。しかし、法対象とする以上、少なくとも以下のような規定は必要と考える。

すなわち、「狭義の社会福祉を目的とする事業」には、当然、社会福祉事業適用除外事業が含まれるため、①社福法第2条第4項を削除したうえで、②「狭義の社会福祉を目的とする事業」の範囲を規定する条文中にあらためて例示列挙として規定し直すという作業が求められる。また、その他の「狭義の社会福祉を目的とする事業」としては、老人の福祉を増進することを目的とする事業をはじめ、公益目的事業、地域公益事業、および民間営利事業のうち①福祉の増進を目的とし、②無料または利用者の過剰負担とならない程度の料金によって利用可能な事業が該当すると考える。「狭義の社会福祉を目的とする事業」の範囲を厳格に規定する必要はないが、当該事業の無秩序な拡散は、上記のとおり一般的な接客業に埋没してしまう危険をはらむ。そのため、当該事業の一定の範囲なり条件については、上記例示列挙、該当要件列挙の必要はあるだろう。

(2) **社会福祉事業の範囲**　対象事業の列挙という現行の手法を採る限り、社会福祉事業の採否は全面的に行政主導に依らざるを得ない。また、社福法が社会福祉を目的とする事業を法対象としたことからすれば、今後の政策的意図として「狭義の社会福祉を目的とする事業」の多様化、量的整備に重点が置かれ、結果、社会福祉事業の新規追加の抑制、あるいは社会福祉事業から「狭義の社会福祉を目的とする事業」への降格がなされることにより、生存権保障が形骸化する危険性がある。

新たな生活問題に遭遇し生活困難に陥った者が放置されることのないように、あるいは必要性の高い社会福祉事業の改廃が政局や省庁間の軋轢等に左右されることのないよう、少なくとも社会福祉事業の定義の法定化に準ずる何らかの施策が講じられるべきである。なお、社会福祉事業を「何等かの福祉ニーズを持つ者に対し、公的責任により提供されるサービス」と緩く捉えたとしても、福祉サービス利用援助事業は、社会福祉事業の利用を支援する「利用支援事業」として、社会福祉事業とは一線を画す事業とすべきであろう。

また、ある事業が社会福祉事業として列挙される手続（過程）についても規定される必要がある。そしてそれは、前項と同様、「狭義の社会福祉を目的とする事業」と社会福祉事業との相違を明確にする点からも必要と考える。例えば、①「狭義の社会福祉を目的とする事業」のうち、②同様の事業が全国的に展開され、③当該事業が、経済的、社会的変動から重要であるとの認識が拡がり、④当該事業の継続的運営とより広範な事業展開が求められると判断された場合に、⑤個別分野法による事業の追加と同時に、⑥社福法第2条に規定される、という流れが想定できる。その際は、社福法そのものを根拠とする生活困窮者支援事業や経済保護事業につき、個別分野法を立法化したうえで社福法第2条に再掲されることも必要となる。さらに、ある社会福祉事業が廃止される場合にも、①長期的視点に立って利用可能層の推計、②事業経営者の意向の把握、③現利用者の他事業移行への同意等の過程なり条件が規定されるべきであろう。

2　社会福祉事業の事業種別

　上記のように、入所施設事業がより小規模化・サテライト化し、在宅福祉事業がより総合化、包括化していく現状がある。それは、多人数を「収容」する入所施設事業とあくまでその補完に過ぎない在宅福祉事業を峻別して立案された51年法が想定していなかった事態である。よって、社会福祉事業における種別区分が果たして今後も有効な規制となり得るのかについては再検討する必要があろう。また、仮に必要であると判断されるならば、現行の第1種、第2種という2区分およびその区分根拠の是非についても検討する必要があろう。

　私見では、利用者の心身状況や経済状況および事業の目的、内容、および利用者に対する人権侵害の危険性の度合いという視点から社会福祉事業を3区分し、①無料、低額あるいは応能負担において、利用者に対して何らかの人的サービスを提供する事業、②手話通訳事業、補装具製作施設経営事業、介助犬訓練事業、老人福祉センター経営事業等、他者との関係を取り結ぶための手段、機会、情報を製造、育成あるいは提供する事業、③経済保護事業、医療保護事業等を含む経済的困窮者支援事業とすることができるのではないかと考える。

3 対象事業の事業手続

(1) **社会福祉を目的とする事業の事業手続**　上記のように、51年法の制定の背景には、社会福祉事業の「純粋性」や「公共性」を保持し、もって「対世間的な信用」を確保することがあった。「狭義の社会福祉を目的とする事業」をも法対象とし、「健全な発達を図る」ことを目的とする（社福法第1条）ならば、また2009年・2016年に発生した高齢者施設やお泊まりデイでの火災事故を教訓とするためにも、当該事業の上記特徴を踏まえつつ、「対世間的な信用」確保に資する一定の事業手続は必要であろう。認可外保育施設や有料老人ホーム等、個別分野法における社会福祉事業以外の事業に対する行政監督規定を参照するならば、①事業経営者は、事業開始前に、事業責任者、住所、事業内容、職員配置、利用者負担等を記載した書面を都道府県知事に届け出ること、②都道府県知事は当該書面の記載事項に誤記がないことを確認した後、「社会福祉を目的とする事業」であることを承認し、経営者を公表すること、③事業経営者は、一定期間ごとに事業報告を提出すること、④都道府県知事は、利用者に対する不当な行為がないかを一定の頻度で調査すること、⑤また、調査で明らかになった不正等について指導を行うこと、⑥さらに指導に従わなかったり、利用者の権利侵害があったりした場合は、事業制限、事業の停止あるいは廃止を命ずること、⑦ただし、これら規定につき他法に基づく事業は適用除外とすること等が考えられる。

同時に、「狭義の社会福祉を目的とする事業」に対する補助規定も必要であろう。社福法における支援としては、都道府県社会福祉協議会による請求事務代行や支援事業の実施（社福法第88条）があるが、それに加え、事業経営者の自主財源による経営および他法優先を原則としつつ、事業継続の必要性が高い事業に対し、一定の事業経営費補助が行われるべきであろう。

(2) **社会福祉事業の事業手続**　事業手続の多様化が、上記のとおり縦割り行政の弊害に他ならず、そこに論理的必然性、整合性を見出すことができないならば、「共通的基本事項」を定める社福法において、社会福祉事業の、もしくは種別区分ごとの統一的な事業手続を規定することが望ましい。

例えば事業開始手続では、「狭義の社会福祉を目的とする事業」の事業手続

を上記のように都道府県知事への届出とするならば、利用者の生活そのものを対象とする支援事業であり、かつ公的財源の継続的投資という点を考慮し、「認可」という行政関与が妥当であろう。

4　社会福祉事業の経営主体

　第2種事業の経営者が制限されなかったため、1980年代以降、とりわけ社福法以降における多様な事業経営者の積極的参入を招いている現状は、上記のとおりである。

　社会福祉事業の範囲を法的に確立していくためには、例えば上記私見の事業区分①・③は、社会福祉法人に限定すべきであろう。その根拠として、①は、利用者の人権侵害の危険性がとりわけ高いこと、利用者の心身状況から容易に撤退できない事業であること、利用料負担の能力なき者も排除しないことを、③では、経済的困窮者を対象とすること、利用者に対する搾取等の不正経営につながる危険性が高いことがあげられる。また②については、利用者に間接的に関わる点において社会福祉法人に限定する必要はないであろうが、公益性という点から公益法人に限定することが望ましいと考える。

　現在、事業経営主体の多様化、あるいは規制緩和政策の流れに沿った社会福祉法人廃止論、改革論が趨勢である。しかし、51年法における社会福祉法人導入の背景を踏まえるならば、また社会福祉事業の「純粋性」、「公共性」を確保し、「狭義の社会福祉を目的とする事業」や関連他事業との相違を明確化するならば、社会福祉事業経営は原則として国、地方公共団体、社会福祉法人が担うということを前提とした社会福祉法人改革あるいは社会福祉事業の範囲が議論されるべきと考える。

5　福祉サービスの質確保施策

　事業監査については、上記事業手続と同様、個別分野ごとあるいは事業ごとに相違する必然性はないと考える。とすれば、「共通的基本事項」を定める社福法において、統一的な事業監査の対象、方法を規定すべきであろう。具体的には、障害者総合支援法第48条等にある、事業者、事業者であった者、従事者

であった者を対象とし、報告、帳簿書類等の提出・提示や出頭の要求、職員による関係者への質問、立入調査等を方法とする規定が妥当であると考える。同様に、都道府県知事による不利益処分を規定する社福法第72条において、第1項、第3項のみが適用除外となっている点も、第72条各項をすべての社会福祉事業に適用する統一的規定として整序することが望ましい。

また、福祉サービスの質に関する基準については、上記のとおり、介護保険法や障害者総合支援法等、契約制度へ移行した事業での具体化が進む一方、措置制度による施設では、依然として乏しい現状にある。後述の利用者の権利規定を具現化するためにも、施設の対象や目的に沿った福祉サービスそのものの最低基準が全個別分野において導入されるべきであろう。また、公平性という観点から、上記「特養基準」にある週あたりの入浴回数やおむつの随時交換等のサービスの質に関する基準は、「従うべき基準」とすべきである。さらに、他の「参酌すべき基準」においても、当該基準の決定過程において都道府県民が情報収集や意見表明できるシステムの整備が求められよう。

6　利用者の権利規定

社福法に掲げる利用者の権利としては、①社会福祉事業の種類や事業者を希望、選択、決定する権利、②そのために必要な情報開示請求権、③具体的なサービス内容を決定する権利、および④当該決定過程への参加権および意見表明権、⑤入所施設での安全かつ快適な生活環境を保持する権利、⑥何らかの役割や行動を遂行するために必要な、移動およびコミュニケーション支援を活用する権利、⑦不適切なサービスに対する不服申立権、および⑧サービス提供職員による権力的、隷属的関係の強制に対する拒否権等が考えられる。そしてこれら権利規定を受け、社福法第8章は、その具体的保障施策を社会福祉事業経営者や国、地方公共団体の義務として規定すべきであろう。例えば①および②の権利規定を踏まえ、情報提供および広告については、医療法第2章第1節・第2節各条のような具体的規定とすべきであろうし、⑦についても運営適正化委員会による「あっせん」のみならず、最終的に介入・解決を図る責任主体の明示が求められる。

さらに、個別分野法では、対象の特徴、属性に応じたより具体的あるいは補完的な権利として掲げ、かつ施設最低基準におけるサービスの基準に反映させることによって、利用者の権利の体系化を整備すべきであろう。例えば、児童福祉法第21条の5の17等における「意思」の「尊重」あるいは知的障害者福祉法第15条の3および障害者総合支援法第42条等における「意思決定の支援」への「配慮」は、社福法第5条前半を利用者主体の表現に修正し、かつ上記③を規定した上で、措置による利用を含むすべての社会福祉事業における実施主体および事業経営者の義務として各個別分野法および各最低基準（例えば「児童福祉施設の設備及び運営に関する基準」第5条）に規定されるべきである。

　これらによってこそ、「中間まとめ」でいう「利用者と提供者の間の権利義務関係を明確にする」（「中間まとめ」Ⅲ1。(3)）ことにつながり、「サービスの利用者と提供者との対等な関係の確立」（同Ⅱ①）が実現されると考える。

4　おわりに

　社会福祉士養成における新カリキュラムや障害者総合支援法からうかがえるとおり、「福祉」あるいは「社会福祉」という言葉そのものが、なし崩し的に排除される現状がある。そして社会福祉という現象の根幹であり、今や最後の砦と化した社会福祉事業までもが、上記のとおり、その秩序なき範囲の拡大、個別分野ごとあるいは事業ごとに多様化した事業手続・事業監査方法・経営主体等によって、そして社会福祉を目的とする事業をはじめとする関連他事業の隆盛によって、統括的把捉の破綻および独自性喪失の危機に直面している。

　これらを社会福祉存続の危機として捉え、いかにあるべきかを検討し、それを具現化する法的課題を追求していく理論的営為は、すべての社会福祉学研究者が挑まなければならないものであろう。鵜沼2015は拙いながらも、その問いを真正面から捉えた業績の1つである。今後、当該テーマが不可欠かつ不可避であると認識され、所与とされてきた事業列挙や種別区分等の是非が議論の俎上にあがり、明確かつ整合的な社会福祉事業のかたちが法的に再構築されることを望む。

【引用・参考文献】

鵜沼憲晴（2015）『社会福祉事業の生成・変容・展望』法律文化社
小川政亮（1992）『社会事業法制〔第4版〕』ミネルヴァ書房
木村忠二郎（1955）『社会福祉事業法の解説〔改訂版〕』時事通信社
黒木利克（1951）『現代社会福祉事業の展開――社会福祉事業法の解説』中央社会福祉協議会
厚生省社会・援護局企画課（1999）『社会福祉基礎構造改革の実現に向けて（Ⅱ）』中央法規
社会福祉法令研究会編（2001）『社会福祉法の解説』中央法規

2章　生活保護行政における自立支援の到達点と課題
　　　——伝統的自立支援を克服し新しい自立支援の確立を目指して

戸田　典樹

1　はじめに

　本稿の目的は、制度創設から半世紀以上にわたり続いている経済的自立だけを重視した生活保護行政による伝統的な自立支援を、福祉制度を利用して主体的に生きることを提起した障がい者運動による新しい自立（律）支援へと転換を図ることである。

　わが国の社会福祉政策において中心的な役割を果たしてきたのは生活保護行政による伝統的自立論である。生活保護行政における伝統的自立論は、無差別平等を掲げながらも、運用上は戦前からの伝統を受け継ぎ、勤労を怠る者の排除や扶養義務者からの援助によって保護を受給しないこと、福祉制度を利用しなくなることを「自立」と呼んでいる。

　これに対して、福祉制度を利用して主体的に生きることを「自立（自律）」と呼ぶ新しい自立論がある。障がい者運動における自立（律）論は、たとえ、自らのことを自らで出来なくても福祉サービスを利用しながら自分らしい生活を送ることを「自立（自律）」と呼ぶ。「私たちのことを私たち抜きで決めるな」と当事者主体の自立（律）論を展開する。

　本稿では、生活保護行政においても福祉制度を利用して保護受給者が主体的に生きることができる当事者主権を掲げる新しい自立（律）論の確立を目指している。このためには、経済的自立だけを重視してきた伝統的自立論を見直す社会保障審議会福祉部会「生活保護制度の在り方に関する専門委員会」（以下、「在り方専門委員会」という。）が提起した日常生活自立や社会生活自立を含めた多様な自立支援を展開する現場実践に着目した。そのためには、まず大友信勝が生活保護行政の抱える最大の問題点として指摘した「超低保護率と保護申請

手続きの複雑さ、スティグマ（恥の烙印）」（大友 2000：3）を伝統的自立支援の形成過程からたどる。そして、伝統的自立論を克服し、新しい自立支援を確立するための取り組みについて検討し、生活保護行政における自立支援の到達点と課題を提起したい。

2　伝統的自立支援モデルとしての北九州市と大阪市における生活保護行政

　まず、日本の生活保護行政の伝統的自立支援を確立してきたのが北九州市であり「北九州市方式」と呼ばれている。そして、2000年代に入り新たに伝統的自立支援を展開するのが大阪市であり「大阪市方式」と呼ばれている。これら両者に共通するのは、生活保護の「適正化」を掲げ、対象、支給を厳しい手法で限定するという運用を実施し、それに伴い制度を見直すことである。次に、この運用を徹底する方法として成果主義に基づく職員管理を厳しく行ない、新たな役割を担う職員を導入することである。さらに、単に生活保護制度にとどまらず地域福祉の仕組みや年金、雇用対策などの見直しを図り、保護受給者の減少を図ろうとすることである。

1　北九州市生活保護行政における自立支援（1968年〜2007年）

　北九州市生活保護行政における自立支援の取り組みは、「北九州市方式」と呼ばれ、長期にわたりわが国の生活保護行政における「適正化」のモデルと称されてきた。

　1960年代における石炭から石油へのエネルギー政策の転換が北九州市に代表される筑豊地域の経済を疲弊させた。失業などを理由とする生活困窮者が増加し、生活保護率は急激に上昇する。このような状況の中で、国、厚生省が総力をあげて北九州市における生活保護行政を支援し、保護の抑制を図る取り組みがおこなわれていた。

　「北九州市方式」は、三期による「自立支援」の取り組みにより確立されている。これらの「自立支援」とは、保護費の抑制を目的とした行政運用を指し、1968年度から始まる管理・指導部門と現業・実施部門の分離による第一期、1979年から始まる職員管理強化を第二期、1993年から始まる行政主導型「地域

福祉」整備、「ネットワーク事業づくり」による第三期において展開されている。そして、これらの自立支援の特徴は、就労を促し、相談者へ申請書を渡さない「水際作戦」、保護受給者に辞退書を書かせるという「辞退書の強要」という行政指導に表われている。

まず、第一期においては、管理・指導部門と現業・実施部門の分離という職員の役割分担、実施体制の整備が進められた。1967年度には、機構改革が行なわれ本庁には福祉事務所の指導監査を担当する指導課が新設されている。その初代指導課長には厚生省からの出向者が就任し、国の政策に連動する仕組みが出来ている。そして、本庁指導課の方針を徹底する手法として、指導監査、研修会、巡回指導、処遇検討会といった指導が導入されている。また、保護廃止の可能性が高いケースには「重点指導ケース取扱手順書」、その他に「手引き」が作成され就労指導などの方針が示されている。さらに、「外勤報告書処理要綱」が作成されケースワーカーが「訪問計画書」どおりに家庭訪問を計画しない場合は改善するよう「職務命令」が出されるといった職員管理が始まっている。

次に、1979年より始まった第二期においては、「ケース数の目標管理」、「面接主査制度の導入」、「同伴面接の禁止」という成果主義による職員管理や新たな役割を担う職員の投入、相談者しか面接を受け付けない仕組みの導入が図られている。

まず、「ケース数の目標管理」は、成果主義による評価を導入し、職員間、組織間の競争を促している。現場職員から年間の保護開始数と廃止数の差を自己申告させ、その結果を上位職員が評価する。そして、各部署からの年間の開始数と廃止数について目標値をもとに各福祉事務所長が民生局長へ報告する。さらに、秋の中間ヒアリングでは、その進捗状況に応じて目標数値の修正が行われ補正予算や来年度予算が検討される。目標数値の修正の視点は、若年層などを「自立重点ケース」として廃止見込件数に入れるというものである。そして、最後に、市長及び助役と福祉事務所長の懇談会が実施される。つまり、職位に応じた目標管理が設定され、それぞれの成果に応じて人事考査が行われる仕組みが導入されている。

図1　面接件数と申請件数の推移（1981年〜1986年）

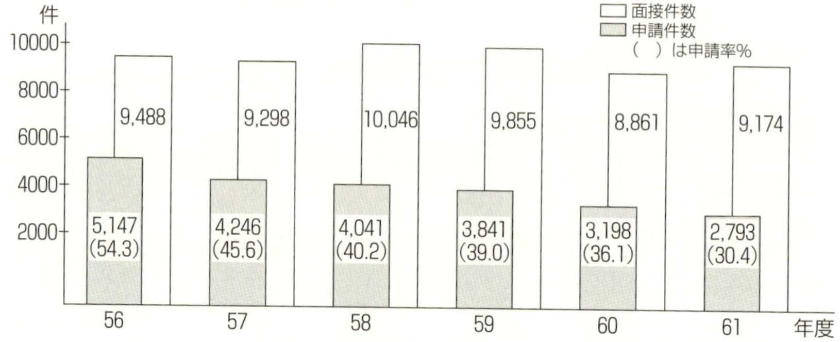

年度	面接件数	申請件数	申請率%
56	9,488	5,147	54.3
57	9,298	4,246	45.6
58	10,046	4,041	40.2
59	9,855	3,841	39.0
60	8,861	3,198	36.1
61	9,174	2,793	30.4

出所　北九州市保健福祉局社会部保護課、監査指導課（1996）『軌跡—北九州市・生活保護の三十年』81頁より引用

　また、1982（昭和57）年から1983（昭和58）年にかけて係長級主査を面接担当者として配置する「面接主査制度」が「ケース数の目標管理」を徹底する仕組みとして導入されている。この面接主査制度は「保護の入り口ともいえる面接の段階で、真に生活保護の必要な者とそうでない者を注意深く見極め、整理」するというように生活保護を適用するか否かの大きな役割を担っている。このため図1に示すように面接主査制度が導入される前年の1981年（昭和56年）から5年を経過した1986年（昭和61年）の間で申請率が54.5％から30.4％に、24.1ポイント減少している。係長昇任目前の主査という職位の職員に対して、数値による成果を競わせるという手法である。

　さらに、支援者が面接室に入室することを拒み、相談者しか面接を受け付けないという「面接者の同伴禁止」という行政指導を導入している。暴力団対策や同和問題対策といった理由をあげ図2のようにたとえ申請者の同意があろうとも第三者の同席を拒否する行政指導を確立している（藤藪・尾藤 2007：98）。

　このような「ケース数の目標管理」、「面接主査制度の導入」、「面接者の同伴禁止」というような仕組みにより、相談者に申請をさせず入り口のところで受け付けないという「水際作戦」[1]と呼ばれる保護抑制策を確立している。

　最後に、1993年から始まる第三期においては、行政組織と地域組織との連携により生活困窮者の見守りや支援を行うという「ネットワーク事業づくり」の

図2　事務室内の立入と同伴面接を禁止する張紙

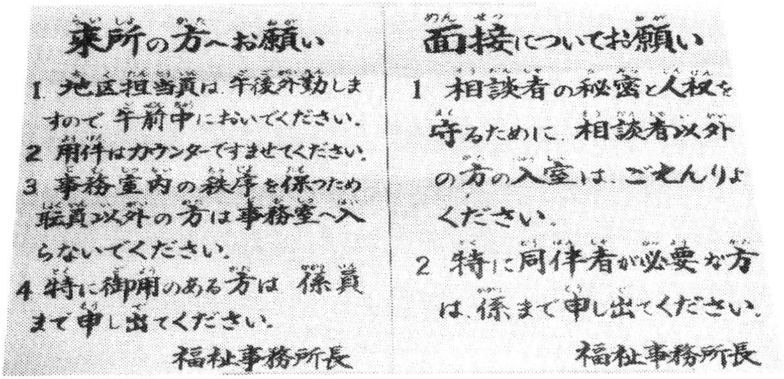

出所：北九州市保健福祉局社会部保護課、監査指導課（1996）「軌跡―北九州市・生活保護の三十年」81頁より引用

整備を始めている。

　北九州市は、1993年に高齢社会へ向けたまちづくりのマスタープランとして「北九州市高齢社会対策総合計画」（以下、「総合計画」という。）を作成している。この総合計画では、地域社会全体を「地域福祉」の観点から再構築するという。この中で特に強調されているのが北九州市の保健福祉システムづくりにおける「ネットワークづくり」である。市全体を図3のとおり「地域」（小学校区）、「区」（行政区）、「市」の3層に区分し、地域住民をはじめ、自治会、医師会、民間企業、ボランティア、行政が協働して、支援を必要とする人を地域で支えあうネットワークを整備している。このネットワークによる支援活動は「ふれあいネットワーク活動」と呼ばれ、北九州市社会福祉協議会が主管している。毎年約20の地域（小学校区）が市社会福祉協議会からの事業指定を受けている。その活動内容は、50～100世帯に1人の割合で委嘱された「福祉協力員」が一人暮らし高齢者などを定期訪問し安否確認を行なうとともに、生活上の問題で困っている人がいれば、それをいち早く発見して民生委員等の関係機関に連絡するというものである。2005年度末時点で、「見守り型」活動を行なう福祉協力員数は、総計6,349人、154校区で割ると、1校区あたり41.2人が活動していることとなる。さらに、「見守り型」活動から地域住民で相互に助けあうため

図3 「北九州市方式（三層構造）」による地域福祉

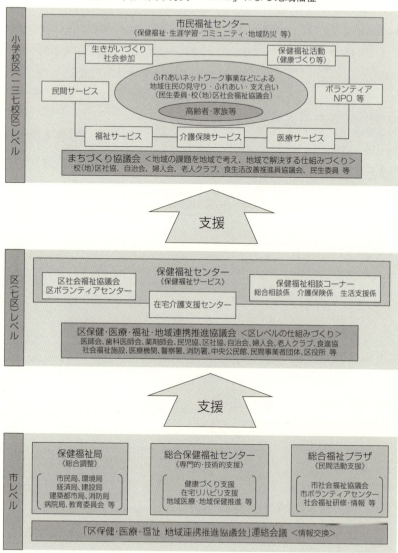

北九州市若松区医師会　区民のページ　「北九州市方式」による地域福祉
http://www.mmjp.or.jp/wakamatsu-med/annshin/kitakyuhoushiki.htm（2016.3.12確認）

の地域専属のボランティア班、「ニーズ対応チーム」が組織されている。同チームの活動内容は、話し相手、ゴミだし、買物、薬とり、掃除、布団干しなどである。2005年度末現在、活動者数は5,962人、154校（地）区で割ると、1校当たり38.7人が活動していることになる。ここでの活動は、「委嘱」という形態で行なわれる行政主導型「地域福祉」が整備されているといえる。

　このように北九州市では、行政主導型「地域福祉」整備を基盤として、2005年10月より「緊急事例の初期対応マニュアル」（以下、「初期対応マニュアル」という）が新しく整備されている。新しくなった初期対応マニュアルの特徴は、実態把握後、支援終了後、あるいは継続的に支援を実施する場合など、どのような場合でも「地域福祉のネットワーク《民生委員児童委員、福祉協力員（ふれあいネットワーク）等》」につなげるという点にある。まず、地域福祉を担当する生活支援課、生活保護を担当する保護課、老人保健・医療と介護保険を担当する保健福祉課が地域等から相談・通報の窓口になる。対象者は、「本人の生命に差し迫った危険があると想定される場合（衰弱・虐待等）」、「近隣住民に対して危害が及ぶ可能性が高い場合（認知症等による失火等）」である。窓口では、相談時に状況を聞き取り（電話・面接）、対応を決定し、保健福祉台帳を作成する。区役所の他の部署や関係機関等からの情報収集とともに、生活支援課保健師と保護課ケースワーカー等のチームが編成され訪問調査、実態把握が行なわれる。訪問調査、実態把握後、関係課が集まりケースカンファレンスが開かれ、継続的支援の必要性についての検討が行われ、継続支援を行う部署にカンファレンス内容も含めて引き継がれる。そして、継続支援を行う部署については、「地域福祉のネットワーク《民生委員児童委員、福祉協力員（ふれあいネットワーク）等》」と連携を図り支援を実施するという仕組みである。

　門司校区の餓死事件について、前市長である末吉興一氏は2006年6月9日の北九州市議会での質問に対し、「男性には扶養家族がいたので（生活保護の申請を受け付けない）対応は適正だった」、「市の対応に何も問題はない。孤独死を防ぐために重要なのは、地域住民の協力体制だ」（2006年6月10日読売新聞朝刊、同年10月8日読売新聞大阪本社版朝刊）と答弁している。これに対し「ふれあいネットワーク」に参加するある福祉協力員は、活動するのは月1回、訪問先は

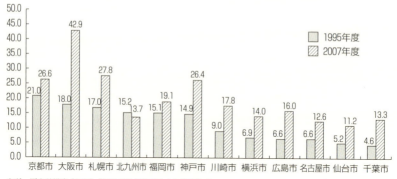

図4 政令指定都市における1995年度と2007年度の保護率比較（単位：‰）

出所　厚生労働省（2008）「福祉行政報告例」より筆者作成
注）さいたま市、新潟市、静岡市、浜松市及び堺市については、1995度は指定都市ではないため除外している。

7〜8軒で、「孤独死の防止は、私たちに出来るわけがない」と話している。餓死事件のあった団地の町内会長も、餓死した男性について健康状態がよくないことを知っていた。福祉事務所に電話で報告していたが、福祉事務所の対応は「救急車を呼んで下さい」だけだった。救急車で運ばれて入院になったが、医療費を払えないため男性は3日で帰されてきた。「やれる事はやってきたのに、餓死事件を住民のせいにした」と、末吉市長への不満を語っている。市の発表では、門司校区には、73人の福祉協力員と、245人のニーズ対応チーム員がいることになっている。しかし、同地区の住民は「協力員の10人分は水増しされている。ニーズ対応チーム員は各町内の班長数を書いたにすぎず、実態はない」と語っている（湯浅 2007：151）。

このような行政主導「地域福祉」整備は、「水際作戦」や「辞退書の強要」を正当化するというように整備されており、図4が示すように1995年から2007年にかけて政令指定都市が軒並み保護率を上げたなかで、唯一、保護率を下げてきたのが北九州市だった。

このように「北九州市方式」は、「水際」での排除を「自立」とする生活保護行政における運用を確立してきた。長年にわたり、厚生労働省の生活保護政策を忠実に実行し、生活保護行政のモデル地方自治体として評価されてきた、

歪められた「自立支援」策は、単にある特殊な地方自治体だけによって実施されているということではない。わが国では、少なくはない地方自治体において、今もなお同じような自立支援が行われている。「北九州市方式」は、およそ自立とはいえない「自立論」をとっており、克服・改善されなければならないモデルである。

2 大阪市生活保護行政における自立支援（2006年から2015年）

次に、日本の生活保護行政の伝統的自立支援を牽引してきたのが大阪市生活保護行政であり「大阪市方式」と呼ばれている。「大阪市方式」による自立支援は、生活保護受給者へ徹底した経済自立を迫るという点では「北九州市方式」と共通する。ただし、他制度の見直し、職員管理の手法において新たな展開を見せている。

「大阪市方式」が「北九州市方式」と大きく異なるのは、「大阪市方式」が新たなセーフティネット対策の法整備を提案し、国や地方をリードしたことである。「大阪市方式」は、大きく二期の「自立支援」によって確立されている。まず、第一期は2006年度に全国知事会・全国市長会によって設置された「新たなセーフティネット検討会」により提起された「新たなセーフティネットの提案～『保護する制度』から『再チャレンジする人に手を差し伸べる制度』へ～」（以下、「新たなセーフティネットの提案」という。）に見られる。具体的には、期間を限定した有期保護制度導入、生活保護の手前で流入を食い止めるためのボーダーライン対策、低所得高齢者が持つ資産活用などの「新たなセーフティネット整備」である。そして、第二期は2012年から始まる「職員基本条例」による成果主義による昇給に加え、指示を履行しない職員に対する懲戒や処分といった「力による職員管理」である。

そもそも、「新たなセーフティネットの提案」が出された政策背景には、国と地方との間で起こった国庫負担金の割合についての対立があった。2000年初頭に成立した小泉政権は、新自由主義経済派の「小さな政府」を標榜し、郵政民営化や道路関係四公団の民営化という「官から民へ」の改革を進めた。さらに、国と地方との関係では、「聖域なき構造改革」と銘打って国の負担割合の

図5　新たなセーフティネットのイメージ

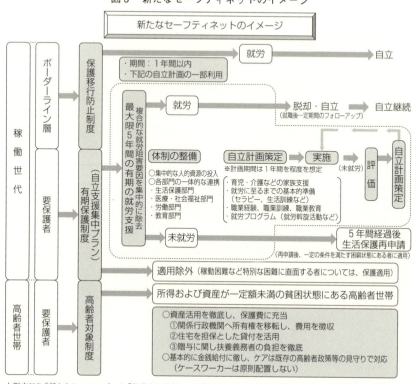

大阪市HP「新たなセーフティネット『保護する制度』から『再チャレンジする人に手を差し伸べる制度へ』」（概要版）
http://www.city.osaka.lg.jp/fukushi/cmsfiles/contents/0000055/55564/11.pdf（2016.3.13確認）

高い補助金を削減するという方針を示し、2004年度予算において生活保護の国庫負担割合を4分の3から3分の2又は2分の1へ変更するように提案した。財政負担の増加を強いられる地方側は、納得することなく議論は平行線上にすすんだ。このため国側と地方側とが参加して「生活保護費及び児童扶養手当に関する関係者会議」(2005)が開催されることとなった。2006年度予算に向けての厚生省（案）は、生活保護費の国庫負担（現行4分の3）を、住宅扶助などを全額地方に移し（一般財源化）、医療扶助、介護扶助は国の負担を3分の2に引き下げるという案を示したが地方側の合意が得られず、協議を打ち切ってい

る。このため全国知事会、全国市長会など地方六団体は、「生活保護等に関する協議の一方的打ち切りに反対する声明」(2005) を発表し、厚労省（案）が強行されるなら、次年度以降、新規の生活保護受給に関する事務の返上も辞さない姿勢を表明した。最終的には、変更は見送られた。

　大阪市は、1990年代初頭、バブル経済が破綻し、経済の地盤沈下が進んだ。住宅やビルの建設は、軒並み減少した。大阪には、全国でも有数の労働者の街、釜ヶ崎が存在する。日雇いで建設業などに従事していた不安定就労層が全国から集まってきた。このような経過から政令都市の中で最も生活保護受給者を抱えていた大阪市が中心的役割を果たし、全国知事会・全国市長会から「新たなセーフティネットの提案」(2006年) を発表している。その内容は、図5のとおり稼働世代に対する保護適用期間を最大5年間に限る「有期保護制度の創設」、高齢者を対象とする新たな生活保障制度を創設する「高齢者世帯対象制度の分離」、「ボーダーライン層が生活保護へ移行することを防止する就労支援制度」という生活保護制度などの見直し案だった。[3]

　そして、2008年のリーマンショックが起こり、さらに大阪市の生活保護受給者は増加を続けた。このため当時の平松邦夫市長が委員長となり「生活保護行政特別調査プロジェクトチーム」(2009) を設置している。首長自らが陣頭指揮をとって生活保護受給者増へ歯止めをかける対策を検討している。平松市長は、指定都市市長会を代表して長妻厚生労働大臣に、生活保護を含めた貧困・困窮者支援にかかる緊急要請として「社会保障制度全般のあり方を含めた生活保護制度の抜本的改革〜『働くことができる人は働く』社会へ〜」(2010) という提言を出している。この提言のベースにあるのは「新たなセーフティネットの提案」であり、内容的には大きな変化は見られない。[4]その結果、主な内容としては、図6のとおりボーダーライン層には、生活保護に優先する制度を整備する。また、生活保護制度利用者においては、稼動世代と高齢者を区別し、稼動世代における稼働可能層には「集中的かつ強力な就労支援」を、「就労による自立が困難な人」には生活保護を支給する。さらに、高齢者に対しては年金が生活保護より低いという実態を踏まえ「年金制度と整合する生活保障制度」を「あるべき制度」として提供するという内容である。

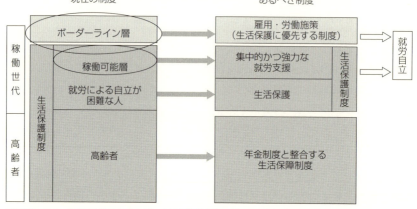

厚生労働省社会・援護局保護課 (2011)「第1回生活保護制度に関する国と地方の協議」「平松大阪市長提出資料」
http://www.mhlw.go.jp/stf/shingi/2r9852000001dmw0-att/2r9852000001do6o.pdf (2015.8.20確認)

　この指定都市市長会の提言をもとに「生活保護制度に関する国と地方の協議」(2011)が2回開催され、その後「中間とりまとめ」が報告されている。その後、社会保障審議会「生活困窮者の生活支援の在り方に関する特別部会」(2012)が設置され、「生活困窮者の生活支援の在り方に関する特別部会」報告書(2013)が出されている。いずれも、新たな生活困窮者支援制度の創設と生活保護制度の見直しを一体的に行うという政策課題を提起している。そして、生活保護自立支援プログラムにおいて半福祉半就労として注目された中間的就労が一般就労を目指す就労訓練として位置づけを変えられている。つまり、ボーダーライン層を対象とした生活困窮者自立支援法が制定され、生活保護自立支援プログラムにおいて釧路モデルと称された中間的就労（半福祉半就労）が生活保障給付を伴わない職業訓練として位置づけられた。

　次に、生活保護法が「改正」され基準引下げが行なわれ、さらに生活保護を受給する稼働世代を対象とした「切れ目のない就労・自立支援とインセンティブの強化」策として、期限を切りインセンティブを付与する有期保護制度を導入している。まず、保護開始段階で積極的に就労活動に取り組んでいる者に対

して、就労活動促進費を支給する。また、「6月間を目途に、生活保護受給者主体の自立に向けた計画的な取組についての確認を行い、そのことについて本人の納得を得て集中的な就労支援を行う」と期間を限っている。そして、「一定期間経過後も就職の目途が立たない場合等には、それまでの取組に加えて、本人の意思を尊重しつつ、職種・就労場所を広げて就職活動を行う」、保護開始後3～6月段階で仕事が決まらない場合においては「低額であっても一旦就労することを基本的考え方とすることを明確にすべき」などと切れ目のない就労・自立支援が行われる。

　また、高齢者などを対象とする所得保障政策にも見直しが実施されている。まず、65歳以上の無年金者の約6割が保険料を納付した期間が10年未満であるという統計結果を受け、老齢基礎年金の受給資格期間が現在の最低25年から10年へと短縮される。この結果25年の受給資格期間に満たない無年金の高齢者であっても、10年以上の加入期間（免除・猶予・カラ期間等含む）があれば、保険料を納めた期間・免除された期間に応じた年金を受給できる。さらに、「年金生活者支援給付金の支給に関する法律」(2014) が制定され、基礎年金を満額受給できていない高齢者、障がい者、遺族を対象として、それぞれ老齢年金生活者支援給付金[5]、障害年金生活者支援給付金[6]、遺族年金生活者支援給付金[7]という「福祉的な給付」が支給される。これらは、いずれも消費税率10％引き上げの時期にあわせて実施される予定となっている。

　このように全国知事会・全国市長会「新たなセーフティネットの提案」(2006) は、指定都市市長会による「社会保障制度全般のあり方を含めた生活保護制度の抜本的改革～『働くことができる人は働く』社会へ～」(2010) を経て生活困窮者自立支援法、生活保護法改正、年金生活者支援給付金の支給に関する法律として実現された。この結果、新たな生活保護の自立支援、「釧路モデル」として注目を浴びた中間的就労は、「ボーダーライン層」を対象とする生活困窮者自立支援法による生活保障給付を伴わない職業訓練として位置づけられた。さらに、生活保護法においても、期限を切った就労支援といった切れ目のない就労・自立支援、インセンティブが強調された就労活動促進費、就労自立給付金という金銭給付が稼働能力者を対象として整備された。そして、最後に

最低生活費を超えることのない高齢者などの年金受給者に対して「福祉的な給付」が創設され「生活保護と整合する年金制度」が整備された。

　また、2011年11月、大阪市長選挙が行なわれ、平松邦夫氏から橋下徹氏へと市長が変わり職員管理強化により「適正化」を掲げた伝統的「自立支援」が強化されている。橋下氏は、2012年2月「教育基本条例」とともに「職員基本条例」を市議会に提出し、職員組織における競争原理を強化する。具体的には、第1条には「任命権者による人事権の行使を適切なものとして効率的な公務の執行を確保」するとし人事評価による政策遂行を、第18条「職員の勤務評価」では職員がどの区分に属するかを相対的に評価する方法を導入している。分布の割合は、第1区分100分の5、第2区分100分の20、第3区分100分の60、第4区分100分の10、第5区分100分の5とし評価を行う。そして、評価されない者に対しては、第28条で任命権者による懲戒、第34条で処分という「力による職員管理」基準を整備している。

　さらに、大阪市は、2012年4月より「生活保護行政特別調査プロジェクトチーム」に変え「生活保護適正化連絡会議」を設置し、「適正化」を前面に立てた生活保護の引き締めを行っている。2013年11月、市職員の親族の生活保護受給者をはじめとして親、子、兄弟姉妹の勤務先調査を行い、必要に応じて援助をする「生活保護受給者に対する仕送り額の『めやす』」なるものを作成している。このためドメスティック・バイオレンス事案によって離婚、別居に至り、35年間にわたって音信不通であった保護申請者の子らや、申請当時、まだ出生していない孫らに対し扶養照会をおこなったなどの問題が生じている。

　これらの他にも、大阪市は独自に、警察OB嘱託職員を「生活保護行政対象暴力適正化事業嘱託職員」として西成区など特定の区に配置し、庁内の「治安」対策を担当させた。さらには西成区を再開発するという特区構想、保護費をプリペイドカードで支給する、医療扶助の薬をジェネリック薬品にしていくなどの措置をとっている。

　このような取り組みの結果、2012年7月から2013年7月にかけて大阪市は政令都市で唯一、保護率を下げている。[8]

表1 「北九州市方式」と「大阪市方式」との共通点と相違点

筆者作成

	北九州市方式	大阪市方式	共通点	相違点
申請段階の特徴	面接主査の導入	警察OB嘱託の導入	新たな役割を持った職員配置	大阪市は、外部の職員を再雇用
保護受給段階の特徴	保護辞退書の導入	市職員である扶養義務者に対して援助額の提示	行政運用の徹底による経済的自立への働きかけ	北九州市は、法令に規定なし
職員管理手法	目標管理制度	懲戒と処分	成果主義による競争原理の活用	職員に対する統制手法
生活保護自立支援	「重点指導ケース取扱手順書」、「外勤報告書処理要綱」、「訪問計画書」	生活保護自立支援プログラム	徹底した経済的自立の追求	大阪市方式が生活保護制度以外の見直しを働きかける（有期保護制度、就労インセンティブが働く制度見直し）
生活保護制度以外の見直し	行政主導型地域福祉	生活困窮者自立支援法、年金制度の見直し	生活保護制度と他の仕組みとの関係の見直し	大阪市が国へ、北九州市が地域住民へと働きかけた

3 生活保護行政における伝統的自立支援が持つ課題

　日本の生活保護行政のモデルと言える「北九州市方式」、「大阪市方式」を概観した。この結果、共通点としては表1のとおりそれぞれ申請段階、保護受給中において「適正化」を掲げた生活保護受給者数を抑制する措置がとられていることである。さらに、抑制措置を徹底するための人事評価システムが確立されていることである。抑制のための目標が設定され、その成果達成度により昇格が行なわれ、反するものは配置転換や昇格の遅れの対象となることである。

　相違点は、他施策との関連性である。北九州市においては、保護受給前後における見守りや生活困難といった課題を「ふれあいネットワーク活動」といった行政主導型地域福祉活動を整備していることである。一方、大阪市において

は有期保護制度にみられる生活保護制度の見直しやボーダーライン層を対象とした就労支援、低所得高齢者を対象とした新たな所得保障など社会保障全体の仕組みを変えようとしていることである。このように生活困窮者が生活保護へ流入することを防ぐ方策として行政型主導の地域福祉を活用したのが「北九州市方式」であり、社会保障や生活保護制度自体の見直しを提起したのが「大阪市方式」である。

つまり、これら「北九州市方式」、「大阪市方式」といった伝統的自立支援は、保護費の抑制を目的とした政策方針を反映する職員集団を競争原理に基づき育成し、申請をさせない、保護から退出させるために、スティグマを強調させ、地域福祉やボーダーライン対策といった関連施策を整備している。乗り越えなければならない課題を提示しているといえる。

3 現場実践から生まれた江戸川区、山城北、釧路市にみる新しい自立支援

わが国の生活保護行政における伝統的な自立支援をリードしてきたのが北九州市、大阪市であった。そして、これらの伝統的自立支援に抗して生活保護受給者の個別の課題を見据え、その課題にふさわしい自立支援を実施してきたのが東京都江戸川区福祉事務所、京都府山城北保健所福祉室、釧路市生活福祉事務所である。これらの自立支援は、生活保護を受けているからこそできる、最低生活を保障した上で当事者の課題に合わせた自立支援を展開している。

1 東京都江戸川区で取り組んだ「中3勉強会」という自立支援

(1) 家庭訪問の中で見えた貧困の世代間連鎖という課題　「江戸川中3勉強会」は、家庭訪問を行う中で見えてきた課題に対する1980年代の江戸川区のケースワーカーによる取り組みである。ケースワーカーAは、業務終了後、自分の担当する生活保護世帯の中学3年の子どもたちを会議室に呼び、高校進学のための学習指導を行った。当時の江戸川区では、高校進学率が8割を割っており、とりわけ生活保護世帯の高校進学率が5割と低い地域があった。ケースワーカーBは、保護家庭を訪問する中で多くの中学生が学力不振、不登校、非

行などの問題を抱え、高校進学も就職もできないという問題を抱えていることに気づいた。祖父母、父母、子どもというように生活保護が続く、貧困家庭が多くみられた。「なんとか子どもには、安定した仕事に就いてほしい」、「高校には進学してほしい」、「なんとか貧困状態から脱してほしい」と家庭訪問時に話されることがあった。

(2) 個人から組織の取り組みに発展した「江戸川中3勉強会」　このような「江戸川中3勉強会」は、福祉事務所における保護家庭への自立支援への視点を大きく変えていった。1988年度における江戸川区福祉事務所運営方針には、「児童の自立助長への援護」が掲げられ「中学2～3年生を対象に問題のある児童の抽出」、「学校の担任との面接等による情報交換」が取り組まれている。そして、保護家庭の子どもの状況を捉えるために「春休み、夏休みを利用して、児童と面談」が行なわれ、登校拒否、非行、学業不振などといった「問題児童への取り組み」が行われるようになっている。さらに、「訪問回数をふやす」、「経験あるワーカーと同行訪問」、「関係機関等の連携をはかる」といった取り組み強化が図られている。そして、学習支援では1990年から学生スタッフが支援に加わり、1991年からは半期だった取り組みが通年へと、人材や期間において広がりを見せている。

(3) 貧困の世代間連鎖を断ち切る「生活力形成」、「生活関係形成」　そして、このような生活保護家庭の子どもたちへの自立支援は、貧困の世代間連鎖を断ち切るために学習の必要性に着目した「生活力形成」、社会との関係に着目した「生活関係形成」といった研究活動に発展していった。ただし、これらの研究は現場実践によって育まれ、検証されていくという特徴を持っていたため、この研究をリードしてきた全国公的扶助研究会が差別的な川柳を機関誌に掲載したいわゆる「福祉川柳事件」を起こしたことで中断を余儀なくされた。

2　京都府山城北保健所福祉室が長期的視点に立った自立支援

京都府山城北保健所福祉室（以下「山城北保健福祉室」という。）は、京都府南部地域の久御山町、井手町、宇治田原町といった近年、都市化が次第に進んできた地域を対象としている。山城北保健福祉室の自立支援の特徴は、生活保護

制度が持っている「最低生活を保障する」という機能を十分に活かしながら自立の条件を整えるという点にある。山城北保健福祉室では、保護受給世帯が2002年から2年連続して60世帯ずつ増加し260世帯となった。当時、2名のケースワーカーは、多くの保護申請を抱え、保護開始のための事務処理で精一杯であり、保護受給者との相談支援には手が回らない状態が続いていた。

(1) **個別のニーズに向き合うということ** しかし、行政改革による職員削減の流れを受けて正規職員の増員はかなわない。正規職員の代わりに嘱託職員が補充され就労支援業務を担当することになった。就労支援員は、元営業マンのCさんである。Cさんは就労への指導あるいは指示よりも顧客である保護受給者のニーズに対応することを大切にした。保護受給者が職業安定所での待ち合わせに来なくても叱責しない。再度約束をするだけである。保護受給者も約束を守らないことが「5回続けば、1回ぐらいは申し訳なく約束を守るようになる」というように、気長な支援を心がけた。保護受給者の良いパートナーとして「躊躇する気持ち、不安な気持ち、前に一歩が出ない気持ちを、ともに乗り越えようとする援助が必要だ」という。

さらに、ベテランのケースワーカーDさんは、「面談や同行という寄り添う支援で、利用者の抱える問題とその支援課題が鮮明になる」と「寄り添う支援」の必要性を語っている。就労支援における面談や職業安定所への同行などの支援に寄り添うなかで、対象者の抱えているさまざまな問題がより深く見えてくる。「何度も面接に行くのだが採用されない」、「仕事に就くがすぐに辞めてしまう」等の状況を目の当たりにすることで、保護受給者自身の「生活する力や働く力の課題が浮き彫りになり、援助しなければならない内容がはっきりしてくる」と話す。

(2) **10年先を見据えた長期的展望を持つということ** さらに、山城北保健福祉室の特徴は、5年先、10年先を利用者自身が考えられる長期的展望を持った支援にある。保護受給者が「生活保護を受けているからこそ、明日のお金を心配することなく、じっくりと地に足つけて就職活動ができる」のだという。その結果、力がつき、少しでも安定した仕事、やりがいのある仕事を選択できるようになる。つまり、何よりも安定した生活を確保することが大切であり、

その結果、長期的展望に立って考え、自らが意欲を持って生活再建に取り組むことができる。ケースワーカーDは、「母子家庭のお母さんの事例をあげ、お母さんが明日のお金に困っていては明日のことしか考えられない。子どものことなどで精神的においつめられていれば、自分のことなどに考えがおよばない。生活保護を受けて身体の悪いところを治し、老後や不慮の事故に備えて少しは貯蓄し、講習や資格取得でスキルアップし、子どもにも学習支援によって高校進学や大学進学への基礎学力をつける。そして、疲れたときや悩んだときにいつでも相談できる人をつくる。このように生活保護制度を十二分に活用し、安定した生活を確保することが大切である」と報告している。

(3) **最低生活を保障しているからこそできる自立支援**　山城北保健福祉室は、生活保護制度が持っている最低生活保障という機能と自立支援という機能を連動させ、「ともに乗り越える支援」や「長期的展望を持った支援」に取り組んできた。就労への自立支援を行うことで保護受給者の抱える問題とその支援課題を明らかにしてきた。だが、2008年に就労支援員Cさんが退職し、2009年にベテランのケースワーカーDさんが異動した。残されたケースワーカーは、「かつての山城北保健福祉室のスタイルが維持できなくなってきた」と説明している。異動してきたメンバーは、それぞれにベテランで、自らの生活保護業務へのスタンスを持っている。これまで実施してきた「ともに乗り越える支援」、「寄り添う支援」、「長期的展望を持った支援」を継続することは容易ではなかった。他の福祉事務所に異動となったベテランのケースワーカーDは、「今の職場では山城北保健福祉室のような取り組みは難しい」と話す。しかしながら異動先でも勉強会を立ち上げ「ともに乗り越える支援」、「寄り添う支援」、「長期的展望に立った支援」といった生活保護制度だからこそできる支援の必要性を仲間に訴えている。先駆的取組みを継続、発展させるという点に課題が残っている。

3　釧路市生活福祉事務所による中間的就労という自立支援

　釧路市は、北海道の東部に位置する人口185,487人の町である。かつては、三大産業と呼ばれた水産、石炭、紙パルプという資源をベースとして住民の生

表2　中間的就労の位置づけ

筆者作成

	福祉就労	中間的就労	一般就労
対象者	稼働能力を持たない人	稼働能力を持つ人	稼働能力を持つ人
自立支援の目標	社会参加（社会的自立）	社会参加（社会的自立）と就労自立	就労自立
生活を成り立たせる方法	生活保護への依拠	就労収入と生活保護の組み合わせ	就労収入

活が成り立ってきた。だが、水産業においては200海里規制が実施され漁獲量が激減した。エネルギー政策の転換の影響を受けて町の炭鉱も閉山した。紙パルプも国際的な経済情勢の中で工業出荷額が減少した。このため釧路市は、地場産業の育成や、食分野、環境分野、観光分野の産業と港湾を活かした産業の振興を図っているが雇用情勢は好転しない。2012年6月末現在、生活保護世帯は、6,636世帯、10,019人で54.9‰という極めて高い状態である。

(1)　社会的自立へと踏み出すための「中間的就労」　町全体を覆いつくす不況の波に立ち向かうために釧路市生活福祉事務所は、これまでまったく関係を持っていなかった一般企業やNPO法人などに就労支援の協力を求めた。自立支援プログラムを実施するにあたり既存の福祉関係団体や人材派遣業者へ業務委託することも検討したが、予算もなく委託できなかった事情もあったからだ。このため生活福祉事務所の職員が企業訪問し、長期的にひきこもり状態にあった人や働くことに不安を感じている人、働くためにもう少し技能習得を必要とする人など、いわゆる今すぐ働くことができない人を無給で働かせてもらえるようにお願いした。中間的就労とは、**表2**で示すとおり生活のために給料を受け取り働く「一般就労」ではなく、障がい者などが仲間づくりや社会への繋がりを求め働く「福祉就労」でもない。「一般就労」と「福祉就労」のちょうど真ん中あたりに位置する「中間的就労」である。つまり「中間的就労」は、一般企業やNPO法人の職場で「一般就労」を目指して働きながら、報酬を得ることはできないが、仲間ができ、少しは仕事ができるようになり、人から感謝されたり、怒られたりする。1人だけの生活から社会とのつながりを生み出

す「福祉就労」でもある。つまり、社会につながるために生活保護を受けながら、一般就労の場で働くという半福祉半就労である。この半福祉半就労の場が自分と同じような境遇の人に出会い、励まされたり、励ましたりという関係性をつくり、自分を見つめ直し、自信を取り戻したり、やる気がでたりするという効果を果たす。

(2) **自信を失った人が「自尊感情」や「自己肯定感」を取り戻すため「居場所」** 特定非営利活動法人「地域生活ネットワークサロン」では、釧路市から委託を受け2005年から受給者の自立支援に取り組んでいる。自立支援の内容は、中学生を対象とした学習支援や稼働年齢層を対象とした就労支援である。ここには、「支援する、されるがない場」という支援者と保護受給者の対等な関係がある。釧路市では、なかなか仕事が見つからない。自宅とハローワークを往復する毎日が続き、自分が「社会から必要とされていないのではないか」と自信を失ってしまう人も少なくない。このような自信を失った人に対しては①働くといった課題から物理的にはなれること、②安定した生活基盤を作ること、③新たな社会との接点を作ること、という視点に立った支援を行っている。つまり、まずは、仕事、家庭、学校などという問題が起こっている場所から距離をおく。そして、お金、食べること、住むところという生活環境を整える。

最後に、人と話すこと、問題に距離をおいて振り返ること、そうすることで現在と過去、他人と自分との違いを見つめなおすことができる。自信を失った人が「自分らしさを取り戻す」ためには、支援者から命令されるのではなく、自分らしく考えることのできる環境をつくれるのだという。これが自信を失った人が「自尊感情」や「自己肯定感」を取り戻すための「支援する、されるがない場」としての「居場所」である。

このように「中間的就労」と「居場所」といった伝統的自立支援では行えなかった取り組みが釧路市生活福祉事務所による自立支援の特徴となっている。

4 新しい自立支援の到達点と課題

江戸川区福祉事務所、山城北保健福祉室、釧路市生活福祉事務所での現場実

表3　江戸川区福祉事務所、山城北保健福祉室、釧路市生活福祉事務所の自立支援における共通点と相違点

筆者作成

	江戸川区福祉事務所	山城北保健福祉室	釧路市生活福祉事務所	共通点	相違点
申請段階	—	申請を必ず受ける。水際作戦はしない	申請を抑制できない	極めて熱心な職員集団	江戸川区は、申請段階での取り組みは特にない
保護受給段階	高校進学を目指した江戸川中3勉強会	最低生活保障を伴う10年先を見据えた個別支援	中間的就労、居場所づくり	個別ニーズに向き合う	着目する課題が異なる
職員の取り組み	ケースワーカーがボランティアで始めた	保護受給者と共に行動することで課題が見えてきた。職員が異動になれば続けられなかった	職員よりも保護受給者に共感した	個人的努力から始まり、組織的取り組みに発展している	—
新たな担い手	大学生などのボランティア	民間で働いてきた就労支援員	外部検討委員会の設置、就労支援員、NPO法人	ボランティアや嘱託職員、外部職員といった正規職員以外	ケースワーカー以外の担い手
生活保護自立支援	家庭訪問の中で見えてきた	自立支援プログラム　生活保護だからできる自立支援	自立支援プログラム　他に、依頼する資金もない、組織もない	極めて熱心な現場職員が存在した	江戸川では、自立支援プログラムで実施されていなかった
生活保護制度以外の見直し	—	—	地域の社会資源の開発（中間的就労）	—	釧路では、社会資源の開発（中間的就労）を実施している

践は、表3のようにまとめることができる。

　まず1980年代、水際作戦に代表される「適正化」を掲げた伝統的自立支援が

全国に広がった。その時期に江戸川区福祉事務所は、「中3勉強会」で貧困の世代間連鎖を断ち切ることに取り組み、「生活力形成」、「生活関係形成」といった生きる力、社会の一員として生活するための条件整備という個別の課題に着目した自立支援を提起した。

その後、2000年代に入り生活保護行政における自立支援が、「在り方専門委員会」報告書により経済的自立（就労自立支援）だけに止まらず、日常生活自立支援や社会生活自立支援を含む多様な自立観を提起した。そして、生活保護自立支援プログラムが取り組まれる中で、従来の保護費を抑制し、スティグマを強調する伝統的自立支援に対して新たな自立支援が実践されていった。

そして、山城北保健福祉室では、早期の就労自立を目標とする伝統的な自立支援を見直し、個別のニーズに向き合うということ、10年先を見据えた長期的展望を持つということ、といった最低生活を保障しているからこそできる自立支援の有効性を提起している。

さらに、釧路市生活福祉事務所では生活保護を受けながらも社会に参加する、いわゆる半福祉半就労を具体化した「中間的就労」、自信を失った人が「自尊感情」や「自己肯定感」を取り戻す「居場所」づくりという取り組みが提起されている。

これら新しい自立支援は、保護受給者への支援を単にケースワーカーだけによる取り組みから就労支援員や関係機関などを巻き込む組織的なものへと変化している。これまでの生活保護における自立支援業務は、1人のケースワーカーによって経済給付業務とともに担われてきた。このため経済給付業務に手が取られ、自立支援業務については後回しになることも少なくなかった。このような問題の改善策として生活保護自立支援業務には、就労支援員が雇用され、あるいは、NPO法人や他機関との連携が図られることになり、組織的な取り組みで実施されるようになってきている。ただ、嘱託職員や外部職員という非正規雇用職員や下請け職員によるものとなり、単年度契約などにより経験の蓄積が難しく、権限や裁量権も与えられないためパターン化された限定的な取り組みになることは否めない。

4 伝統的自立支援克服のための自立支援の到達点と課題

　先述したとおり本稿の目的は、制度創設から半世紀以上にわたり続いている経済的自立だけを重視した生活保護行政による伝統的な自立支援を、福祉制度を利用して主体的に生きることを提起した障がい者運動による新しい自立(律)支援へと転換を図ることだった。このためまず大友信勝が生活保護行政の抱える最大の問題点として指摘した「超低保護率と保護申請手続きの複雑さ、スティグマ(恥の烙印)」を伝統的自立支援形成過程からみた。生活保護行政における伝統的自立支援は、戦前から続く惰民養成排除思想を新たな形で継承してきたとも言える。つまり「北九州市方式」や「大阪市方式」と呼ばれる生活保護行政は、新たな方法で保護を申請させない、早期に退出させるために、スティグマ(恥の烙印)を強調し、保護申請手続きへのハードルを設け、保護率を低く抑えてきた。それは、面接主査や警察OBの導入など職員体制や支援方法などの実施体制を見直し、行政主導型地域福祉や新たなセーフティネットの整備など稼動能力や扶養義務などを強調し、自己責任、自助努力により保護からの退出を迫る自立支援という点で共通していた。

　一方で「在り方に関する専門委員会」が提起した経済的自立だけではなく日常生活自立や社会生活自立を含めた多様な自立支援を目指す取り組みが生まれた。江戸川区福祉事務所、山城北保健福祉室、釧路市生活福祉事務所などの自立支援は、生活保護受給者の最低生活保障という仕組みを活かし、個別の課題に着目し、生活再建を図るという実践の積み上げから形作られてきた。例えば、江戸川区福祉事務所による長期にわたる貧困に対して高校進学といった就労支援だけに止まらない「生活力形成」や「生活関係形成」といった課題への取り組みである。また、山城北保健福祉室では、生活保護だからこそできる最低生活保障という機能を活かし、長期的展望にたった自立支援を展開している。さらに、釧路市生活福祉事務所では、生きていくことに自信を失う、スティグマ(恥の烙印)に苦しむ人に「自尊感情」や「自己肯定感」を取り戻し社会と繋がるために「居場所」づくりや「中間的就労」という取り組みが提起された。生活保護を受けながら自らが陥った状態を捉えなおすための「居場所」

や社会につながって行くために生活保護を受けながら働く「中間的就労」(半福祉半就労)という実践として具体化した。これらの取り組みは、「超低保護率と保護申請手続きの複雑さ、スティグマ(恥の烙印)」という生活保護行政が持つ最大の問題点の克服に繋がるものとも評価できた。

ただし、これらの新しい自立支援は、極めて熟練した熱心な現場職員が取り組みを牽引しているという共通点がある。このため、なんらかの要因により職員に異動が起こればたちまち継続が難しい状態となる。さらに、生活保護自立支援プログラムや生活困窮者自立支援法の取り組みで自立支援を担当する人も、ボランティアや嘱託職員、外部職員といった正規職員以外の不安定就労層が多い。新しい自立支援の経験を蓄積し、職員の力量を高めることに課題がある。これらのことから伝統的な自立支援を克服する課題は、生活保護ケースワーカーの実施体制の見直しにとどまらず、生活困窮者自立支援法など生活保護制度以外の職員体制の充実を図ること、実施体制の充実があげられる。そして、これを裏づけるための財源の確保が必要である。もちろんこれらの条件を整備するためには、江戸川区福祉事務所、山城北保健福祉室、釧路市生活福祉事務所など伝統的自立支援を克服する新しい現場実践の蓄積とその有効性を発展させる研究が必要とされている。

【付記】　本研究は、日本学術振興会科学研究費補助金「挑戦的萌芽」「日韓比較研究　中間的就労の可能性」(26590125)の成果の一部である。

【註】
(1) 生活保護を申請しようとする人に対して、福祉事務所の職員が申請書をすぐに渡さず、窓口での相談段階で対象者を必要以上に絞り込む手法。
(2) 1991年度より全国社会福祉協議会は国庫補助事業「ふれあいのまちづくり事業」を実施し、「小地域ネットワーク事業」の実施を各市町村社会福祉協議会に提起している。
(3) 詳細については、筆者作成(2007)「地方からの発信、『新たなセーフティネットの提案―【保護する制度】から【再チャレンジする人に手を差し伸べる制度へ】―』を生活保護現場から考える」総合社会福祉研究30号を参照。
(4) 大阪市(2013)「生活保護行政に関するよくある質問　抜本的改革の提案(指定

都市市長会）について」。
　　http://www.city.osaka.lg.jp/fukushi/page/0000091680.html#19。
(5) 国民年金の保険料を納付した期間と免除期間を基礎とする基準額（月額5,000円）×保険料納付月数/480と免除期間に対応して老齢基礎年金の1／6相当の額の合算額。
(6) 月額5,000円、ただし、1級の障害基礎金受給者については月額6,250円。
(7) 月額5,000円。
(8) 大阪市ＨＰ第6回生活保護適正化会議（資料）2013年10月16日付。
　　http://www.city.osaka.lg.jp/fukushi/cmsfiles/contents/0000239/239615/20131017001000000000.pdf（2016.3.13確認）。

【引用・参考文献】
阿部敦（2008）『北九州市の地域福祉政策―強いられた支えあいネットの本質と新しい公共空間論』大阪公立大学共同出版会
阿部彩（2011）『弱者の居場所がない社会―貧困・格差と社会的包摂』（講談社現代新書）講談社
大阪市生活保護行政問題全国調査団編（2014）『大阪市の生活保護でいま、なにが起きているのか―情報公開と集団交渉で行政を変える！』かもがわ出版
大友信勝（2001）『公的扶助の展開―公的扶助研究運動と生活保護行政の歩み』旬報社
北九州市保健福祉局社会部保護課、監査指導課監修（1996）「軌跡―北九州市・生活保護三十年」社会福祉法人　北九州市社会福祉協議会
釧路市福祉部生活福祉事務所編集委員会編（2009）『希望をもって生きる―生活保護の常識を覆す釧路チャレンジ』筒井書房
全大阪生活と健康を守る会連合会編（2014）『不当弾圧との闘いの記録―生活と健康を守る会への家宅捜索、その背景にあるもの』日本機関紙出版センター
総合人間学会編（2015）『〈居場所〉の喪失　これからの〈居場所〉―成長・競争社会とその先へ』学文社
藤藪貴治、尾藤廣喜（2007）『生活保護『ヤミの北九州方式』を糾す―国のモデルとしての棄民政策』あけび書房、98頁。
宮武正明（2014）『貧困の連鎖と学習支援―生活困難な家庭の児童の学習支援はなぜ大切か（2）』
　　http://www.hosen.ac.jp/kodomo/pdf/bulletin/2013/12Miyatake.pdf（2016.3.29確認）
湯浅誠（2007）『貧困襲来』山吹書店

3章　ワークフェアか所得保障か
―― 女性労働者問題から考える母子世帯の貧困

武藤　敦士

1　研究の背景と目的

1　研究の背景

　今日、「子どもの貧困」が世の関心を集めている。厚生労働省は「平成25年国民生活基礎調査」において、17歳以下の子どもの貧困率を16.1％と推計している。その中でも特に「大人が一人」(いわゆるひとり親世帯) の貧困率が高く、54.6％である。日本では高度経済成長期以降、離婚後に母親が子どもの親権を行使するケースが増加しており (図1)、近年ひとり親世帯の8割以上を母子世帯が占めている。そして、その多くが相対的に低位な所得階層に所属している。

　その一方で、このような母子世帯に対する支援施策は、所得保障の充実による低所得・貧困問題の解決・改善ではなく、母子世帯の母親に就労による自助努力を求めるワークフェア政策として展開されてきた。2002年に厚生労働省がまとめた「母子家庭等自立支援対策大綱」では、子どもの成長にとって、「母子家庭については、母親の就労等による収入をもって自立できること、そしてその上で子育てができること」が重要であると、明確にワークファーストを打ち出している (いわゆる2002年改革)。

　2002年改革の特徴は、母子世帯に対する広範な所得保障制度である児童扶養手当制度を実質的に削減し (引き締め)、就労による経済的自立を求めただけでなく、「子どもを監護しない親」に対する養育費負担の強化を離婚し親権を行使する側の親自身に求めたことにある。そしてこれは必然的に、多くは子を養育していない父親に対する養育費負担の強化を母子世帯の母親自身に行うように求めるものとなった。

図1 親権を行う者別にみた離婚件数の変移

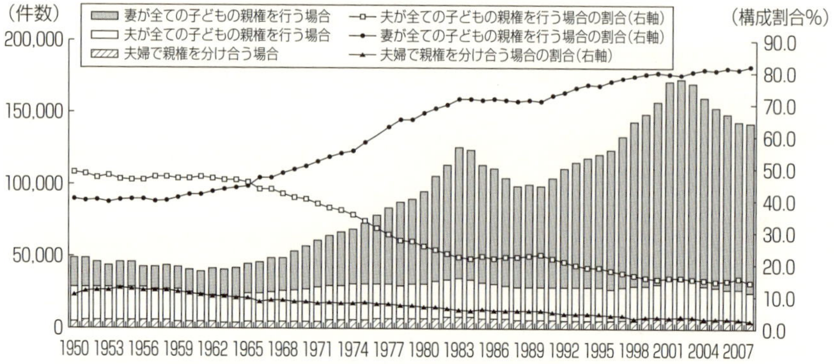

凡例：
- 妻が全ての子どもの親権を行う場合
- 夫が全ての子どもの親権を行う場合
- 夫婦で親権を分け合う場合
- 夫が全ての子どもの親権を行う場合の割合（右軸）
- 妻が全ての子どもの親権を行う場合の割合（右軸）
- 夫婦で親権を分け合う場合の割合（右軸）

※厚生労働省「平成21年度 人口動態統計特殊報告」より筆者作成。

　厚生労働省（2012）「平成23年度全国母子世帯等調査結果報告」によると、文書等何らかのかたちで養育費の取り決めをしている離婚による母子世帯は37.7％と4割弱にとどまっている。養育費の取り決めをしていないと回答した離婚による母子世帯の48.6％が、「相手に支払う意思や能力がないと思った」ことを理由にあげていることからも、養育費の取り決めを母親の自助努力のみに委ねることには限界があると考えられる。さらに、「現在も養育費を受けている」と回答している母子世帯は、離婚による母子世帯の19.7％にとどまっており、養育費を継続的に受け取ることにより生活の安定化を図ることができる母子世帯は全母子世帯のごく一部であることがわかる。このことから、母子世帯の多くは所得保障が抑制されれば、一層の自助努力により経済的自立を目指すほかに手立てはないといえるだろう。

2　研究の目的

　母子世帯の母親に、就労による自助努力を求めるのであれば、それを実現できる社会的な条件が必要である。特に、雇用・労働政策によって母子世帯の母親の雇用と収入がその世帯の順調な再生産を保障するものでなければ、母親の自助努力による経済的自立は達成されない。ところが、日本の女性労働者の大

半は戦後一貫して非正規・不熟練労働者として、景気の調整弁としての役割を担わされてきた。その結果、多くの女性が今もなお下層労働者として位置づけられ、引き続き非正規・不熟練労働者として労働市場に参加せざるを得ない状況にある。

　女性労働者の多くが労働市場において相対的に低位に位置づけられていることから、母子世帯の母親が自らの就労によって得ることのできる収入は必然的に低い水準にとどめられており、それのみで経済的に自立することは非常に難しい。しかし、それを補充するはずの児童扶養手当や生活保護などの所得保障が引き締められている状況下では、世帯の生活を維持するために母親が長時間労働やダブルワークによって収入の増加に努めたり、子どもたちが早期に労働市場に参加して家計を補助するなど、いずれにせよ当事者に過度の経済的自立を求めることとなる。それは一方で、母親が心身ともに追い詰められていくことにつながっており、また、子どもたちは母親の長時間労働によって親と過ごす時間を失い、低い世帯所得を理由に将来の夢や希望をあきらめなければならなくなることにつながっている。女性労働者が抱える雇用・労働問題を起点として発生している母子世帯の貧困問題は、そこから様々な生活上の問題を生み出している。それが社会的不利となって長期に母子の生活にのしかかり、生活の低位性を規定している。

　このような母子世帯の貧困問題は、資本主義社会における労働者世帯の困窮した姿の一形態であり、特に子育て世帯の貧困の典型的な姿が母子世帯に顕著に表れているといえるだろう。母子世帯の貧困問題を社会構造的にとらえ、その本質を理解したうえで必要な対策を検討することは、すべての労働者世帯が抱える生活問題の解決・改善を図るうえでも重要な意義をもつ。そこで、本研究ではまず、母子世帯が抱える貧困問題の特徴を各種調査結果からとらえ、次に、2002年改革の課題とその原因を女性労働者問題から考え、そのうえで、児童扶養手当を例に所得保障のあり方について考えていきたい。

図2 就業している母親の雇用形態別就労収入の分布 (2010年)

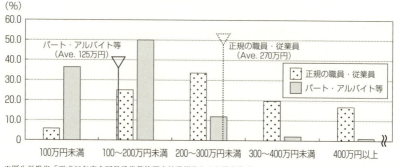

※厚生労働省「平成23年度全国母子世帯等調査結果報告」より筆者作成。

2 母子世帯の収入状況

1 正規雇用と非正規雇用

　母子世帯の貧困問題を解決・改善するためには、母子世帯の母親の「雇用形態の改善、つまり非正規雇用ではなく正規雇用で働けるようにし、就労収入を上昇させることである」(堺 2010：80)、「母親の能力の向上を図ることによって雇用・労働条件を高め、それによって所得の増加を実現することが、母子世帯の経済的自立の最も本来的な実現の方法である」(武藤 2012：53) というのがひとつの考え方であろう。

　就労している母子世帯の母親の所得についてみると、図2のようにパート・アルバイト等非正規雇用より正規の職員・従業員のほうが年間就労収入は高くなっている。しかし、正規の職員・従業員であるにもかかわらず、年間就労収入額の平均は270万円であり、世帯の家計を担う中心的労働者の収入としては低い水準にある。同じく2010年に厚生労働省が調査した「平成23年国民生活基礎調査」では、児童のいる世帯 (いわゆる2人親世帯) の年間の稼働所得は588.2万円である。母子世帯の母親の就労収入だけでは、一般的な2人親世帯の45.9％でしかない。

　その原因を「平成23年国民生活基礎調査」における「15歳以上の役員以外の

雇用者の所得状況」にみると、正規の職員・従業員の平均稼働所得は男性が471.6万円であるのに対し、女性は288.2万円にとどまっている。国税庁「平成22年分民間給与実態統計調査」をみても同様に、1年を通じて勤務した給与所得者のなかで、男性の平均給与が507万円であるのに対し、女性は269万円にとどまっている。

「平成23年度全国母子世帯等調査結果報告」における正規の職員・従業員として働く母親の平均年間就労収入270万円という数字は、「平成23年国民生活基礎調査」における正規の職員・従業員として働く女性労働者の平均稼働所得288.2万円や、「平成22年分民間給与実態統計調査」における女性の給与所得269万円と同水準にあり、母子世帯の貧困問題の背景に母親が直面する「女性労働者の低賃金問題」が存在していることがわかる。

2 生別母子世帯と死別母子世帯

厚生労働省が2010年に調査した「平成23年度全国母子世帯等調査結果報告」によると、調査対象となった母子世帯の80.6％が何らかのかたちで就業している。その内訳を表1にみると、生別母子世帯と死別母子世帯ともに正規の職員・従業員よりパート・アルバイト等の比率が高くなっており、正規比率が67.2％の父子世帯（生別67.1％、死別67.4％）とは明らかな違いがみられる。母子世帯の正規比率の低さは、図3のように就労収入の低さとして表れており、生別・死別両者は同様の分布を示すとともに、半数以上が200万円未満に集中している。半数以上が300万円以上に分布している父子世帯と比較すると男女間の収入格差は明らかであり、女性労働者の低位性が表れている。

ところが、世帯の収入状況をみると、図4のように死別母子世帯の相当数が父子世帯の分布傾向に近づくのに対し、生別母子世帯の多くが引き続き300万円未満にとどめ置かれている。この世帯収入の差は、両者に対する社会保障給付の差であると考えられる。生別母子世帯と死別母子世帯の平均年間就労収入の差が81万円であるのに対し、社会保障給付等を含めた世帯の年間収入の差は173万円にまで広がっている。その要因の1つに、死別母子世帯に対する遺族年金の給付があると考えられる[4]。生別母子世帯と死別母子世帯の収入の差は、

表1　生別母子世帯と死別母子世帯の就業状況

	生別母子世帯（1,525世帯）	死別母子世帯（123世帯）
就業率	81.2%	73.2%
正規の職員・従業員	40.0%	31.1%
パート・アルバイト等	46.9%	53.3%
派遣社員	5.0%	1.1%
自営業	2.3%	6.7%
会社などの役員	0.4%	3.3%

※厚生労働省「平成23年度全国母子世帯等調査結果報告」より筆者作成。家族従業者、その他、不就業、不詳を除く。

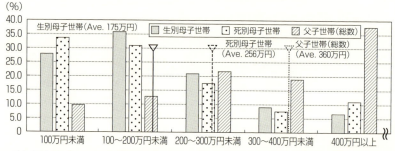

図3　母子世帯の母、父子世帯の父の年間就労収入の分布（2010年）

※厚生労働省「平成23年度全国母子世帯等調査結果報告」より筆者作成。

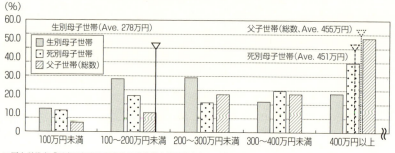

図4　世帯の年間収入の分布（2010年）

※厚生労働省「平成23年度全国母子世帯等調査結果報告」より筆者作成。

両者に対する所得保障の差であり、母子世帯の生活水準が社会保障の給付水準によって規定されていることがわかる。

その結果、ひとり親世帯の所得保障を目的とした児童扶養手当受給者の大半を生別母子世帯が占めることになる。母子世帯のなかでも相対的に低位な所得階層に所属している生別母子世帯が受給者の大半を占める児童扶養手当の引き締めを行った2002年改革は、母子世帯の生活実態に逆行した施策であったといえよう。

3 女性労働者問題と2002年改革

1 2002年改革の課題

2002年改革におけるワークフェア政策を湯澤（2005：94-5）は、「『自立』という支援理念のもと福祉政策による対応から労働政策による対応へ移行させる改革」であり、「財政コストを抑制するために児童扶養手当費を削減し、その代替として就労支援策を導入する形式をとった改革」であると評価している。堺恵（2010：81）も、「労働市場構造の改革に手をつけないまま、『自立支援』の名のもとに『就労促進』の体裁だけを整え、母子世帯の母の『自助努力』に責任を負わせて財政負担の削減を図ろうとしている」、「政府にとって都合のいい方法が2002年改革というワークフェア政策」であると主張している。先行研究はいずれも、2002年改革が母子世帯の貧困問題の解決・改善に主眼を置いていなかったことを指摘している。財政負担軽減を目的に母子世帯の貧困問題対策を労働政策へ移行したにもかかわらず、労働市場における女性労働者の位置づけが旧態依然としていたことから、結果として多くの母子世帯の貧困問題はワーキング・プア問題として残されることになった。

2002年改革前後の児童扶養手当等給付費と受給母子世帯数の推移を図5にみると、2002年改革において児童扶養手当給付費の実質的な削減が行われたにもかかわらず、その後も給付費の総額、受給世帯数ともに増加していることがわかる。

受給世帯数をみると、母親が親権を行使する離婚の増加率をはるかに超える速度で増加していることから、母子世帯の多くが離婚直後から、ある程度時間

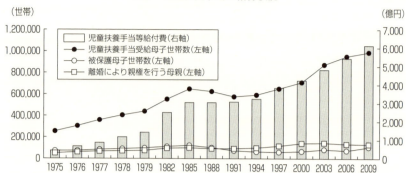

図5 児童扶養手当の給付状況

※厚生労働省（2012）「平成23年度福祉行政報告例」、国立社会保障・人口問題研究所（2011）「平成21年度社会保障給付費」、厚生労働省（2010）「平成21年度人口動態統計特殊報告」より筆者作成。
※「離婚により親権を行う母親」は、「夫婦で親権を分け合う」離婚と「妻が全ての子どもの親権を行う」離婚を合算した件数である。
※「児童扶養手当等給付費」には特別児童扶養手当を含む。

をかけて自助の限界に追い詰められている可能性を指摘できる。つまり、離婚直後の家計急変期に重点を置いた2002年改革による児童扶養手当制度改正が、対象が抱える問題を的確にとらえていなかったことを表している。

また、2002年改革によって引き締めが行われた後も増加していることから、自助の限界に達した母子世帯の多くが、その後も長期的に低所得状態に置かれていることがわかる。このことから、就労支援に重点をおいた2002年改革は、母子世帯の貧困問題を十分に解決・改善するものではなかったといえるだろう。

さらに、児童扶養手当を受給する母子世帯の増加率に対して生活保護を受給する母子世帯の増加率が低いことを母子世帯の高い就労率と低い所得状況から考えると、母子世帯の相当数が今もなお十分な所得保障を受けることなく、最低生活保障基準以下のワーキング・プア状態に置かれていることを指摘できるだろう。

2 女性労働者問題と労働運動

2002年改革が批判される一番の要因は、労働市場における女性労働者の地

位、待遇の改善なしに母子世帯の所得保障を実質的に引き下げたことであろう。その結果、多くの母子世帯が「自立支援」のかけ声のなかで、一層の自助努力を求められることとなった。

　女性労働者の地位や待遇の改善は、女性労働者の自助努力のみによって成し遂げられるものではない。資本主義社会成立以降の長い歴史の中で、労働者の地位や待遇の改善は常に労働運動の成果として得られてきた。先進資本主義諸国では産業の発展と資本の蓄積にともない、労働者の側でも組織化と労働運動が活発になり、労働条件の緩和や賃金水準の引き上げ、労働時間の短縮が進んだ。その労働運動の中核を成したのが労働組合運動であった。

　戦後、日本でも、「財閥の擡頭を抑え、官僚閥の発言権を弱める」ために、「占領政策という、日本経済に対していわば外から与えられた事実」としての、労働組合の結成が推し進められ、それに伴う労働組合運動が展開された（大河内 1961：50-1）。日本の労働組合運動は企業別組合として組織され展開されたことに特徴があり、その結果、終身雇用や年功賃金といった日本的雇用慣行が長く続くことになった。

　しかし、日本的雇用慣行に守られた組織労働者の多くは男性であった。例えば終身雇用は男性労働者を主たる対象としていたため、女性労働者の労働力率は男性労働者のそれとは異なり、20代と40代をピークに、30代をボトムとしたM字カーブを描いた。これは、主に男性労働者の地位や待遇を守っていた日本的雇用慣行とは別に、女性労働者にとっては若年定年制、結婚退職制、出産退職制が当時の職場慣行となっていたためである。そのため、女性労働者の多くは労働組合が組織された後も引き続き終身雇用の枠外におかれ、不熟練の不安定・低賃金労働者として労働市場に参加していた。

　ただし、女性労働者はただ黙ってその地位に甘んじていたわけではない。嶋津（1978：155）が、「婦人運動は、いうまでもなくプロレタリアートの成長を基礎として発展する」と指摘したように、労働組合運動の進展とともに、女性労働者の抱える諸問題の解決・改善要求は、女性運動として展開された。1950年代に入り日本労働組合総評議会（総評）に中央総評婦人協議会が確立すると、組織化された女性の運動は政策主体に対して様々な要求を突きつけていった。

労働組合運動の進展とともに女性運動も進展し、高度経済成長とともに1970年代に向けて盛り上がりをみせていった。

3 労働組合運動の衰退と女性労働者

　1980年代に入ると女性運動は、労働基準法だけでは解決できなかった男女の賃金格差や差別の解決・改善を目指し、1985年に男女雇用機会均等法の制定を勝ち取った。[6]本来であればこれにより、女性労働者の賃金水準は一定の改善をみるはずであった。ところが、同年に制定された労働者派遣法[7]が、その後の新自由主義経済政策のなかで企業に有利な内容へと規制緩和していったことから、日本的雇用慣行に守られてきた男性労働者の一部が未組織の不安定・低賃金労働者として労働市場に参加することとなり、女性労働者の地位や待遇はそれら男性労働者に引きずられるかたちで引き続き低位に押しとどめられた。その結果、戦後から今日まで女性労働者の地位や賃金等職場待遇は一貫して企業から抑圧されるかたちで推移し、今もなお抜本的改善をみるに至っていない。脇田（2015：27）はこのような状態を生み出した労働者派遣法を、「新たな派遣労働という雇用形態を通じて性差別が隠蔽され、むしろ拡大することになった」と批判している。

　臨調行革以降の雇用・労働問題拡大の一因に労働者派遣法の成立とその後の大幅な規制緩和があったことは明らかである。女性労働者の地位や待遇についても、「日本の婦人の極端な低賃金は、日本の賃金水準の低さを規定するものであり、日本の低賃金構造を支えているもの」（竹中 2012:78）であることから、「婦人の低賃金を克服する課題は、ひとり婦人労働者のみならず、全労働者の階級的課題」（竹中 2012：140）であったにもかかわらず、今日までその課題は克服されていない。労働者派遣法の成立とその後の規制緩和を止めることができず、女性労働者の地位や待遇をいまだに改善できていない背景には、労働組合の弱体化があったと考えられる。日本の労働組合は図6のように1970年代中盤以降年を追うごとにその組織率が低下し、労働運動の主たる担い手としての役割を十分に果たせなくなっていた。労働者派遣法の立案に深く関わった高梨（2009：6）は、日本の労働組合が「『企業別』の『本工・正社員』のみの労働

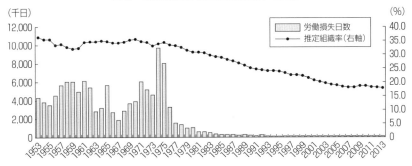

図6　労働損失日数と推定組織率の変移

※労働大臣官房労働党系調査部『労働争議統計調査報告書』、厚生労働省大臣官房統計情報部『労働争議統計調査年報告』から筆者作成。
※「労働損失日数」とは、半日以上の同盟罷業又は作業所閉鎖が行われた期間に、労働者が実際に半日以上の同盟罷業に参加した又は作業所閉鎖の対象となったことによって労働に従事しなかった延べ日数をいう。

組合にとどまってきた」ことから、パートや派遣といった正規社員以外の労働者について、「これらの労働者を組織化する努力を全く怠ってきたことが、今日の日本の労働組合運動を後退させ、弱体化させた理由であることは誰も否定できまい」と指摘する。脇田（2015：28）も同様に、「この約30年間、非正規雇用拡大にもかかわらず、日本の労働組合は強く抵抗してこなかった」とその姿勢を批判している。1970年代から進んだ労働組合の弱体化が、今日に続く労働者の非正規化、低賃金化という日本の労働市場の変質を許してしまったといえるだろう。

三塚（2011：28）は労働組合の発展をとらえる指標として、「『組織率』や『労働争議の件数』や『（労働争議への）参加人員』も一つの目安」（括弧内筆者）になるものの、「日本の場合は企業別に分断されて」いることから、「組織率に見合うような力量を発揮していない」と指摘する。そこで三塚は労働運動の活動実態をとらえる指標として「労働損失日数」に着目している（貧困問題研究会 2011：28）。その「労働損失日数」に着目してみると、やはり図6のように、1970年代中盤以降に労働組合運動の急激な衰退を読み取ることができる。労働組合の弱体化は労働者派遣法のなし崩し的改悪を黙認することとなった。その結果、労働者の非正規化が進み、労働組合の組織率低下にいっそう拍車をかけ

ることになった。この労働組合の弱体化と労働組合運動の衰退により、女性労働者をはじめ多くの労働者は地位や待遇の改善を資本に求めるための有効な手段を失うこととなった。

近年、全労働者に占めるパートタイム労働者や派遣労働者などの非正規雇用労働者の割合は 4 割を超えている。そのほとんどが安上がりな労働力として、景気の調整弁的な役割を担わされている。脇田（2015:28-9）はこの状況を、「最も労働組合を必要とする非正規労働者が労働組合に加入したり、労働組合による支援や保護を受けることがなくなり、未組織のまま放置されることが多くなった」と指摘し、その対策として、「労働環境と雇用のいっそうの劣化を阻止することが当面の大きな課題であり、そのためにも労働者の分断を克服して、労働者全体を代表する新たな労働者連帯の構築をめぐる議論を急がなければならない」と、労働者の組織化と統一行動の実現を求めている。母子世帯の母親が就労による経済的自立を実現するためにも、労働運動による労働者全体の地位や待遇の改善が必要であり、それにともなう女性労働者の地位や待遇の改善と、育児と労働を両立するための施策を勝ち取っていく必要があるだろう。

4　母子世帯の貧困と所得保障

1　母子世帯の貧困と児童扶養手当

生別母子世帯に対する代表的な所得保障制度は、1961年に創設された児童扶養手当であろう。厚生省大臣官房企画室編（1961:207）『厚生白書―福祉国家への途―昭和35年度版』は児童扶養手当制度の創設について、「経済的には死別母子世帯とほとんど同じように苦しく、夫または父に生き別れになったという意味での不幸は、死別母子世帯にも劣らぬものがあろうから、このような事情がじゅうぶん考慮されてしかるべき」であるとして、生別母子世帯にも1959年に創設された母子福祉年金と同じような手当を支給する必要があるという考え方を示した。そのため、児童扶養手当制度における所得制限や支給額は当初、母子福祉年金との関連のなかで決定されていた。所得制限は母子福祉年金と同額であり、支給額も1970年10月以降は母子福祉年金と同額とされた。

ところが、高度経済成長が低成長へと転じ、「日本型福祉社会」が指向され

るなかで第二次臨時行政調査会（以下、第二臨調）が発足すると、母子世帯が利用し得る所得保障制度であった生活保護、児童扶養手当、児童手当の引き締めが実行された。児童扶養手当も、「離婚の増加、女性の職場進出の進展等の変化を踏まえ、児童扶養手当の社会保障政策上の位置付けを明確にし、手当支給に要する費用の一部についての都道府県負担導入問題について、早急に結論を得る」とした第二臨調最終答申（1983年3月）を受けて、1985年3月に法改正された。この法改正により

児童扶養手当には母子福祉年金と異なる体系の所得制限が設けられ、支給額は世帯の所得に応じて2段階に区分された。この改革を藤原（2009：20）は、「妻という地位を離れ自分の経済力で子どもを養育している女性に対して、社会が厳しい圧力をかけたに等しい」と批判し、1985年を「女性の貧困元年」と位置づけている。1985年の改革は2002年改革と同様に、生別母子世帯の増加を背景に児童扶養手当給付費を抑制し、母親の自助努力をうながすものであった。1985年改革以降の児童扶養手当は、湯澤（2005：103）が指摘するように、「財政コストとして児童扶養手当費が問題にされ、『給付』の重点化という観点からさらなる抑制が図られ、その方向性は2002年改革に結実」し、結果として母子世帯の母親が、「就労していても貧困から抜け出せない構造を固定化」することになった。

2　児童扶養手当をめぐる最近の動きとその課題

　第二臨調以降、生別母子世帯の増加を背景に、児童扶養手当給付費の抑制が繰り返し行われてきた。その特徴は、抑制にともない母親の自助努力（＝経済的自立を目的とした労働市場への参加）が強化されてきたことにある。しかしそれは、母子世帯の母親を女性労働者としてとらえ、労働市場における女性労働者の地位や待遇の改善をともなうものではなかった。その結果、必然的に母子世帯の母親の多くがワーキング・プアに陥り、母子世帯の貧困問題が生み出されてきた。
　しかし、近年社会問題化している子どもの貧困問題を背景に、特にその傾向が顕著なひとり親世帯対策として、児童扶養手当における第2子および第3子

以降の加算額の増額（第2子月額5千円→最大1万円、第3子以降3千円→最大6千円）が2016年8月から、子どもが2人以上の場合の加算額に対する物価スライド制の適用が2017年4月から導入されることが決定した。抑制一辺倒であった児童扶養手当制度に生じたこの変化は、当事者や支援者から肯定的な評価を得ている。

　ただし、今回の児童扶養手当制度の改正は、その対象からみても金額からみても手放しで評価できるものではない。例えば厚生労働省「平成23年度全国母子世帯等調査」では、母子世帯の平均子ども数は1.58人と報告されており、第2子以降のみ増額する今回の児童扶養手当改正の効果は極めて限定的であるといえる。もし真剣にひとり親世帯の貧困問題解決に取り組むのであれば、全般的な所得制限の緩和や第1子（最大42,330円／月、2016年現在）の増額など、全体に行き渡る改正にしていかなければならない。

　社会保障・社会福祉の拡充を議論する際、常に指摘されるのが財源の問題である。近年政策側からは、消費税の増税分を社会保障・社会福祉の財源に充てるという回答がみられる。しかし、消費税という逆進性の強い税制によって社会保障・社会福祉の財源を賄うという方法は、結果として社会の弱い部分にしわ寄せすることになる。生活者の負担を軽減するためにも、また、両極化を強めている労働者の所得格差を緩和するためにも、社会保障・社会福祉を拡充するための財源確保は、法人税率の引き上げと所得税の累進税率の引き上げによって対応するべきであろう。この問題は極めて政策的な問題あるため、政策側の譲歩を引き出すためにも、労働運動による働きかけが欠かせないのである。

5　総　括

　本研究ではまず、ひとり親世帯の貧困問題が、特に生別母子世帯で顕著であることを明らかにした。生別母子世帯は死別母子世帯とは異なった所得保障制度のなかに置かれ、再分配後も引き続き低所得状態にある。母子世帯の母親の高い就労率と低い所得状況は母子世帯の多くをワーキング・プア状態に押しとどめ、結果として貧困率は他の世帯類型に比べ突出して高く表れていた。近年

注目される子どもの貧困問題の多くも、この母子世帯の貧困問題と同様の構造の中から生み出されている。

　生別母子世帯だけが再分配後も低い所得状態に置かれている背景には、生別母子世帯となった原因を母親に求める自己責任論が存在すると考えられる。生別母子世帯は1960年代後半以降増加傾向にあったため、生別母子世帯を対象とした所得保障制度である児童扶養手当給付費の抑制が繰り返し行われ、それにともなって母子世帯の母親には、就労による経済的自立が必然的に求められてきた。

　ところが、母子世帯の母親が参加する労働市場では、戦後一貫して女性労働者が低位の労働者として位置づけられており、母親の自助努力だけでは経済的自立を実現することが困難な状況にあった。さらに、第二臨調によって所得保障の引き締めが行われると同時に、労働者派遣法による労働市場そのものの変質が図られたため、雇用・労働問題とそれにともなう貧困問題は男性労働者を巻き込みながら拡大していった。その結果、今日に至るまで、母子世帯の母親が自らの労働によって世帯の経済的自立を容易に実現できる労働市場は整備されず、今もなお多くがワーキング・プアとして下層の労働者にとどめ置かれている。

　母子世帯の母親が女性労働者として労働市場に参加しても、世帯の経済的自立を図ることが困難な状況のなかで、まずもって取り組まなければならないのが所得保障の充実である。母子世帯の貧困は女性労働者としての母親の貧困にとどまらず、その監護する児童の今と未来に大きく作用する。そこで重要な役割を果たすのが資産要件等厳格な生活保護制度に比べて受給も容易であり、スティグマも強くない児童扶養手当である。第二臨調以降、常に給付抑制に動いてきた政府も、ここにきてようやく拡充に転じた。ただし、その内容は給付費増加の影響が小さいところに限定的かつ低廉な拡充にとどまっており、母子世帯が抱える貧困問題の解決・改善には十分に寄与していない。

　今後、母子世帯の貧困問題の解決・改善を考えていくうえで、短期的には所得保障の充実が、中・長期的には労働市場の改善が求められる。所得保障についてはまず、児童扶養手当給付費の増額と所得制限の緩和であろう。労働市場

の改善については母子世帯の母親の雇用・労働環境を、いかに母子世帯の生活実態に応じたものにしていくかが求められる。それは母子世帯の母親の自助努力だけでは実現できない問題であり、そこには労働運動が介在する必要があるだろう。母子世帯の貧困問題の本質的な問題である女性労働者の雇用・労働問題を解決・改善するためには、労働運動による政府と資本への働きかけが不可欠である。

【註】
(1) 厚生労働省「国民生活基礎調査」における世帯類型の状況をみると、近年80％台後半から90％で推移している。
(2) 「母子家庭等自立支援対策大綱」が母子世帯の母親に求めた、「母親の就労等による収入」の「等」には、「離婚等によって子どもを監護しない親に対し、その責務を果たさせる必要がある」という養育費負担の強化が含まれている。
(3) この調査では93世帯が遺族年金を受給しており、公的年金の平均年金月額は11万9千円となっている。この金額は、障害年金受給世帯（21世帯）、老齢年金受給世帯（1世帯）も含んだ公的年金の平均年金月額を表したものであるが、障害年金や老齢年金の給付水準を勘案すると、遺族年金（93世帯）の数字が強く反映されているとみることができる。
(4) 母子世帯に対する所得保障の内容と水準が歴史的にどのように推移していったのかは、母子世帯となった理由（生別か死別か）によって二分された所得保障制度の課題を指摘し、その対策を論じた田宮（2010）を参照のこと。
(5) 児童扶養手当は母子福祉年金の補充的制度として創設されており、現在では遺族年金を受給できない生別母子世帯を主に対象として運用されている。この調査における児童扶養手当の受給状況をみると、生別母子世帯の76.8％が受給しているのに対し、死別母子世帯では24.3％の受給にとどまっている。この児童扶養手当がひとり親世帯の貧困問題を十分に解決・改善していないことは、すでに先行研究でも指摘されているところである（阿部 2008：132-4）。
(6) ただしその内容については、女性を男性並みに働かせようとする法律であるという指摘があったことに注意しなければならない。
(7) 労働者派遣法の立法化の審議は当時、男女雇用機会均等法の立法化の審議と並行して行われていた。「均等法の最大の争点の一つは、女子労働者の職業生活と家庭生活との関連のつけ方にあった」（高梨 2009：3）というとおり、労働者派遣法は表向き当時の政策課題であった子育てが一段落した女性の再就職市場を良好な市場

として形成することを目的としていた。

【引用・参考文献】
阿部彩（2008）『子どもの貧困―日本の不公平を考える』岩波書店
大河内一男（1961）『戦後日本の労働運動（第7刷改訂版）』岩波書店
厚生省大臣官房企画室編（1961）『厚生白書―福祉国家への途―昭和35年度版』大蔵省印刷局
堺恵（2009）「母子世帯に対するワークフェア政策の概観―2002年改革に関する先行研究を通して」『龍谷大学大学院研究紀要社会学・社会福祉学』17、71-85頁
嶋津千利世（1978）『婦人労働の理論』青木書店
高梨昌（2009）「労働者派遣法の原点へ帰れ」『大原社会問題研究所雑誌』(604)、1-8頁
竹中恵美子（2012）『竹中恵美子著作集第Ⅳ巻 女性の賃金問題とジェンダー』明石書店
田宮遊子（2010）「母子世帯の最低所得保障」駒村康平編『最低所得保障』岩波書店、75-99頁
貧困問題研究会（2011）『いま、社会福祉・社会保障を問う―労働運動を軸にして』貧困問題研究会
藤原千沙（2009）「貧困元年としての1985年―制度が生んだ女性の貧困」『女たちの21世紀』57、19-21頁
武藤敦士（2011）「母子世帯の貧困と就労支援の課題―『母子家庭自立支援給付金事業』を中心として」『龍谷大学大学院研究紀要社会学・社会福祉学』19、37-56頁
湯澤直美（2005）「ひとり親家族政策とワークフェア―日本における制度改革の特徴と課題」社会政策学会編『若者―長期化する移行期と社会政策』社会政策学会誌13、法律文化社、92-109頁
脇田滋（2015）「蔓延する非正規雇用と女性労働者」『日本の科学者』50（3）、24-29頁

4章 「子どもの貧困」の問題点と対策

田中　聡子

1　はじめに

　2009年に相対的貧困率が公表されて以後「子どもの貧困」の実態が明らかにされている。調査研究も蓄積され、社会的な対応が求められるようになりつつある。この間に、民間を中心に「居場所づくり」や「学習支援」「子ども食堂」などの実践が広がった。深刻化していく子どもの貧困に対して、国の対応を待っていることができない状況にもなっている。こうした背景を受け、2014年8月には「子供の貧困対策に関する大綱」が閣議決定され、貧困対策に対する基本的な方針が明示された。本稿では、子どもの貧困がなぜ問題なのか、貧困の改善にはどんなことが必要なのかについて述べる。

2　子どもの貧困の広がり

　貧困に対する社会の関心が高まったのは、2007年10月に発足した反貧困ネットワーク運動が一つの契機であると考える。反貧困ネットワークが貧困の可視化と改善、解決のための社会的な活動を実施した。2008年にリーマンショックが起こり、多くの非正規労働者の雇い止め、「派遣切り」が問題となり日本社会の中で貧困は身近にあるものと認識されるようになった。

　この現象は、貧困に対するセーフティネットの脆弱性が露呈したものと言える。1986年の労働者派遣法以降の度重なる改正により、日本において不安定な就労形態を取る人々が増加した。リーマンショック時の派遣対象業務は港湾運送、建設、警備以外は原則自由化という状況になった（田中 2008：42-43）。このことが、労働者の生活を補償する雇用、年金、医療の社会保険が十分に機能しないことを招いた。仕事や住居をなくした多くの人々の問題が可視化した。

日本において、リーマンショックのような経済変動が起ると中間層から貧困層に下降すること、そうしたことは他人事ではないことを多くの人が感じとったのである。

2009年、厚生労働省により相対的貧困率が公表された。日本の相対的貧困率は、16.0％、子どもの貧困率は15.7％であった。現代社会において、6人に1人の子どもが貧困であるということになる。貧困は放置できないものであり、次世代を担う子ども世代が深刻な状況であることが明らかになった。

厚生労働省が公表する「国民生活基礎調査」による相対的貧困率とは、OECDの作成基準に基づいている。これは、世帯の可処分所得（収入から税金・社会保険料等を除いたいわゆる手取り収入）を世帯人員の平方根で割って調整した所得である等価可処分所得の中央値の半分の額（貧困線）以下の所得しか得ていない者の割合である。そこで貧困線は人々の所得によって決まるため、計測した年度により異なり、同じ金額の所得であっても貧困線以下の場合とそうでない場合が生じることになる。また、「子どもの貧困率」は子どものみで算出されており、17歳以下の子ども全体に占める等価可処分所得が貧困線に満たない子どもの割合を示す。一方、「子どもがいる現役世帯（世帯主が18歳以上65歳未満の世帯）」の貧困率は、子どもがいる世帯の大人を含めて算出されている。実際に、貧困線は2000年には137万円であるが、2009年には125万円、2012年には122万円となっている。貧困の基準がより低くなっているにもかかわらず、貧困線以下の人の割合が増えているということであり、このこと自体も問題であると言える。

2010年「厚生労働省第9回ナショナルミニマム研究会議事録」において親が国民健康保険料を滞納して保険証を返還し、子どもが無保険状態になっている子どもは3万人以上いると公表された。同じく子どもの給食費未納、学童保育料の未納、修学旅行の積立金の未納などの学校関係費の未納問題やお弁当を持って来ることができない子ども、制服や体操服を準備してもらえない子どもなど貧困世帯の子どもの生活実態が次々と報道された。そこで、日本の子どもの貧困解決を目的として、「『なくそう！子どもの貧困』全国ネットワーク」が2010年に設立された。これは、個人参加のネットワークであるが、情報発信や

問題共有、交流を軸に展開し、子どもの貧困を可視化するとともに社会に発信することで、貧困解決に向けたネットワークを広げていくことに寄与したと言える。

同時期、格差と貧困の広がりにより高齢者世代の孤独死、介護破産、介護者と被介護者の無理心中や虐待問題も若者世代の不安定就労や過労死、ネットカフェ難民など、多くのメディアで取り上げられるようになった。

本稿では、こうした貧困問題のうち、特に子どもの貧困問題に着目する。子どもの貧困とは、子どもが属する世帯の貧困である。従って、これまでの貧困対策は、世帯に対する貧困対策が主流であった。また、子どもへの直接対応は、親の都合により家庭で養育できない子どもに対して社会的養護が担っていた。即ち、親の病気や死亡、虐待などによって自分の生まれた家庭で育つことができない子ども（要保護児童）を養育し、支援するというものであり、児童福祉法に根拠を置いた対応が主になっている。確かに、貧困家庭の子どもが要保護児童として支援を受ける場合もあるがそれはむしろ少数であり、多くの貧困家庭の子どもは、地域の中で親と一緒に生活していると考える。しかし、親の収入には格差があり、このことが子どもの成長や発達に影響をしていくことが問題であると考える。

子どもの貧困は親の貧困とどう違うのかという問いに対して、埋橋は親の貧困の影響が扶養家族である子どもに影響を及ぼし、その影響の総体が子どもの貧困としながらも、親と子どもの生活がいくつかの点で異なり、結果消費パターンの違いが生まれることを以下のように論じている。

> 同一家計に属しつつも親と子どもの生活はかなり異なるものを考えられ、同じ世帯内の貧困も、親と子どもでは異なる影響を受けていると考えたほうがよさそうである。つまり要約すれば、「原因」と「及ぼす影響」の2点において、親の貧困と子どもの貧困は異なるのである（埋橋 2015；16-17）。

子どもの貧困は、子どもの生活を中心に捉えていくことであり、世帯の経済的な欠乏状況が、子どもが生きる上で、どのように作用しているのかを見極め、その影響によって子どもが不利な状況にならないように対策を講じていく

ことが重要と考える。

3 現代社会における子どもの貧困

　現代社会における貧困とはどんな状況を言うのか、今日の日本社会において貧困とはどんな状況なのかを示したい。

　貧困には伝統的に「絶対的貧困」と「相対的貧困」の二つの概念が存在する。前者は19世紀イギリスでシーボーム・ラウントリーによって展開されたものである。貧困の基準を時代や社会的背景に影響を受けない生理的水準に定め、それ以下の水準を貧困と定義する概念である。

　後者の概念は相対的な概念であり、その人が属する社会の中で「通常」「当然」とみなされる水準にも満たない状況を示す概念として用いられている。P.タウンゼントはDeprivation（剥奪、損失）という概念を用いて以下のように論じた。

> 貧困という言葉は、Relative Deprivationという概念の視点からのみ、客観的に定義づけられ、かつ一貫して矛盾することなく、使用されえるものである。（中略）個人、家族、諸集団は、その所属する社会で慣習になっている、あるいは少なくても広く奨励または是正されている集団の食事をとったり、社会的諸活動に参加したり、あるいは生活の必要諸条件や快適さをもったりするために必要な生活資源（resources）を欠いている時、全人口のうちでは貧困の状態にあるとされるのである。貧困な人々の生活資源は、平常的な個人や家族が自由にできる生活資源に比べて、きわめて劣っているために、通常社会で当然とみなされている生活様式、慣習、社会活動から事実上締め出されているのである（P.タウンゼント＝1977：19）。

　従って、個人が所属する集団や社会の水準が重要になってくる。子どもの貧困と言う点では、子どもが所属する社会や子どもの生活の中で「当然」「通常」になっている慣習や暮らしの水準に達していない場合のことを指すと言える。衣食住の貧困に限定されない、社会的諸活動の参加や生活の快適さが保たれないほどの生活資源を欠く場合のことと言える。つまり、今、その時を生きる子どもが所属する社会の日常の生活水準からどの程度離れているかが問題になる

と考える。

　そこで、阿部は、貧困実態を様々な状態からの剥奪状態として考え、所得や消費から推測される「およその生活水準」を計るのではなく、直接生活の質を測る「相対的剥奪指標」によって計測することの重要性を述べている（阿部 2008：182-183）。また、子どもの貧困対策を政策として実施するためには、政策目標、実施、評価が必要であり、そのためにも貧困を測る指標の重要性を強調する（阿部 2014：228-229）。

　子どもの貧困の実態把握と貧困率の測定、削減目標の設定、そして削減計画の具体化と実行を提唱し刊行された「子どもの貧困白書（2009）[7]」において「子どもの貧困」は、「子どもが経済的困難と社会生活に必要なものの欠乏状態におかれ、発達の諸段階におけるさまざまな機会が奪われた結果、人生全体に影響を与えるほどの不利を負っていること」と定義されている（小西 2009：10）。この定義は、子どもの貧困を考える上で以下の3点において重要である。

　1点目に「お金がない」という問題は経済的な次元を超えて、衣食住をまかなうことから、いのちや健康を守るための医療、余暇活動・遊び、日常的な養育、学習環境、学校教育等に関係していくこと、このような不利は連鎖・複合化していくと指摘していることである（小西 2009：10）。

　2点目は、貧困に対しておおよそ生活水準から離れるほどの生活資源を欠くことの状態だけでなく、将来の困難、不利までを規定していることである。物質的、経済的な資源の欠乏により子どもの発達の段階で当たり前の機会が剥奪される状況が起る。その結果として、子どもが将来にわたり不利、困難を負うということ、時間の軸を入れて考える必要があると言える。松本は貧困が人間に与える影響を考えるとき、その「深さ」と「時間的長さ」が重要な要素であると指摘している。生活過程における不利の蓄積を通して貧困は固定的、長期的な生活を持つと論じている。子どもの貧困は現時点での相対的剥奪状態が問題であると同時に、そのことが他の社会的不利を招き、将来まで貧困をもたらす可能性を問題と解いている（松本 2013：4-9）。

　3点目に、親の貧困が親の養育姿勢に影響し、結果として子どもが十分にケアされないことを招く点である。山野は、貧困な状況にある人は、より長く経

済的なストレスに直面し、保護者の抑うつ感が強く、生活上の問題を解決する力を弱めてしまうと論じている。さらにこうした抑うつ感が親子関係にも影響してしまうこともあり、時には子どもに乱暴にあったてしまい、養育放棄的な子育てにつながる危険性を述べている（山野 2008：165-174）。子ども側から見れば二重、三重の不利を被ることが起っていると言える。

4　貧困は世代を超えて継承される

　子どもの貧困の問題点を埋橋は「「（親の）貧困に由来する各種の「困難」「不利」を受身的、一方的に引き受けざるを得ないこと」、「現在の子どもだけでなくその後の世代にまで貧困とそれがもたらす「困難」「不利」が継承されていく可能性が高いこと」と指摘する。子どもは親を選ぶことができず、生まれた時点で「困難」「不利」を受け、問題はそのことが、次の世代にも影響を及ぼす、いわゆる「貧困の世代間継承」を引き起こす可能性があるということを問題としている（埋橋 2013：13）。つまり経済的な不平等の継承にとどまらず、低学歴、低学力、不登校、引きこもり、児童虐待、非行などの問題として現れ、そのことが大人になって無業や不安定就業になり、やがて次の世代に継承されていくのである。

　貧困の結果の困難、不利の現れ方が一様でない。しかも貧困を背景として現れる不登校や低学力、あるいは非行や児童虐待などは直線的な関係ではなく、いくつのもの要因が重なり合い、個別の事象として取り扱われることが多い。阿部（2014：19-20）は、相対的剥奪の影響は子どもの健康、学力・学歴、精神的ストレス、低い自己肯定感や意欲にまで影響する点について明らかにしている。しかし、これらの問題は構造的な要因によって引き起こされているにもかかわらず、個人的な要因や家族関係からの影響もあり、子どもや家族の問題としてのみ扱われてしまうこともある。さらに自己肯定感や意欲は、大人になってからの就労意欲や社会の中で生きていくうえでの重要な要素となるにもかかわらず、どうすれば意欲や自己肯定感が高まるかについて明確な方法もなく、「頑張りが足らない」「我慢が足らない」ということになってしまう。

　また、子どもは学校社会の中で多くの時間を費やす。教育を受けることによ

り、将来社会の中で「生きる力」を身につけていくと考える。宮本は「高校中退を経験した若者の就労状況に問題が多い」。子どもが「学校生活に適応し、授業を理解し、所定の成果をあげるためには家庭の文化的な力量が必要なため、その力のない家庭に生まれ育った子どもは、義務教育の早い段階ですでに学校生活についていくことができず、学ぶ意欲を喪失する。その結果、仕事につくことも困難になる。」(宮本 2012：26-30) と述べている。学歴や学力が、将来の安定した職業、安定した収入との間に相関関係があることはすでに多くの調査研究で明らかになっている。従って、不登校や引きこもり、高校中退などによって、教育を受ける場から退出していくことは、大人になってからの無業や低賃金の不安定雇用という次の問題につながっていく可能性が高くなると言える。

また、学校という場にいないことは、友人や教師などとの人間関係の遮断につながっていくと考える。こうした人間関係の悪化は、成長して大人になったときに、社会の中での孤立につながっていくことも懸念される。結局、人生の早い段階でもたらされる経済的資源の不足した経験は、大人になった後の人生全体に不利益な状況をもたらす危険をはらんでいると言える。不安定な就労や低賃金の就労形態をとり、2008年に起こったリーマンショックのような経済危機の際には、収入の減少や失業、最悪の場合は住居すら失ってしまったケースもある。

5 ひとり親家庭の貧困問題

前節では、子どもは親を選べない。貧困を背景とした養育環境が将来、および次の世代にまで影響するということが問題であると述べてきた。では、それは、どんな世帯で起っているか、言い換えると所得の低い世帯とはどんな世帯なのかということである。日本ではひとり親世帯の貧困率は「2012年 国民生活基礎調査」において54.6％になる。[8] 特に母子世帯の所得が少ないのは、これまでの調査研究で明らかになっている。「平成23年度全国母子世帯等調査結果報告 (2011)」では、母親自身の平均収入は181万円であり、児童のいる世帯の31％の収入しかない。[9] 母親の80.6％が就業しているにもかかわらず、パート・

アルバイト等の不安定就業が47.4％になり、低収入構造によるところが大きいと考える。そこで、日本において子どもの貧困は母子世帯に最も顕著に現れているといえる。ところが、母子世帯の福祉的支援は、母親の就業支援による経済的自立支援が中心になっている（田中 2012：56-58）。

　阿部は、子どもの年齢にかかわらず母子世帯には特有の子育ての困難さがある点を論じる。「母子家庭への周囲の偏見」が子どもに新たな負い目を負わせていくことや、両親の離婚を経験することによる心理的なストレスを緩和するためにも、手厚いケアが必要にもかかわらず、母親ひとりで子どものケアを背負い精神的、身体的な余裕がないことを指摘する（阿部 2008：125-126）。2009年に近畿地区の母子寡婦福祉団体と筆者が共同で実施した「母子家庭の就労に関する調査[10]」において、「求職活動中に子どものことをあれこれ言われた」「子どものことで休んだり、仕事を抜けることに対して上司の理解がない」などの記述がある。十分に子どもをケアすることは就労をする上で難しい状況にあると言える。

　NPO法人しんぐるまざーず・ふぉーらむが実施した「母子家庭の仕事とくらし②母子家庭の就労・子育て実態調査報告書（2007）[11]」において「子どもと過ごす時間」が直近3～4年で「減った」と感じている母親は56.3％である。また前述の「平成23年度全国母子世帯等調査結果報告（2011）[12]」においても就業している母親の帰宅時間は、午後6時～8時が39.8％、午後8時～12時が7.8％、深夜・早朝が3.2％になっている。未就学児や小学校低学年の子どもを持つ母親でさえ、帰宅時間が午後6時以降になっていることもある。

　図1は独立行政法人労働政策研究・研修機構「子どものいる世帯の生活状況および保護者の就業に関する調査（2012）[13]」において、「平日に子どもと過ごす1日あたりの時間」について示したものである。「6時間以上過ごす」において、ふたり親世帯では42.3％であるが母子世帯では17.9％になっている。末子の年齢が2歳未満では6時間以上がふたり親76.4％、母子世帯40.5％になり、1時間以上2時間未満になると、ふたり親は0.3％になるが母子世帯では31.0％になりかなりの違いがある。同調査において「子どもと一緒に夕食をする1週間あたりの回数」が「ほぼ毎日」はふたり親世帯が83.0％、母子世帯は

70　第1部　社会福祉行政と貧困

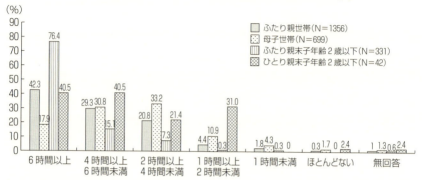

図1　普段（平日）子どもと一緒に過ごす1日あたりの時間

出所　独立行政法人労働政策研究・研修機構（2012）『子どものいる世帯の生活状況および保護者の就業に関する調査』
http://www.jil.go.jp/institute/research/2012/documents/095.pdf2016/6/3　のデータを基に筆者作成

62.5％、父子世帯は41.7％である。平日働いて帰宅する時間が遅くなると、子どもとゆっくり関わる時間が少ないことや、夕食を親子で一緒にすることも難しいことが明らかになっている。80％以上の母親が働き、しかも育児をひとりでしていることで精神的、身体的に余裕がなく、加えて低い収入で経済的にも厳しいことは親と子の双方に影響すると考える。

　このように、母子世帯の母親は子どもと向き合う時間を削って仕事をし、家事をこなしている。特に帰宅が遅くなると子どもの就寝時間が遅くなり、朝食が取れていないことなどが課題となることも指摘されている（赤石 2014：73-79）。結局、親の経済的な課題は子ども生活に影響していくのである。

6　学力・学歴の階層差の問題

　学力や学歴は安定した職を得るために重要であり、専門的な知識や技術を得るためには高等教育機関への進学が有利であることは今日の日本社会では当然のことである。

　一方、親の経済的不利の結果、子どもが低い学力、学歴となり、それが、将来の職業選択、あるいは就職後に必要な職業的なスキルや社会的スキルにも影響し低い所得や不安定就労、ニート等として現れてくることはこれまでの調査

研究で示されている。

　例えば、生活保護自立支援プログラムにおける生活保護世帯の子どもに対する学習支援（高校進学プログラムや不登校児に対する家庭訪問のプログラム等）は、生活保護世帯の子どもが一般世帯の子どもの高校進学率よりも低いことを受けて政策として実施されている。2013年、一般世帯の高校進学率は98.4％（文部科学省：学校基本調査）であるが、生活保護世帯に属する子どもの高等学校等進学率は90.8％である。内訳は全日制67.6％、定時制11.5％、通信制5.1％である。生活保護世帯に属する子どもの高等学校等中退率は5.3％である。また、2013年の一般世帯の大学進学率は全国平均で53.2％である。[14]これに対し、生活保護世帯に属する子どもの大学等進学率は32.9％（大学等19.2％、専修学校等13.7％）と高等教育機関への進学率に大きな差が生じている。[15]同じく、高い貧困率が問題となっているひとり親家庭の子どもの中学卒後の進学率は、93.9％（高等学校92.8％、高等専門学校1.1％）、就職率0.8％である。高等学校卒業後の進学率は41.6％（大学等23.9％、専修学校等17.8％）、就職率33.0％となり、こちらも一般世帯より低い。

　そこで、ひとり親家庭の子どもに対して2015年度厚生労働省予算では、母子家庭等対策総合支援事業として「ひとり親家庭の子供への学習支援（拡充）[16]」が明記され、国が1/2を補助するようになった。このように、低所得世帯の子どもの低学歴、低学力を改善することが貧困対策として急務であり、行政が取り組む事業として位置づけられるようになった。安定した職業に就き、収入を得るためには、知識や技能が必要となり、基礎学力を身につけること、まずは高校進学を果たすことが政策的にも目標となる。

　高校進学を達成するには、高校受験を突破しなくてはならない。中学3年生の子どもは目標とする高校に入学するために受験勉強をする。子どもの高校受験に対して保護者の経済的、精神的サポートが必要であると考える。ところが、前述のように貧困を背景に保護者が子どもの学習環境を十分に整えることができない家庭も存在する。一般的に希望する高校に入学するためには、学校以外の学習をサポートする「塾や家庭教師」、落ち着いて勉強することができる「勉強部屋」などの空間、高校進学を応援する親の姿勢や期待、さらに子ど

も自身の進学意欲とそれに伴う学習意欲が必要となってくる。こうしたことが整って子どもは安心して高校受験に取り組むものと考える。

　志水（2014:80-84）は学力を「学力の樹」として葉の「知識・技能」、幹の「思考力・判断力・表現力」、根の「意欲・関心・態度」の３つの部分から成り立っているとしている。志水の３つの構成部から考えれば、高校受験を突破するためには、「知識・技能」などの目に見える、数値化した学力だけでなく、自分で考える「思考力」や、やる気や姿勢の「意欲・関心・態度」などの数値化できない「力」が根幹として重要であると言える。そして、学力を構成する３つの部分は学校、家庭、社会等の環境に影響を受けるものと考える。

　志水（2014：85-99）は、学力は個人の能力や資質が作用し「できる子・できない子」という見方があるが、「できる・できない」は所与ではなく環境との相互作用によって結果的にもたらされるものであり、社会的につくり出されたとする立場をとる。また、家庭環境を成立させる要素として、「経済資本（収入）」「文化資本（学歴や文化的活動）」「社会関係資本（人と人とのつながり）」をあげている。特に、親の社会関係を示す社会関係資本も学力に影響を与えていると論じる。子どもが生まれ育つ家庭環境は、子どもが獲得する学力に影響することや親の社会性、つまりは会社や近隣と良好な関係を保ち、友人がいるかどうかなどが子どもの学力にまで影響を及ぼすことになると考える。

　文部科学省「初等中等教育における当面の教育課程及び指導の充実・改善方策について（2003年中央教育審議会）[17]」では、「確かな学力」とは、知識や技能はもちろんのこと、これに加えて、学ぶ意欲や、自分で課題を見付け、自ら学び、主体的に判断し、行動し、よりよく問題を解決する資質や能力等までを含めたもの」と示された。刈谷（2008：14-15）は、階層間における格差は学力のみならず、努力（どれだけがんばって勉強したか等）にまで拡大している点を指摘している。刈谷の指摘する学習努力は、自ら学び、自ら考える力でもあり、主体的な学びにも階層格差があるということである。子どもが成長過程で身につける力、逆に言えば子どもに求められる力は、テストの結果など机上で学び数値化したものだけでなく、授業外において育まれるような力までを学習能力と定義している。刈谷はこうした力＝学習能力は家庭の経済格差に影響するこ

とを以下で指摘している。「学習能力」を核とした人的資本を「学習資本」と呼び、現代社会は「学習資本主義」であると述べている。そして求められる「自ら学び、自ら考える力」の階層差が存在することを論じている。特に、「総合学習の時間」「調べ学習の時の積極性」にまで階層間の格差が示され、階層上位の子どもは学習のまとめ役となり意欲が高いことを示した（刈谷 2008：44-45）。

　このように、子どもに投入した「資本」の大きさが学力格差を生み出すことや特に子どもの学力として数値化できない「思考力」「意欲」「努力」にまで影響することは明らかになっている。またそのような力は、学力の根幹となる部分を構成する「力」でもある。例えば希望する高校に行くためには、受験勉強をしようとする意欲や苦手な科目に取り組もうとする努力が必要なことは言うまでもない。このような根幹部分に階層格差が生じると「勉強しましょう」「頑張りましょう」と言葉をかけ励ますだけでは、根幹の意欲や努力をする力が育たず、成績が向上していくことが難しいと言える。

　こうした子どもの学力、学歴格差の根幹である意欲や努力に影響を与えているものが「経済資本（収入）」「文化資本（学歴や文化的活動）」「社会関係資本（人と人とのつながり）」であり、「資本」の多寡は親の影響を受けると考える。

　文化資本とは親と子の文化的な活動であり、一緒に本を読み、ニュースを見て話をすることや休日に美術館や博物館に出かけるなどの活動も含まれる。このような文化活動に親子で参加できるということは、親が活動時間を平日や休日に確保できることが前提になる。貧困家庭、とりわけ母子世帯では文化活動をする時間的な余裕がないことは前述で示している。子どもの学力、学習能力を向上させるには、経済資本とともに親の時間的余裕が必要である。子どもを取り巻く家庭文化を向上させ、環境を整備するため、親がどれだけ子どもに資本を投入したかが子どもの学力に影響すると言えよう。貧困を背景として親の生活がぎりぎりであり、社会関係が希薄になり、時間的な余裕がなく、文化活動に参加する機会が乏しいような状況では文化資本は不足していると考える。また、親が他の大人と良好な社会関係を築くことができるためには、親に時間的、経済的な余裕が必要であると言える。つまり、社会関係資本は経済資本や

文化資本とも関連する。このような「資本」の不足は子どもの進路設計に影響を与え、やがて人生の選択の可能性を縮小する可能性を持つと言えよう。

7　子どもの生活に影響する親の貧困

　子どもの貧困とは親の貧困を背景としている。また、親の経済的な資源の不足は親の生活が低い水準になり、親と子の生活は相互に影響していくと考える。

　内閣府が実施した「親と子の生活意識に関する調査報告書」[18]では回答者を相対的貧困層と非相対的貧困層にわけて分析している。そこでは、学業成績において「上の方・やや上の方」の相対的貧困層は19.6％、非相対的貧困層は31.1％であり18.3ポイントの差がある。学校の授業理解度は「理解している・だいたい理解している」が相対的貧困層は64.7％、非相対的貧困層は79.2％になる。休日の勉強時間において「全くしない」が相対的貧困層は20.8％、非相対的貧困層は8.8％、「1時間より少ない」が「相対的貧困層は46.7％、非相対的貧困層は27.9％になり家庭学習の時間においては大きな差がある。理想的な学歴に対して「大学・大学院まで」が相対的貧困層は27.7％、非相対的貧困層は58.8％になっている。相対的貧困層の子どもは非相対的貧困層の子どもに比べ家庭学習の時間が短く、授業理解度や成績に格差が生じている。また、将来に対しても希望格差が生じていると推察できる。

　この調査報告では、子どもの理想の学歴が大学かどうかについて世帯所得が高くてもそれだけで理想学歴を高めるのではなく「両親の学歴」が高いことが影響していること、この両親の学歴は、親の子どもへの学歴期待も含み、親が大卒であること自体に子どもが大学を希望するなんらかの効果があるとした（平沢 2012：210-217）。世帯所得は直接的な効果としては見えないが、所得が高い親の方が学歴期待も高いので、間接的に理想学歴に影響している。結局、世帯の所得や親の学歴が子どもの理想の学歴、大学進学を希望しているかに影響を与えていることになる。しかし、平沢（2012：210-217）の指摘通り所得と親の学歴は社会政策上の扱いは異なり、親の世帯所得は所得再分配政策の強化により緩和できるが、親の学歴期待についての公的な介入は難しいと言える。学

歴や学力の格差が属人的な要因に影響することになると政策的な対応はどうすればよいのという課題が残る。

そこで、こうした親の学歴や家庭の生活習慣といった家庭環境について、貧困対策としてどう取り組めばよいのかについて考えることが重要になる。

1　子どもの貧困対策に必要な視点

2013年6月に「子どもの貧困対策の推進に関する法律（以下「子どもの貧困対策法」と言う）が第183回国会において成立し、2014年1月17日に施行された。子どもの貧困対策法第1条には「子どもの将来がその生まれ育った環境に左右されることのないよう、貧困の状況にある子どもが健やかに育成される環境を整備するとともに教育の機会均等を図るため、子どもの貧困対策に関し、基本理念を定め、国等の責務を明らかにし、及び子どもの貧困対策の基本となる事項を定めることにより、子どもの貧困対策を総合的に推進すること」が目的と示された。また、第2条には基本理念として「教育の支援、生活の支援、就労の支援、経済的支援等の施策を、子どもの将来がその生まれ育った環境に左右にされることのない社会を実現することを旨として講じること」が明記された。[19]

どんな家庭に生まれ育っても、その環境に左右されることのないことが子どもの貧困対策の目的であり、基本理念である。特に根幹となる「思考力」「意欲・関心・態度」を含む基礎学力や生活していくための技術、コミュニケーション力なども環境に左右されることなく身につけることが大人になって社会で生活するために必要である。しかし、前述のようにこうした力を身につけることにおいて格差が生じているのである。

勉強をするには意欲が大事であり、学習意欲を高めれば学業成績の向上の可能性があると考えられた。さらに、社会関係と言われる人とのつながりが学力に対して影響があることも示されている。意欲や社会関係は生得的なものではないので、意欲を高め、つながりを多くすることが子どもの学力格差に効果があると考える。さらに、親が子どもに期待することが子どもの意欲に影響するとすれば、子どもに対する期待感を家庭以外の場所で与えることができないのかということも考えられる。

図2　親の貧困に由来する子どもの貧困の結果　筆者作成

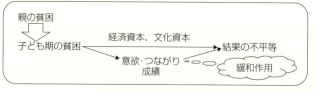

図2は親の貧困と子どもの貧困について示した。

貧困家庭において、進学意欲や勉強の意欲を高めること、学業成績を高めることが結果の不平等を緩和すると考える。しかし、何が意欲を高め、子どもが将来に向かって目標を持つことができるのかは、意欲や努力が数値化できないため、資源や人を投入しても効果を測りづらいことがある。数値は進学率やテストや成績表の得点になるのだが、それだけではないことは十分に考えられる。地域の文化に触れ多様な人とつながりを作ることが重要と考えられる。こうしたことから子どもの貧困対策として地域のボランティアや大学生ボランティアが子どもに勉強を教える「学習支援」や一緒にゲームや遊びなどをする「居場所事業」、子どもが無料もしくは低額な金額で民家や食堂で集まって食事をする「子ども食堂」が有効な活動として広がっている。

　貧困とは経済的な要因によって物質的、空間的、社会的資源が不足し相対的に剥奪された状態であると考える。問題は経済的な欠乏が貧困状態をもたらしたとき、その要因が「お金」であっても、お金というはっきりした原因に対して経済的な手当てをしたところで簡単には解決しないことである。このことは、生活保護の要件を満たした人が生活保護を申請してもすぐに自立しないこと、長期にわたる生活保護受給者が多数存在することからも推察できる。

　つまり、不平等の要因が経済的資源であった場合、要因を除去しても直ちに不平等が改善しないのである。特に子どもは成長、発達期に不平等な状況を経験するため、一層改善することが難しいと言える。子どもは日々成長するため遡ることが難しく、発達段階に応じた保育や教育を受けることが必要となる。

　貧困層の子どもが成長過程で非貧困層の子どもの生活水準と違った生活を送ることがある。そのことが「意欲」や「努力」「社会関係」という数値化できないけれど、社会の中で生きていくために必要な「力」に影響すると言える。

志水は学力には長い時間をかけて形成されることについて前述の「学力の樹」から以下のように説明している。

　子どもたちは日々いろいろなことを学びとっていく（葉っぱの学力）。片や、彼らの胸のうちにはさまざまに秘められたものがある（根っこの学力）。日々の生活のなかで、さまざまな人とのかかわりのなかで、両者が行ったり来るするわけである。─中略─そうした経験を積み重ねるなかで子どもたちは自分なりのものの見方や考え方、自分の気持ちの表し方や人とのかかわり方を形成していく（幹学力）（志水 2014：84）。

志水はこの幹学力が思考力・判断力・表現力として今日の学校では表現されている力であるとする。このような思考力・判断力・表現力が大人になって仕事をする上で非常に重要なものであり、就職後に求められるプレゼンテーション力やコミュニケーション力につながっていくのであろう。経済産業省が提唱する「社会人基礎力」[20]と共通する力であると考える。

こうした力は子どもが成長していく過程において時間をかけて育成しないと、身につかないと考える。しかし親の貧困より子どもに十分に家庭でケアができない場合は、社会的に補うことが必要になると考える。また、それには、相当な「資本」つまり、経済的な資本だけでなく、文化的、社会的な資本が必要となろう。具体的には親のケアを補完し、子どもに十分なケアと教育ができるような社会的な仕組みや支援が子どもの成長に合わせて必要になろう。また、即効果が目に見える形で現れるようなものではないと考える。

【註】
(1) 厚生労働省ホームページ「平成25年　国民生活基礎調査の概況」
http://www.mhlw.go.jp/toukei/saikin/hw/k-tyosa/k-tyosa13/dl/03.pdf
(2016/5/31)。
(2) 厚生労働省ホームページ「国民生活基礎調査（貧困率）よくあるご質問」
http://www.mhlw.go.jp/toukei/list/dl/20-21a-01.pdf（2016/12/26）。
(3) 厚生労働省ホームページ「平成24年　国民生活基礎調査の概況」
http://www.mhlw.go.jp/toukei/saikin/hw/k-tyosa/k-tyosa12/（2016/12/26）。

(4) 厚生労働省ホームページ「ナショナルミニマム研究会（第 9 回）議事録」
http://www.mhlw.go.jp/stf/houdou/ 2 r98520000006sv 9 -img/ 2 r98520000006swr.pdf（2016/12/26）。
(5) 「『なくそう！ 子どもの貧困』全国ネットワーク」ホームページ
http://end-childpoverty.jp/（2016/12/26）。
(6) 岡本民夫・田端光美・濱野一郎・古川孝順・宮田和明編（2007）『エンサイクロペディア社会福祉学』中央法規、942頁。
(7) 子どもの貧困白書編集委員会（2009）『子どもの貧困白書』明石書店、10頁。
(8) 厚生労働省ホームページ「平成24年 国民生活基礎調査の概況」
http://www.mhlw.go.jp/toukei/saikin/hw/k-tyosa/k-tyosa12/（2016/12/26）。
(9) 厚生労働省ホームページ「第 6 回 社会保障審議会児童部会ひとり親家庭への支援施策の在り方に関する専門委員会 資料」
http://www.mhlw.go.jp/file/05-Shingikai-12601000-Seisakutoukatsukan-Sanjikanshitsu_Shakaihoshoutantou/0000015175.pdf（2016/ 5 /31）。
(10) 田中聡子・滋賀県母子福祉のぞみ会・京都府母子寡婦福祉連合会他（2009）「平成21年度母子家庭の就労に関する調査」。
(11) NPO法人しんぐるまざーず・ふぉーらむ（2007）『母子家庭の仕事とくらし②母子家庭の就労・子育て実態調査報告書』。
(12) 厚生労働省ホームページ「平成23年度全国母子世帯等調査結果報告」
http://www.mhlw.go.jp/seisakunitsuite/bunya/kodomo/kodomo_kosodate/boshi-katei/boshi-setai_h23/（2016/12/26）。
(13) 独立行政法人労働政策研究・研修機構（2012）『子どものいる世帯の生活状況および保護者の就業に関する調査』
http://www.jil.go.jp/institute/research/2012/documents/095.pdf（2016/ 6 / 3）。
(14) 文部科学省ホームページ「平成25年度学校基本調査（確定値）について」
http://www.mext.go.jp/component/b_menu/other/__icsFiles/afieldfile/2014/01/29/1342607_ 1 _ 1 .pdf（2016/12/26）。
(15) 内閣府「子供の貧困対策に関する大綱」
http://www.mext.go.jp/b_menu/shingi/…/1352204_ 3 _ 2 .pdf（2016/ 5 /31）。
(16) 厚生労働省ひとり親家庭等福祉対策関係の平成27年度 予算案」
http://www.mhlw.go.jp/topics/2015/02/dl/tp0219-13-04p.pdf（2016/ 7 /30）。
(17) 文部科学省「初等中等教育における当面の教育課程及び指導の充実・改善方策について（答申）
http://www.mext.go.jp/b_menu/shingi/chukyo/chukyo 0 /toushin/03100701.htm（2016/ 7 /28）。

⒅　内閣府ホームページ　子ども若者・子育て施策総合推進室（2012）「平成23年度『親と子の生活意識に関する調査』」
　　http://www8.cao.go.jp/youth/kenkyu/life/h23/pdf_index.html（2016/5/21）。
⒆　内閣府ホームページ「子どもの貧困対策の推進に関する法律」
　　http://www8.cao.go.jp/kodomonohinkon/pdf/hinkon_law.pdf（2016/12/26）。
⒇　「社会人基礎力」とは、「前に踏み出す力」、「考え抜く力」、「チームで働く力」の3つの能力（12の能力要素）から構成されており、「職場や地域社会で多様な人々と仕事をしていくために必要な基礎的な力」として、経済産業省が2006年から提唱している。企業や若者を取り巻く環境変化により、「基礎学力」「専門知識」に加え、それらをうまく活用していくための「社会人基礎力」を意識的に育成していくことが今まで以上に重要とされている。
　　経済産業省「社会人基礎力」http://www.meti.go.jp/policy/kisoryoku/（2016/7/24）。

【引用・参考文献】

〈邦文文献〉
赤石千衣子（2014）『ひとり親家庭』岩波書店
阿部彩（2008）『子どもの貧困—日本の不公平を考える』岩波書店
阿部彩（2014）『子どもの貧困Ⅱ—解決策を考える』岩波書店
岩田正美（2007）『現代の貧困—ワーキングプア／ホームレス／生活保護』筑摩書房
埋橋孝文（2013）「『子どもの貧困』とコンピテンシー—科研研究プロジェクトでの議論を踏まえて」『Int'lecowk 2013年11/12月号（通巻1035号）』13-19頁
埋橋孝文・矢野裕俊編著（2015）『子どもの貧困／不利／困難を考えるⅠ—理論的アプローチと各国の取組み』ミネルヴァ書房
岡本民夫・田端光美・濱野一郎・古川孝順・宮田和明編（2007）『エンサイクロペディア社会福祉学』中央法規
鹿又伸夫（2014）『何が進学格差を作るのか—社会階層研究の立場から』（三田哲学会叢書）慶應義塾大学出版会
苅谷剛彦（2001）『階層化日本と教育危機—不平等再生産から意欲格差社会へ』有信堂高文社
苅谷剛彦（2008）『学力と階層—教育の綻びをどう修正するか』朝日新聞出版
小西祐馬（2009）「子どもの貧困を定義する」子どもの貧困白書編集委員会編『子どもの貧困白書』明石書店、10-11頁
志水宏吉（2014）『「つながり格差」が学力格差を生む』亜紀書房
志水宏吉・伊佐夏実・知念渉・芝野淳一（2014）『「学力格差」の実態 調査報告』岩波書店

橘木俊詔・松浦司（2009）『学歴格差の経済学』勁草書房
田中聡子（2008）「『若年層の格差と貧困』―不安定就労の現状と課題」『龍谷大学大学院紀要』39–58頁
田中聡子（2011）「母子家庭への就業・自立支援について」『賃金と社会保障（1535）』旬報社、55–67頁
平沢和司（2012）「子どもの理想学歴と家庭環境」内閣府ホームページ子ども若者・子育て施策総合推進室（2012）「平成23年『親と子の生活意識に関する調査』全体（PDF版）」、210–217頁
　　http://www8.cao.go.jp/youth/kenkyu/life/h23/pdf/zenbun/4-4.pdf（2016/5/21）
平沢和司（2014）『格差の社会学入門―学歴と階層から考える』北海道大学出版会
松本伊智朗（2013）「教育は子どもの貧困対策の切り札か？―特集の趣旨と論点」『貧困研究 vol.11』明石書店、4–9頁
宮本みち子（2012）『若者が無縁化する―仕事・福祉・コミュニティでつなぐ』筑摩書房
文部科学省ホームページ「平成26年度学校基本調査（速報値）の公表について」
　　http://www.mext.go.jp/component/b_menu/houdou/__icsFiles/afieldfile/2014/08/07/1350732_01.pdf（2016/5/21）
山野良一（2008）『子どもの最貧国・日本―学力・心身・社会におよぶ諸影響』光文社

〈欧文文献〉

B. Seebohm Rowntree（1922）「Poverty- A Study of Town Life」（＝1943、長沼弘毅訳『最低生活研究』高山書院）
Dorothy Wedderburn（ed.）（1974）Poverty、inequality and class structure（＝1977、高山武志訳『イギリスにおける貧困の理論』光生館）

5章 "人を人として"大阪市西成区「こどもの里」の営為
―― 子どもがもつ主体性と福祉実践教育の可能性を信じて

竹之下典祥

1 はじめに

1 大阪市西成区「こどもの里」

「こどもの里」は大阪市西成区にある。日本四大寄せ場のうちの一つの釜ヶ崎にある小さな児童館を主体とする子ども支援の拠点であり、子どもの日常生活の場となっている。児童館は、児童福祉法で定められている児童福祉施設の一つ児童厚生施設で、就学前の児童から小学生学童、中学生以上の生徒まで幅広く利用できる子どもたちの地域のたまり場である。

なぜ、寄せ場という不安定就労の路上生活の大人たちが多く生活する地域に児童館ができたのか。発足は1977年にさかのぼる。「釜ヶ崎」の子どもたちにとって安心で自由な遊び場を確保しようと日本カトリック教会大阪教区によって開設された。2015年からは、特定非営利活動法人こどもの里となった。

日本最大の日雇い労働者の街で行われている子ども福祉の先駆的取り組みについて見ていきたい。

2 「釜ヶ崎」がつくりだされた歴史

「釜ヶ崎」と称されるようになった西成部落は、明治期の日清戦争後・日露戦争前後・第一次世界大戦期と戦争ごとに労働市場の受け皿として形成されてきた。特に隣接する西浜部落の皮革業が明治に入り軍事産業化するなかで急速な発展をとげ、供給の主力となったことも見逃せない。他方、大阪市の細民調査(貧困調査)では西成部落を市外今宮町方面としたうえで、日雇い労働者の大半が無技術・無熟練の労働者で、「仲仕、手伝、土方、日稼、鮫鱇、屑物行商、捨物拾」が主な仕事として挙げられている。

そして、明治末期 (1903年) に天王寺で開かれた内国勧業博覧会のために、建設従事者が全国から集められた。この博覧会は「内国」と表現されているが、国内外からの最新技術が披露され「万国博」に近いもので、5ヶ月間で入場者530万人を数えた。のちの1970年の大阪万博が6ヶ月間で6400万人の来場者を数えたことからも、旅客航空機がない時代に大変な数の来場者であったことがうかがえる。その後も、通天閣をはじめとする新世界の開発などで、必要な時にだけ雇用するという不安定就労の日雇い労働者が政策的に集められた結果、萩之茶屋周辺0.62km^{2}内が宿所として形成され、釜ヶ崎、別称「あいりん地区」と呼ばれる。

2 「こどもの里」の地域機能

1 「こどもの里」の役割

先にふれたように、西成区のごく一部の地域に日雇い労働者の宿所が集約して形成されたわけであるが、どの地域でも子どもを産み育てる家庭があり、子どもたちにとって遊びという営みは欠かせない。まず、子どもたちが伸びのびと遊べる空間を作りたいという素朴な思いから、1977年に「ふるさとの家」の2階に間借りするところから出発していった。

現在の場所に「こどもの里」が建てられたのは1980年。3階建ての1階の事務所スペース以外は大きなワンフロアのホール (屋内遊び場)。2階が台所も備えたテーブルがいくつも置かれた、図書室兼リビング兼食堂 (放課後児童館)。3階がファミリーホーム (小規模居住型児童養育) と自立援助ホーム。さらに緊急時一時保護時の宿泊スペースになっている。

事業名でみると、大阪市子どもの家事業・小規模居住型児童養育事業 (ファミリーホーム)・緊急一時保護事業 (宿泊所)・児童自立生活援助事業 (自立援助ホーム) を行っている。

大阪市では独自の児童厚生事業として、1989年から「子どもの家事業」を開始した。各区に配置され2012年度までに28ヵ所に広げられ、18歳未満の子どもの遊び場を提供してきた。そのうちの一つである「子どもの里」は、育児に関する相談・生活相談に応じ、必要な場合子どもを預かる、また親子で宿泊でき

る場を提供する相談・緊急一時保護所としての役割も発揮してきた。そして、親がいなくなった、親の養育が困難になった子どもの生活の場としてのファミリーホームを開設している。子どもへの暴力に対する予防の観点から整理すると、以下のようになる。

① あそび場機能：公園・道路は路上生活者の生活の場であるため、屋内あそび場。〈第1次予防機能〉
② 逃れ場：親子関係の修復の場（母親が育児や労働に疲れた時の子どもの一時預かり）、母子が夫・父親のDV（ドメスティック・バイオレンス）から逃れるための母子生活支援としての宿泊。〈第2次予防機能〉
③ 生活の場：親との生活が困難な情況にある児童や義務教育後の住まいがなく就職活動を必要とする児童が生活する場。ファミリーホーム、児童相談所一時保護委託先、児童自立援助ホーム。〈第3次予防機能〉

2 「こどもの里」が大切にしていること

「こどもの里」は、リーフレットに『誰でも利用できます。子どもたちの遊びの場です。お母さん、お父さんの休息の場です。学習の場です。生活相談、何でも受け付けます。教育相談、何でもききます。いつでも宿泊できます。緊急に子どもが一人ぼっちになったら、親の暴力にあったら、家がいやになったら、親子が泊まる所がなかったら、土・日・祝もやっております』と明記し、どのような場所か、わかりやすく呼びかけている。そして、5つの柱で説明している。

① 必要とする人は誰でも利用できる場であること〈安心な場〉
② 遊びの場、休息の場であること〈愛されているという実感があり、失敗しても大丈夫な自由な場〉
③ 学習の場であること〈生きているだけですばらしい、自信と自己尊重な場〉
(イ) 学習会や他の集会に参加することにより学校では教えてくれない大事なこと、社会の中で抑圧されている人たちのことを学び、社会や世界の本当の現状を知り、自分の生き方を見つめ直す機会を作る場である。

㈡　夜まわりにより日雇い労働者に対しての差別や偏見をなくし、また労働者との出会いによって自分も相手も一人ひとりが大切な存在であることに気づき、自尊心を回復し、人を大切にしていく場である。
　④　利用する子どもたちや保護者の抱える様々な問題を受けいれる場であること〈聴いて、受け止めてくれる人がいる場〉
　⑤　より弱い立場の友だちと社会の谷間におかれている友だちと共に助け合って生きていける場であること〈必要な生活の場、仕事の場等、新しい福祉地域文化を創造する場〉

3　子どもたちの夜まわり

1　釜ヶ崎キリスト教共友会

　釜ヶ崎の労働争議は、日雇い労働者の雇用問題をきっかけとして1960年代に8度の暴動があり、70年代も形を変えて起こる。そうした最中、大阪万博終了後の1970年11月、イデオロギーに捕らわれないで"人を人として"をテーマに労働者問題に取り組むプロテスタント-カトリックの宗派の垣根を越えた「釜ヶ崎キリスト教共友会」が設立された。

　1980年代の低成長期に入ると、地区内に2万人を超える路上生活者があふれ、年間400名余の人が路上死。そのうち冬季に約300名が凍死することから、日雇い労働が生み出された社会問題学習会、炊き出しによる食事提供が行われた。毎年キリスト教共友会による越冬夜まわりが12月～3月の4ヵ月間実施されるようになったわけである。

　子どもたちによる夜まわりは、前節で触れたように自己も他者も尊重する学習の一環として1985年から「こどもの里」主催で始められた。そこに「山王子どもセンター」の子どもたちも加わって地域を分担して、土曜日の夕方から準備をして日曜日未明までスタッフやボランティアの支えとともに、毎年冬季に続けられている。

　釜ヶ崎にはキリスト教関連施設が「こどもの里」と同様な「山王こどもセンター」、ほかは「喜望の家」、「出会いの家」、「出発の家」、「旅路の里」など日雇い労働者を支援している。それぞれの機能は異なりながら、安価な食事や一

時宿泊の無料提供、図書室・集会所・祈りの場なども備えている。

2　子どもと越冬夜まわりと学習会

「こどもの里」では、子ども夜まわりと学習会を実施している。子どもたちが越冬に取り組むきっかけとなる、1つの親子の出来事がある。

子「なんで外で寝てるんやろ？」

親「勉強しーひんとああゆうおとなになるよ」

でも、親（おとな）の態度がおかしいと感じつつ夜回りしたら‥

子どもたち「おっちゃんら、ありがとうて、ゆうてくれた」

（「この人たちどうしようも仕方ないよー」ではなくて、何か違う。一冬を終えると、「おっちゃんらと一緒に暖かい春を迎えたい」―平成14年度こどもの里事業報告書より―）

こどもの里は、この親も含めた何か違う態度が無理解から形づくられていることを子どもたちに学習する機会をもっている。毎年テーマを設定して子どもの意識を社会へ結びつけている（表1）。子どもの主体性を尊重した福祉実践教育を模索する。

4　「あいりん子ども連絡会」と「わが町にしなり子育てネット」

1　あいりん子ども連絡会

「あいりん子ども連絡会」は、児童公衆衛生の第1次予防と第2次予防に取り組むための組織で、いわば地域の福祉・医療・保健・教育が連携し合う子どもを守るネットワークである。他の地域では、要保護児童地域対策協議会の代表者会議にあたる。

2　わが町にしなり子育てネット

西成区内の子育てサークル、児童福祉施設、役所等諸団体が2000年5月に集まり「わが町にしなり子育てネット」を結成した。親同士が気軽に子育ての悩みについて話し合ったり、仲間づくりや集いの場づくりを行っている。

「児童虐待防止は、視点を子育て支援にまで広げて進めないと真の効果は得

表1　子ども夜まわり学習会小史

第1回（1986）	「釜ヶ崎の労働者と私たちの関係」
第2回（1987）	「おっちゃん　ごくろうさん―学校で教えてくれない日本（釜ヶ崎）の歴史」
第3回（1988）	「アジアの子どもたちと釜ヶ崎―戦争と開発と子どもの生命」
第4回（1989）	「釜ヶ崎と子どもたち―子どもの権利条約」
第5回（1990）	「アイヌ民族と釜ヶ崎（寄せ場）―真実の出会いを求めて」
第6回（1991）	「日雇い労働者と野宿労働者と行路死」
第7回（1992）	「世界の先住民」
第8回（1993）	「寄せ場から生命を考える―アイヌ民族の生き方に学ぶ」
第9回（1994）	「子どもの権利条約」
第10回（1995）	「寄せ場から生命を考える（その2）沖縄―ヌチドゥタカラ」
第11回（1996）	「寄せ場から生命を考える（その3）―野宿するおじさんたち」
第12回（1997）	「寄せ場から生命を考える（その4）―おじさんの個人史を通して」
第13回（1998）	「寄せ場から生命を考える（その5）―日雇いの仕事と野宿と行路死」
第14回（1999）	「寄せ場から生命を考える（その6）―野宿するおじさんたちの生活」
第15回（2000）	「寄せ場から生命を考える（その7）―釜ヶ崎の労働者と私たちの関係」
第16回（2001）	「寄せ場から生命を考える（その8）―日雇労働と野宿と行路死」
第17回（2002）	「寄せ場から生命を考える（その9）―ジェンダーから見る釜ヶ崎（なんで釜ヶ崎にはおじさんが多いの？）」
第18回（2003）	「寄せ場から生命を考える（その10）―釜ヶ崎の労働者と私たちの関係」
第19回（2004）	「寄せ場から生命を考える（その11）―憲法第9条とわたしたち」
第20回（2005）	「寄せ場から生命を考える（その12）―戦争と子どもたちの生命」
第21回（2006）	「寄せ場から生命を考える（その13）―排除と戦争」
第22回（2007）	「おっちゃんたちの生命―1983年2月6日におきたこと」
第23回（2008）	「おっちゃんの人生を聴く―語り部・67歳、Kさん」
第24回（2009）	「いまの釜ヶ崎を知ろう。～野宿者と私たちの自尊感情～」
第25回（2010）	「釜ヶ崎のこれまでの歩み―子どもの目から　その1　釜ヶ崎の再生」
第26回（2011）	「釜ヶ崎のこれまでの歩み―子どもの目から　その2　戦後とあいりん小中学校」
第27回（2012）	「釜ヶ崎のこれまでの歩み―子どもの目から　その3　釜ヶ崎と筑豊（炭鉱）」
第28回（2013）	「釜ヶ崎のこれまでの歩み―その4　釜ヶ崎とフクシマ」
第29回（2014）	「こども夜回りが求めてきたこと―人を人として」

表2　西成区内の中学校区ごとの要保護児童数

中学校区	要保護児童数	出現率
今　宮	224名	全体の割合 6 % 20人に1.2人
天下茶屋	50名	
成　南	65名	
鶴見橋	83名	
玉　出	61名	
梅　南	47名	
計	580名	合計生徒数：9701名

られない」、「実務者会議は子どもの顔が見える小地域（中学校区）で」という2点を提案して採り入れられた。名称も大阪市の他区とは違う「西成区児童虐待防止・子育て支援連絡会議」（虐待防止ネット）と名乗っている。中学校区ごとのケア会議は毎月、子どもたちの全数を把握して見守っている（表2：荘保（2012）より表にまとめた）。わが町の子としての意識が、他所では見られない全数把握を成し遂げている。

5　「こどもの里」からの2つの提言

釜ヶ崎（あいりん地区）は日本社会の映し鏡とも言われるが、こうした依存症や精神疾患に対応が可能な包括的地域子どもセンターの創設と「大阪市子ども権利条約」の制定を「こどもの里」荘保館長は訴える。

1　包括的地域子ども支援センターの創設

「わが西成子育てネット」は、西成区の児童虐待の特徴として、身体的虐待よりネグレクトが大阪市の他区に比べて圧倒的に多く見られる増加傾向を指摘している（表3）。

　保護者の社会的に置かれている環境の差が如実に表れているといえ、第1次予防だけでは支えきれない実態が垣間見える。例示すれば、親の精神疾患、薬物依存など過酷な生活実態があり、特に母親（女性）が夫や親からの暴力から生き抜くために理不尽な体験をくぐり抜けてきたと考えられる。「こどもの里」では薬物依存それ自体の反社会性は問題視されるべきであるが、毎日のように繰り返し何度も何度も暴力にさらされ、絶望の淵からようやく死に至らずにた

表3　大阪市と西成区内の児童虐待種別ごとの割合（%）※表中の網掛けは著者が強調したもの

行政区	年	身体的暴力	ネグレクト	心理的虐待	性的虐待
大阪市全体	2006年	51.6	35.3	10.2	2.9
	2011年	46.0	31.0	21.0	2.0
西成区	2006年	31.4	55.8	11.6	1.2
	2011年	26.0	66.0	7.0	1.0

どり着いた生き延びる手段（コーピング・スキル）という観点からの見直しが行われるようになった。

筆者は支援者自身が、こうした依存症やトラウマに対応する知識やスキルが求められるようになってきていることから、民間活動に依存せず公民で一体となった包括的生活支援が求められると考える。

2　大阪市子ども権利条約の制定

自死に関して、日本は1億2千万人人口で自死が13年ぶりに3万人を割り込んだが、隣国の韓国は5千5百万人人口で10万人超えの自死者数を数える。この事実を姜[1]は、日本の近未来を往く韓国と語ったが、日本の子どもたちに目を転ずると、すでに深刻な情況が生まれている。

小学生から22歳までの自死の数が1,000人を超え、10代、20代の死亡原因のトップが自殺である日本社会。ユニセフ調査でも、「自分が孤独」と答えた15歳の国別比較で、対象となった24ヵ国の平均が7.4％であるのに対して、日本は29.8％と第1位の数字を示している。子どもが希望を抱けない日本社会の実態を示す一例である。

著者は、日本を代表する政令市の一つである大阪市が、地域の児童健全育成の羅針盤として子ども権利条約[2]を制定する意義は大きいと考える。

6　「こどもの里」の存在意義

1　子どもの家事業の設立経過と廃止

大阪市の橋下前市長は2012年、「こどもの里」の廃止を決定した。

表4　大阪市の放課後児童対策事業の対比表[3]

事業名	①実施場所	②対象児童	③利用料	④指導員・運営方法等	⑤実施時間
子どもの家 小・中規模 20-40人前後	学校外 (28ヵ所)	地域に住む 0～18歳の すべての子ども (登録1898人)	無料	2名以上 (1名は専任)	19時まで 延長あり (深夜まで 対応あり)
いきいき (児童いきいき 放課後事業) 大規模	各小学校内 空き教室	すべての小学生 (登録62680人、 実利用16000人)	無料	2名以上 (1名以上は 嘱託指導員)	18時まで
学童保育 (留守家庭 放課後対策事業) 小規模 20人未満が多い	学校外の民 家・集会室等 (106ヵ所)	留守家庭の 小学生 (登録2021人)	1人当たり月額 2万円	基準なし	19時まで の延長あり

　表4は2012年度実績に基づいて、大阪市における放課後児童対策事業を比較したものである。大阪市は第二次世界大戦後に制定された児童福祉法に基づく児童館（児童厚生施設）を政令市の中でもいち早く整備した。1949年に西淀川・生野・城東の3区に児童館を設けた。児童福祉の歴史からみると、全国的にもっとも早くから児童館が設置されていたことになる。

　ところが、大阪市の児童館は大島市政2期目の1972年まで23年間新設されなかった。京都市や神戸市が100館以上小学校区に1つは設置されるなかで、大阪市政として児童福祉に力を注ぐべく、大島元市長は公約として1区に1館を目標に阿倍野児童館を皮切りに建設がスタートしたのである。しかし、これも1975年までの3年間で7館が新設されて収束する。

　公立児童館の建設に代わって、市内の児童福祉に実績のある社会福祉法人等に"ミニ児童館"として子どもの家事業を1989年以降、委託設置してきた。それが大阪市独自の子どもの家事業である。

2　子どもの家事業の意味

　行政（まつりごと）は利潤を追求する私企業とは異なり市民の生存権保障を

前提とした暮らしの基盤づくりである。自明のことであるが、企業会計的な考え方で赤字再建を行政に当てはめ、例外なく予算削減を行うことは行政の財政改革とはいえない。「こどもの里」存続のための署名活動が展開されたが、マスコミに大きく取り上げられなかった。そのような状況下、現在も越冬夜まわりは子どもたちも、おとなも実践している。

　2013年3月の最後の夜まわりで子どもたちが親しく声を掛け、「いつもありがとう。こうしてきてくれるから大丈夫やで」と答えていた1人の男性野宿者が応答なく冷たくなっておられた。子どもたちとの出会いがなく彼が彼岸に渡られ看取りもなかったとしたら、どうであっただろう。また夜まわりしても死に至る生があるという、現実を目の当たりにする子どもたちの活動はこれからも変わらず続いていく。

3　人間の本質から見た場合の「こどもの里」

　では、「こどもの里」が大切にしていることは、どのような意味を持つのであろうか。

　人間として必要な欲求行為を心理社会学者のマズロー（Maslow, A. H）がヒューマンニーズの階層として現わしている。彼は、人間のニーズは5つの階層からなり、下位から、①生命維持のための原初的な「生理的なニーズ」、②いのちや衣食住などの確保が保障されている「安全のニーズ」、③家族や学校・会社など社会の一員として組織や集団に属していて愛され認められている「所属、愛情のニーズ」、④自分自身が価値のある有意な存在であり心も体も大切であると自覚できる「自尊のニーズ」、⑤真理・善・正義などの人間としての存在使命を求める「自己実現のニーズ」へと移行していくことを人間の本質的な志向性として説明している。

　言いかえれば、下位のニーズが充足されることにより、次のステップ（階層）に移っていけるということである。逆に下位のニーズが脅かされると、たちまち心配や不安、ことがらによっては恐怖やストレスから不登校・引きこもり、自分を傷つけたり、他者に暴力をふるうという行為に至る場合が生じるということを意味している。

「こどもの里」の取り組みは、人間の本源をたどる営為であり、後戻りできない一度きりの子ども時代はかけがえのない時代で、"人を人として"あたりまえに生きる基盤づくりとして理解できるのではないだろうか。

4　ドキュメンタリー映画『さとにきたらええやん』

2016年7月「こどもの里」（以下、「さと」と略称する）。長年ボランティアとして関わっていた重江良樹氏がこの2年間カメラを回し、監督として制作したドキュメンタリー映画「さとにきたらええやん」が大阪を皮切りに上映されている。

映画は3人の「さと」の子どもに焦点が当てられる。1人目は自転車が大好きな5歳の男児。彼の発達障碍に起因すると思われる率直な行為を受けとめきれない母親が、自身の成育環境や生育過程からカウンセリングを受けつつ、自覚して「さと」に彼を預けに来る。つぎに知的障碍に劣等感をもつ男子中学生は、「さと」のムードメーカー。交友関係に悩み、時おり兄弟にはけ口を求めたりするが、職員は家族ぐるみで支援する。最後は高校卒業が間近の女子。彼女は里子として「さと」で暮らすが、同じ地域には虐待を理由に引き離された実の母親も暮らす。その母親が彼女の経済的搾取を行う出来事が明らかになる。尋ねる職員に、母親のために使ったと打ち明ける。「あなたはお母さんのことが大事やろけど、私はあなたのことが大事やの」と、職員。ここでは子どもたちが虐待する親と同じ地域で、"地域"に守られて育つということが実現している。

さらに、フィルムから流れる現実は、子どもを親から引き離して保護する。しかし、親子関係を断つのではなく、家族を分断するのでもない。子どもの成育する暮らしの場で立ち現れる事態に対して、地域に空間や時間、つながりを保ちつづける包括的支援の実践が展開していく。「さと」の実践に次善の策（セカンド・ベスト）が感じられる。

5　子ども子育て支援法の下に

2015年4月に施行された子ども子育て支援法は、日本において80年来議論さ

れた幼稚園と保育所の一元化問題に対して、既存形態を残したため複雑さを否めない。一方で、小規模保育など地域型給付を除き、幼稚園も認定こども園も保育所も施設型給付として位置づけ、3-5歳児の教育給付を第1号認定児童、3-5歳児の保育給付を第2号認定児童、0-2歳児の保育給付を第3号認定児童としたことは数値化以外の目的はなく、きわめてあからさまである。就学前の子どものケアを保育サービスとして一元化し、年齢とサービス、利用時間によって被保育児童を三区分した。画期的と映るが、介護保険に倣ったシステム導入であり、消費税2％アップのうち、7,800億円を子どもの費用に恒常的に配分するための定量化を図ったにすぎない。

　むしろ、薬価基準と同様に公定価格を設定して調整することを可能とするために、保険点数化することが必須の要件として課題とされたのである。保険（こども保険）制度こそ導入していないが、逆に7,800億円を天井とした総量規制を行うツールやアイテムとして改革を断行したかった理由が根底に存在する。

　また、具体策として、子育てコンシェルジュや子育て世帯包括支援センターと通り良い言葉が使われているが、「こどもの里」こそ真の子育て世帯包括支援センターであるし、荘保共子館長は地域のこと、子どものこと、家庭のこと、法制度のこと、すべてを把握して日常生活の喜怒哀楽を織り込んだ判断と子どもの最善の利益を踏まえた実行を伴う理想のコンシェルジェだといえる。

　前章でも触れたように、要保護児童地域対策協議会も実務的なネットワーク形成を行い、中学校区ごとにすべての子どもを把握している、顔の見える関係を形づくっている要保護児童地域対策協議会は西成区以外の市区町村に散見するが、研究者らが子ども包括支援センターのモデルとして、国の審議会や学会で紹介し、荘保館長自らも積極的に学会シンポジウム等で実践を報告している[4]。

　また、国の委員会でモデルケースとして取り上げる委員も見られるようになり、今後、子育て世代包括支援センターや子育てコンシェルジュが具体化される際、生存権保障を担保する行政責任を前提に公設直営で、地域経験のある保健師や保育士等を配置して運営する自治体が多くを占めることを期待する。介護保険や支援費制度同様に、民間の人材や組織を安直に安価で使うというよう

な愚行は避けるべきである。家族、地域、国の宝である子どもを蔑ろにした国家に将来はない。モデルとされる「こどもの里」は、稀有の存在である。⁽⁵⁾

【註】
(1) 姜尚中氏（当時：聖学院大学全学教授）。
(2) 国際条約の「子どもの権利条約」は、10年の歳月をかけて作成、1989年国際連合総会において採択された。子どもの最善の利益を理念として、子どもの主体性を前面に置いて、生きる権利、守られる権利、育つ権利、参加する権利の4つの柱、前文と全54条から構成される。日本は5年後に世界で158番目に批准したが、国内での取り組みが十分に進んでいると言えない。
(3) 大阪弁護士会（2013）「シンポジウム『子どもの居場所を考える』」資料集を加筆。
(4) 一例として、日本子ども虐待防止学会にいがた大会：応募シンポジウム27　2015年11月21日（土）11時00分〜12時40分「虐待・貧困の連鎖を断ち切る子どもの自己肯定感・エンパワメントの地域コミュニティーの実践」代表者：荘保共子（特定非営利活動法人こどもの里）、発表者：弘田洋二（大阪市立大学大学院創造都市研究科）、八重樫牧子（福山市立大学教育学部児童教育学科）。
(5) 湯澤直美は、内閣府（平成26年5月22日）第3回子どもの貧困対策に関する検討会の会議において、検討委員として、地域ベースの実践例として大阪市西成区「こどもの里」と要保護児童地域対策協議会のグッドプラクティスとして取り上げ、発言を行っている。

【参考文献】
生田武志（2012）「釜ヶ崎と『西成特区』構想」『現代思想』40（6）、青土社
大阪弁護士会（2013）『シンポジウム「子どもの居場所を考える」〜大阪市「子どもの家」事業の現状から（2013.7.13）』資料集
釜ヶ崎キリスト教共友会（2008）『夜回りハンドブック』
釜ヶ崎キリスト教共友会ＨＰ：http://www.gyokokai.org/~kyoyukai/index.htm
姜尚中（2013）「東日本大震災後の「まち」づくりと社会福祉―〈ポスト3・11〉を超克するための視座―」第50回社会福祉ゼミナール基調講演（2013.7.25）
こどもの里（2015）『平成14年度こどもの里事業報告書』
宗教法人カトリック大阪大司教区『こどもの里』リーフレット
荘保共子（2013）「子どもの支援と公衆衛生への期待」『公衆衛生』77（1）、医学書院、16-25頁
田中聡子・西村いづみ・松宮透髙（2012）『断ち切らないで―小さき者を守り抜く「子

ども家」の挑戦』ふくろう出版

日本ユニセフHP：http://www.unicef.or.jp/about_unicef/about_rig.html

ノンデライコ（2016）『さとにきたらええやん』ドキュメンタリー映画パンフレット

ホームレス問題の授業づくり全国ネット（2010）DVD『「ホームレス」と出会う子どもたち』

吉村智博（2012）「被差別民と"大大阪"──部落と寄せ場の歴史像」『現代思想』40（6）、青土社

第2部

障害者の自立支援と課題

*6*章　障害年金給付のあり方と精神障害者の生きづらさ
　　　──近年における障害年金の不支給や支給停止への対峙として

青木　聖久

1　はじめに

　筆者は1988年より、精神保健福祉領域のソーシャルワーカー（以下、PSW）[1]として精神障害者[2]（以下、本人と表記することもある）やその家族と関わるようになった。当初、本人に対して、精神障害の特性である、幻覚や妄想等の疾患部分、対人関係やコミュニケーションの支障という障害部分が、生活問題の大半を占めていると思っていた。だが、それらは、問題の本質でないことに気づいた。彼らは、疾患と障害が振幅をもって影響し合い、その結果として生じる、経済困窮や孤立状態に陥りやすいことこそが問題なのである。

　これらのことからも、精神障害者は、経済的基盤、居場所、地域生活支援体制の３つの要素が不可欠だといえる（青木 2005）。特に、経済的基盤は人が生きていく上での現実的課題であることからも、筆者は最優先課題として、障害年金を中心に取り組んできた。その際、本人や家族に対して、障害年金は一身専属制の権利であり、終身年金として生活を支える制度である、というような意のことをこれまで何度となく説明していた。

　ところが、2009年頃より、様相が変わってきた。詳細は後述するが、本人が障害年金を受給することに対し、社会の目が厳しくなったり、一方で、障害年金の新規請求の審査（以下、新規審査）結果において、最大６倍の都道府県格差（以下、地域間格差）が共同通信の調査によって明らかになったのである[3]。そのことが大きなきっかけとなり、2015年２月に、厚生労働省年金局において、「精神・知的障害に係る障害年金の認定の地域差に関する専門家検討会」（以下、2015年検討会）が設置された（厚生労働省 2015b）。そこに筆者も、医師以外の唯

一の委員として参加することになった。検討会において、各委員は独自の考えを有していたものの、回を重ねるうちに、共通点も見出せるようになった。それは、「障害年金が必要な人には、きちんと給付しましょう」というものだった。ここでいう「必要な人」とは、障害年金を受給すべき障害状態の人のことである。他方、本人や家族は、やみくもに、誰にでも障害年金を支給すべきだと言っているのではない。それは、精神障害による生きづらさを抱え、暮らしに多大な支障のある人に対して、きちんと障害年金を支給してもらいたい、という切実な想いなのである。

そして、2016年9月から、「精神の障害に係る等級判定ガイドライン」(以下、ガイドライン)が実施されることになった(厚生労働省 2016a)。これらのことをふまえ、本稿では、障害年金給付のあり方と本人の生きづらさ、さらには、両者の関係性について迫ることにしたい。

2 立場性による障害年金給付の捉え方の異なり

筆者は精神科病院に勤務していた時、仲間のPSWたちと、障害年金受給支援について議論することが度々あった。その時は当たり前のように、本人の生きづらさに想いを馳せ、暮らしにおける支障部分を医師に伝え、そして、障害年金受給が現実のものになるように取り組んだものである。その際PSWの間では、暗黙知で、障害年金給付に対する捉え方がほぼ共通していたと振り返っている。

後に筆者は、障害年金受給支援におけるフォーマル及びインフォーマルな協働的支援を考えるようになった。その実現のため、PSW、社会保険労務士(以下、社労士)、本人、家族等から話を聞く機会を多く作った(青木 2013：212-215)。加えて、検討会の委員を担うことになり、障害年金給付といっても、立場性によって、捉え方が随分異なることを知った。筆者は、この異なりを関係者、いや、社会全体が埋解し、認め合うことこそが、障害年金給付のあるべき姿への第一歩ではないかと考えるに至っているのである。

例えば、以下に示した①及び②の立場の者と、⑤及び⑥の立場の者を比較すれば、前者の方が障害年金の給付すべき範囲(以下、給付範囲)を広く捉えてい

るといえよう。また、⑦の立場にある者は様々な層から構成されるが、精神障害の特性をどの程度知っているかによって、給付範囲が伸縮することになろう。つまり、本人の生きづらさを事前にどの程度知っているかによって、評価が大きく左右されるのである。そのような意味では、精神障害が、見た目にわからないことと、経験則で理解しづらい側面があることも、障害年金に対する理解を鈍化させている要因だといえる。これらのことをふまえたうえで、給付範囲の判断について、差異が予測される者の立場性を分類すると、以下のようになろう。

① 当事者としての立場にある、本人やその家族
② 支援者としての立場にある、PSWや保健師、職能団体、市民団体等
③ 障害年金請求の代理人を担う立場にある、社会保険労務士
④ 障害年金の診断書を作成する立場にある、医師
⑤ 障害年金の審査を実施する立場にある、障害認定審査医員
⑥ 障害年金の審査の仕組みや基準を構築する立場にある、厚生労働省や日本年金機構
⑦ 全ての国民

現在、我が国の障害年金の審査システムとして、国民年金は、新規審査、障害状態確認届による更新審査（以下、更新審査）共に、日本年金機構と業務委託契約を結んだ障害認定審査医員（以下、認定医）が、都道府県ごとに審査を行うことになっている。このことを地方裁定と言う。これに対し、厚生年金保険は、新規審査、更新審査共に、日本年金機構の本部で認定医が審査を行うことになっている。このことを中央裁定と言う（青木ら 2014）。

これらの障害年金の審査システムと、前述の①～⑦との関係を、障害年金の請求の流れに沿って整理したい。まず、①の立場にある本人や家族が、障害年金の必要性を感じ、請求を検討することになる。ただし、実際的に考えると、手続きの煩雑さ等もあり、②の立場のPSWや、③の立場の社労士に相談することが多い。これらのプロセスを経て、④の医師に診断書作成を求め、出来上がった診断書を、⑤の認定医が審査をすることになる。なお、それらの審査をするにあたっての仕組みや基準づくりは、⑥の厚生労働省や日本年金機構が

担っている。加えて、重要なのは⑦の全ての国民である。障害年金が社会保障制度として位置づくことから、国民は、保険料や税金が適切に使われているかについて、概して関心を払っている。したがって、国民は納得できれば本人の障害年金給付に対し、応援する立場に回るが、その一方で、本人の生きづらさが認識できなければ、ネガティブな反応を示すことになろう。ただし国民は、地域間格差が6倍という数字に対しては、不公平さを認めるだろうが、本来の障害年金給付のあり方について知る由はない。これらのことからも、国民のコンセンサスを得るためには、少なくとも、本人の地域生活における日常生活の制限と、障害年金制度の理解の2つが必要不可欠だといえる。

　そこで、2015年検討会では、障害年金給付について、合理性と客観性を保つためのガイドラインづくり等に取り組んだのである。しかし、重要な点を押さえておかないといけない。それは、仮に地域間格差が是正されたとしても、そのことをもって、本来のあるべき障害年金給付といえるのか、という点にある。都道府県間において、今後新規審査の支給率に差が生じなくなったとしても、審査が厳格化の方向で統一されれば、決してあるべき障害年金給付とはいえず、それは、単なる給付の抑制に他ならない。

　また、その逆に、請求さえすれば、全ての人に障害年金が給付されることになってしまえば、それもあるべき障害年金給付とはいえない。そのようになると、社会のコンセンサスが得られないばかりか、新規請求をした本人自身も、肩身の狭い想いに苛まれることになる。実際、かつてある医師が、本人に対して、障害年金の診断書を見て落胆しないようにと、実際の障害状態像を記載したにもかかわらず、「診断書を重く書いてある」と言ったそうである（青木 2013：89）。その結果、障害年金が給付されたが、本人は、そのことに引け目を感じ、「私は、本来もらってはいけない国の制度をもらっているので、みんな（国民）に申し訳ない」と気持ちが沈んだと言う。これらのことからも、本人や家族が望んでいるのは、正々堂々と、胸を張って受給できる障害年金制度だといえる。

　ゆえに、障害年金は、本来必要な人が、当たり前に給付されることこそが大切なのである。ただし、前述の①〜⑦の立場によって、捉え方に違いがあるの

も事実である。①〜③の立場の者、とりわけ、本人や家族、PSW等の支援者は本人の生きづらさを一定程度知ることができるので、障害年金の給付範囲が広がることを概して願っているといえる。それに対して、④〜⑦の立場の者は、捉え方が一様ではない。④のなかでも、本人の障害に対する捉え方が狭い医師が診断書を作成すれば、かなり障害年金給付は限定的なものとなろう。以上のことをふまえ、次節では、障害年金給付に関係する近年の状況をみていくことにしたい。

3　精神障害者の障害年金給付に関する近年の状況

　本人に対する障害年金の認定は、「国民年金・厚生年金保険 障害認定基準」（以下、認定基準）により、とり行われている（厚生労働省 2016b）。認定基準は、1986年に出され、2002年に改正されており、その後は、医療水準の向上による医学実態等をふまえ、随時見直されていて、近年においては、ほぼ毎年のように改正されている。それらは、第1節から第7節までが、眼、聴覚、鼻腔機能、平衡機能、そしゃく・嚥下機能、言語機能、肢体という外部障害となっており、第8節が精神の障害、第9節が神経系統の障害となっており、第10節から第18節までが、呼吸器疾患、心疾患、腎疾患、肝疾患、血液・造血器疾患、代謝疾患、悪性新生物、高血圧症、その他の疾患という内部障害となっている。このことから、精神・発達・知的障害者（以下、精神障害者等）は、第8節に位置づくことになる。ただし、認定基準は、法律や施行令というような法令ではなく、いわゆる通知であることから、絶対的な基準とはいえないものの、実質的に審査で用いられているのが現状である。

1　精神障害の範囲の広がり

　2004年に発達障害者支援法が制定され、2005年から施行された。これらのことが相まって、発達障害の認定基準が求められ、2011年から3回にわたって、「障害年金の認定（知的障害等）に関する専門家会合」（以下、2011年検討会）が開催された。その結果、2011年に改正された認定基準において、発達障害が明確に位置づくことになった。一方、診断書は、2011年9月に、発達障害者の就

労実態を把握することを目的に、就労状況欄を新たに設けた新様式となった（青木ら 2014）。加えて、2011年には、精神障害者保健福祉手帳において、発達障害の項目が新たに設けられることになった。また、同年、障害者に対する法制度の幹として位置づく障害者基本法第2条において、障害者の定義のなかに「精神障害（発達障害を含む）」と規定されたのである。

このことは、高次脳機能障害についても同様に、認定基準や、精神障害者保健福祉手帳において明記され、さらに、2011年の障害者基本法の改正では、明文化こそされなかったものの、精神障害の範囲に位置づくことになった。

このように、2011年以降、発達障害や高次脳機能障害は、精神障害の対象範囲に加わった。そのことによって、これらの診断名で、障害年金の請求自体はしやすくなったといえる。ただし、障害年金の給付にあたっては、いくつかの課題を抱えている。

まず、発達障害については、第2回2011年検討会において、担当事務官が、「年金としてどの程度を対象にするかということをある程度定義しなければ、発達障害の方が今たくさんいらっしゃる中で、適切に定義しなければいけない～中略～」、という発言をしている（高橋 2013）。つまり、発達障害が認定基準に位置づいたことによって、障害年金の請求が大幅に増加するのではないかという国の懸念である。かたや、精神の障害の診断書に就労状況欄が設けられたことによって、就労の有無が障害の認定に影響を及ぼすのではないか、と心配する声が多く聞かれるようになったのである。

このように、発達障害や高次脳機能障害が認定基準に明記されたことによって、障害年金の請求という入り口の敷居は低くなった側面があるかもしれない。だが、請求のしやすさと支給決定とは必ずしもつながらず、むしろ、精神の障害の新規審査や更新審査が全体的に厳格化に向かった印象がある。また、就労状況欄が設けられたことによって、一定程度の就労をしているという事実が、前述の障害認定の厳格化のエビデンスとして見なされている部分が少なからずあるといえよう。

2 障害年金に対する社会の捉え方

2015年検討会において、最も話題に挙がった傷病名が気分障害であった（厚生労働省 2015b）。気分障害は、認定基準において、「統合失調症、統合失調症型障害及び妄想性障害並びに気分（感情）障害」として明記されている。また近年、著名人がうつ病の体験談を語ったりするようになったこと等も相まって、身近な疾患になりつつある。国の患者調査においても、1999年調査では、気分障害が約441,000人だったものが、2014年調査では約1116,000人というように、著しい増加を遂げている（厚生労働省 2015c）。そのなかには、うつ病が長期化し、障害年金を受給している者も多い。ところが、気分障害と障害年金との関係では、以下の2点によって、障害年金給付への影響がみてとれるのである。

1点目は、2009年頃より、うつ病を対象にした障害年金の攻略本のようなものが、インターネットで販売されていることが社会問題になった。そのことが、2009年12月19日の毎日新聞の朝刊に以下のように掲載された。「うつ病患者を対象に障害年金2級を受給することを目指したマニュアルが複数のウェブサイトで販売されている。2級に認定されやすくなるような診断書を主治医に書いてもらうための方法が書かれているが、不正請求を誘発する恐れもあり、関係者からは『攻略本のようで好ましくない』と問題視する声が上がっている」、というものである。(4)

2点目は、うつ病概念の拡散である。従来型のうつ病は、長時間にわたって、仕事に一心不乱に取り組むあまり、うつ病を発症した、というような理解がなされていた。ところが近年、「新型うつ病」と言われるタイプのものが急増している。これは、新しいタイプのうつ病とされており、仕事には行けないが、家庭でのインターネットや、レジャーに出かけることはできる、というものである。

これらのことが相まって、気分障害に対して、多くの国民が身近な疾患として捉えるようになってきた一方、継続的に日常生活に支障が出る障害としては、懐疑的な捉え方も出てくるようになった。さらに、それらが高じて、インターネット上に、「うつ病で障害年金を不正受給」のような書き込みをする者

まで出てきているのである。加えて、医師のなかでも、気分障害に対して、障害年金の対象となる継続的で、かつ、長期化するものとしては、診断が分かれていると言わざるを得ない。

3 「精神の障害」の障害年金の支給停止の実態

筆者はかねてより、本人にとって、障害年金の不支給が問題であるとしながらも、最も大きな問題は支給停止だと考えていた。なぜなら、既に生活費の一部として、継続支給されていたものが突然無くなれば、経済的にも、精神的にも、大打撃を受けることが容易に想像できるからである。そのような中、第7回2015年検討会において、厚生労働省より、平成25年度における精神の障害の更新審査の結果が出された。それによると、表1に示すように、平成25年度の1年間、精神の障害の障害年金を受給中の者のうち、障害状態確認届を提出した109,028名中2,650名（2.43％）が支給停止になっていることが明らかになったのである。ちなみに表1は、支給停止割合が最も低かったところと、逆に、最も高かったところの各々4都道府県を抜粋したものとなっている。これを都道

表1 障害基礎年金「精神の障害」の支給停止割合（平成25年度）上位・下位4都道府県の抜粋

	都道府県	確認届送付件数	支給停止件数	支給停止割合
支給停止割合　H25年度	宮城県	1,874	3	0.16%
	宮崎県	1,185	3	0.25%
	栃木県	1,573	6	0.38%
	長崎県	1,773	7	0.39%
	茨城県	1,966	81	4.12%
	大阪府	3,495	188	5.38%
	岡山県	1,204	95	7.89%
	兵庫県	5,279	450	8.52%
	全都道府県	109,028	2,650	2.43%

出典　厚生労働省（2015年10月）「障害基礎年金の再認定（傷害別）の状況：1頁」を基に筆者作成

府県別で見ると、最も支給停止割合が高いのは兵庫県で5,279名中450名(8.52%)であり、最も支給停止割合が低いのは宮城県で1,874名中3名（0.16%）であった。なんと、兵庫県と宮城県の間には、50倍以上の格差がある。全体的な傾向をみると、兵庫県以外で4％を超えているのは、岡山県の7.89％、大阪府の5.38％、茨城県の4.12％の3つであり、かたや、宮城県をはじめ、21の都道府県の支給停止割合は1％未満であった（厚生労働省 2015d）。

　このように、本人や家族の生活に直に影響が及ぶ支給停止割合が、都道府県間において、最大50倍以上の格差があることは、言うまでもなく問題である。ただし、最も注目しないといけないことは、平成25年度中に障害年金が、支給停止した精神障害者等が2,650名いるという事実である。筆者は、障害年金が支給停止後の2,650通りのその後の人生について、国民が想いを馳せることこそが重要だと思っている。その際、本人の生きづらさとしての障害特性や、生活実態を国民が一定程度理解できておれば、この数字に対し、深刻な事態として受け止めることになろう。だが、その逆に、本人の障害年金受給に懐疑的であれば、2,650名の人生について関心を払わないことになろう。そのようなことからも、次節では、本人の生きづらさについて論ずることにしたい。

4　精神障害者の暮らしと生きづらさの客観性

　第6回2015年検討会において、日本弁護士連合会が、資料を出した（日本弁護士連合会 2015）。そこには、「生きづらさ」という表現がある。それは、精神障害者等が有する日常生活の制限について、数値や規定の項目では判断しづらい、日常生活の支障の部分に目を向け、本来あるべき障害年金給付にしっかりと取り組んでもらいたい、というメッセージだと筆者は受け止めた。

　精神障害者等の生きづらさはわかりづらい。そのわかりづらさを、いかに社会的コンセンサスが得られるように、客観的なものにするかが2015年検討会の使命だったと捉えている。そのためには、まず彼らの暮らしの実態を示すことが求められる。これらのことをふまえ、以下、2つに分けて論ずることにする。

1 日常生活の困難さの可視化

　東京都の平成25年度の生活実態調査によると、年収100万円未満の精神障害者は7割弱であった（東京都福祉保健局総務部総務課　2014：198）。このように、精神障害者は経済的に困難な状況にあることがわかる。一方で、就労との関係をみると、平成26年度のハローワークを通じた精神障害者の新規の就職件数は、34,538件となっており、初めて身体障害者の就職件数の28,175件を上回った。このように、精神障害者は新たに職に就くという点では高い数値を示すものの、継続して職に就いている、となると話が変わる。それは、2014年6月1日時点の障害者雇用総数431,225名中、精神障害者は27,708名というように、障害者全体に占める精神障害者の割合が6.4％というように少ないことからもわかる（内閣府　2015：66、71）。その背景には、離職率の高さが伺え、精神障害者が継続的に就労する割合が低いことを物語っているのである（倉知　2014）。

　これらのことから、現に一般就労をしている精神障害者についても、継続的に就労するという点でみれば、不安定な状況にあることがわかる。また、これらの精神障害者は、就労に支障を及ぼすエピソードを数多く持っていることが予測できる。そのことからも、具体的なエピソードをいかに診断書や「病歴・就労状況等申立書」、さらには、新たな書類等に可視化するかが重要となろう。なぜなら、本人や家族は概して、現状に対して常態化するものだからである。したがって、「仕事をするなかで、困ったエピソードが何かありませんか」と、PSWが問うても、「特に…」ということになる。ところが実際に様々な場面を想定しながら聞くと、不注意で、就労中にカッターナイフで誤って手を切ることが度々あった、というようなことが聞かれたりする。したがって、障害年金給付のあり方を考えた時、具体のエピソードがどのようにあったかが大切なのである。また、そのことを、本人や家族が、振り返りつつ、その当時の心境を語ったり、文字化することこそが肝要だといえる。それらのものがあってこそ、第三者に本人の日常生活の困難さが伝わることになろう。

2　給付ありきではなく本来の権利による給付

　筆者は、これまで多くのPSWから、障害年金の受給要件のことで、相談を

受けてきた。その殆どの者は、病院や地域の施設、公的機関に雇用されている者であり、本人の経済状況の改善につながれば、という職業意識から、障害年金の受給支援に取り組んでいるのである。なかには、「この人は経済的に困っているので、障害年金を何とか出したい。とても謙虚な人なんです」というようなことを言う者がいる。そのPSW自身は、社会福祉職としての使命感から、使える社会資源を120％活用して、というつもりだろう。その気持ちはよくわかる。しかし、である。障害年金は貧困状態の評価ではなく、障害状態を評価して給付すべきものなのである。何よりも専門職は、対象者が謙虚であろうが、傲慢であろうが、そこで支援内容に差をつけてはいけない。全ての支援対象者に社会資源の情報を適切に提示し、100％の支援を、障害状態を論拠にして提供しなければいけないのである。これらの意識を常に持たないと、つい「本人のために」が、法令を超えた拡張判断となり、客観性と合理性を逸脱した支援になりかねない。そうなると、到底、国民からの理解は得られないといえよう。

　また、筆者はこれまで社労士に、何度となく障害年金受給支援を依頼している。だが、社労士の中には、本人や家族が抱えている事情や、精神保健医療福祉の状況を十分に理解しないまま、やや強引とも思える手続きをする者が稀にいる。これについては、社労士の中からも、批判が出ている部分である。ただし、冷静に考えるとわかる。それは、個人開業をして、障害年金の依頼を受けた社労士が、本人に対して、障害年金が給付されるように、精一杯支援するのは当然だ、ということである。ところが、医療及び福祉専門職は、社労士との交流が少ないこともあり、社労士の専門性の理解がしづらい状況にある。ところが目の前の社労士が、例えばNPOの社会福祉活動に携わり続け、常に本人や家族の生活実態に真摯に目を向け、膨大な社会保険や労働保険の知識や法曹界とのネットワーク、そして、洗練された技術を保有しているとすればどうだろうか。さすれば、社労士が障害年金受給支援をするにあたって、たとえ報酬が発生しようとも、違和感を覚える者は少ないだろう。そのことからも、問われるのは倫理観を含めた取り組み姿勢なのである。

　ここでは、PSWと社労士に限定して論じた。特に、筆者が強調したいこと

は、給付ありきはいけない、ということである。客観性の乏しい強引な支援が増えると、本人が障害年金を受給することに対し、社会から不信の目が向いてしまう。そうなると、不正防止の観点から、審査が厳格化に向かうだろう。しからば、本来障害年金が必要な者への障害年金給付に影響が及びかねないのである。

加えて、本人が社会において、胸を張って障害年金を堂々と受給するためには、障害年金を受けることが、社会的コンセンサスを得られなければいけない。そうでなければ、彼らは、社会に引け目を感じながら、窮屈な思いで障害年金を受給しないといけないことになる。そうさせないためにも、「本来必要な人が、当然の権利として、障害年金を受給する」ということを、医療の専門家としての医師、社会福祉の専門家としてのPSW、法律の専門家としての社労士が、協働することこそが、本来求められるのである。そして、その三者を本当の意味でつないでくれるのが、主人公たる本人の生きづらさに尽きるといえよう。

5　おわりに

以上のことをふまえ、2点のことを論じてまとめにかえたい。

1点目は、精神障害者の生きづらさを身近な問題として捉えることによって、本来の障害年金給付のあり方の糸口が見えてくる、ということである。2004年に、国は「こころのバリアフリー宣言」を出した。そこには、「2人に1人は過去1年間にストレスを感じていて、生涯を通じて5人に1人は精神疾患にかかるといわれている」、と記されている（厚生労働省 2004）。5人に1人の国民が精神疾患を直接持つのである。となると、その精神疾患を持つ者にも当然家族がいるだろう。そのことから、殆どの国民が精神疾患を持つか、あるいは、精神疾患を持つ者の家族と捉えることができるのである。もちろん、精神疾患が障害に至らず、完治する者も少なくない。だが、精神疾患が長期化すれば、経済的課題に直面する可能性は高い。国民の中には、「5人に1人といっても、私には身に覚えがない」という者もいよう。ところが、そのあなたに、最愛の子ども、孫がいるとすれば、思春期頃に統合失調症を発症する可能

性は、誰にでもある。ぜひ国民には、自分の問題として、精神障害を捉え、その上で、あるべき障害年金給付とは何かを考えてもらいたいのである。

　2点目として、障害年金は暮らしを支える命綱になっている、ということである。2つの事例を紹介する。1つ目は、就労支援に取り組むベテランPSWが、一般就労をしている複数の精神障害者を対象にして、月に1回、夕刻に集える場を用意し、参加者が仕事上のストレス等を吐露できるようにしている、という集団支援の実践である。その際、参加した精神障害者は、想いを吐露したり、他の参加者が懸命に働いている姿を通して力を得たり、PSWの存在を確認することによって安心感を得られたりする。そこでは、コップ（自身の精神的な許容量）に、水（ストレス）が溢れかけるのを、その集いに行くことによって、コップの水を少しずつ吐き出すことができる。決して、それらの場は、危機対応の場ではないが、それらの場を通して、知らず知らずのうちに蓄積するストレスという水を吐き出したり、吐き出す方法を仲間やPSWから知ることによって、就労継続ができているのである。次に2つ目として、精神障害を持ちながら一般就労を継続している人がいる。その人は時々、被害妄想が出現すると言う。だが、そのことを家族に話すと、「それは違うよ。そこが、あなたの病気」ときっぱりと言ってもらえることによって、コップの水を吐き出すことができている。それらの繰り返しによって、その人は就労が継続できているのである。

　これらの2つは、PSWというフォーマルな支援者、家族というインフォーマルな支援者によって、日常生活が支えられている事例である。前者の事例では同じように精神障害を持ちながら就労している仲間やPSWによって、後者の事例では家族によって、就労が継続できているともいえる。要するに精神障害者は、社会的支援を通して、精神障害と上手く付き合えているのである。だからこそ彼らは、過度の残業をはじめ、ストレス負荷を避けようとする。なぜなら、コップに水を溜めない方法を知っているからである。そのためには、時に他の従業員よりも多くの休養が求められる。実際、精神障害者は突然の退職にも遭遇しやすい。でも、障害年金という命綱があることによって、安心感が得られているのである。

筆者は、一時的に精神疾患に罹った全ての者が障害年金の給付対象とは思わない。とはいえ、生きづらさを抱えながら、暮らしを営んでいる者は多い。その彼らに対して、障害年金を給付するためには、診断書を作成する医師、その診断書を審査する認定医、そして、全ての国民に、彼らの地域生活における具体のエピソードを含めた生きづらさを伝えなければいけない。そのようにして、理解を得られたその先に、本来の障害年金給付のあり方が存在するといえよう。

　少なくとも、本人や家族、支援者が苦労を重ね、障害との付き合い方が上手になったことによって就労継続できている者が、障害年金の支給停止になるようなことはあってはなるまい。その前提として、全ての国民が、仮に自分が、最愛の家族が、精神障害を持ってこれからの人生を歩むとしたら、どのような日常生活に支障があり、そして、その支障がありつつも、夢と希望をもって未来志向で暮らしていくにはどのようにすればいいのかについて、じっくりと考えることが大切だといえよう。そのことを真剣に、国民が自分の問題として捉えることができた時、選択肢の１つとして障害年金が位置づくのだろう。そのように考えれば、自ずと不正受給等、絶対にできないはずである。なぜなら、生きづらさを抱えながらも、必死に生きている人たちに対して、大変失礼なことになるからである。

　本稿は、師である大友信勝先生から教わった社会正義を頭に描きながら論じた。筆者は正確な実態を科学的論拠をもって示し続け、国民が味方になれば、必ず社会正義は実現すると信じている。ただし、その際、説明の受け手が自分の問題として考えられるよう、いかに論理的に説明できるかが鍵を握るだろう。最後に本稿の執筆にあたり、大友先生及び大友ゼミの仲間には大変お世話になった。感謝の気持ちを伝え、論を終えることにする。

　【付記】　なお、本研究は、JSPS科研費25380792「精神障害者の生活支援における障害年金と就労との関係性」による研究成果の一部である。

【註】
(1) 本稿では精神保健福祉士に加え、1997年の精神保健福祉士法の資格化以前の精神科ソーシャルワーカーを含めて、PSWと表記する。
(2) 本稿で精神障害者と言う場合は、精神障害によって、日常生活に継続して活動制限や参加制約を受けている者をさす。また、この場合、発達障害や知的障害は含めない。
(3) 2014年8月、共同通信の市川亨記者が、地域間格差のことを調べ、新聞に掲載した。後に、これを受け、厚生労働省が調査をしたところ、同様の結果が明らかになっている（青木ら2015；厚生労働省2015a）。
(4) 現在、毎日新聞のURLが移動になったため、直接記事をダウンロードできない。ただし、現在でも、社労士のブログ等に記事の内容が掲載されている。
(5) 2015年検討会では、新たな書式として、「日常生活及び就労に関する状況について（照会）」を作った。ちなみに、この書類作成者には、障害のある本人や家族に加え、ソーシャルワーカー等も含まれる（厚生労働省2016a）。

【引用・参考文献】
青木聖久（2005）「地域で暮らす精神障害者の自立について―社会との関係性を中心に」『神戸親和女子大学福祉臨床学科紀要』2巻、1-13頁
青木聖久（2013）『精神障害者の生活支援』法律文化社
青木聖久・小島寛・荒川豊・河野康政（2014）「精神障害者の就労が障害状態確認届の審査に及ぼす影響―実態と支援者が取り組むべき方途」『日本福祉大学社会福祉論集』130、89-116頁
青木聖久・荒川豊・河野康政・小島寛（2015）「精神障害の障害年金における認定審査の現状と課題 ―障害年金に精通した3名の社会保険労務士の語りを通して」『日本福祉大学社会福祉論集』132、11-30頁
香山リカ（2009）『うつで困ったときに開く本』朝日新聞出版
倉知延章（2014）「精神障害者の雇用・就業をめぐる現状と展望」『日本労働研究雑誌』646、27-36頁
厚生労働省（2004）『こころのバリアフリー宣言』
http://www.mhlw.go.jp/shingi/2008/04/dl/s0411-7i_0002.pdf（引用日2016.7.27）
厚生労働省（2015a）『障害基礎年金の障害認定の地域差に関する調査結果』
http://www.mhlw.go.jp/file/05-Shingikai-12501000-Nenkinkyoku-Soumuka/0000075332.pdf（引用日2016.7.27）
厚生労働省（2015b）『精神・知的障害に係る障害年金の認定の地域差に関する専門家検討会』

http://www.mhlw.go.jp/stf/shingi/other-nenkin.html?tid=246772（引用日2016．7．27）

厚生労働省（2015c）『患者調査』
http://www.mhlw.go.jp/toukei/saikin/hw/kanja/10syoubyo/index.html（引用日2016．7．27）

厚生労働省（2015d）『障害基礎年金の再認定の状況（平成25年度　精神・知的障害）』
http://www.mhlw.go.jp/file/05-Shingikai-12501000-Nenkinkyoku-Soumuka/0000101606.pdf（引用日2016．7．27）

厚生労働省（2016a）『国民年金・厚生年金保険 精神の障害に係る等級判定ガイドライン』
http://www.mhlw.go.jp/file/04-Houdouhappyou-12512000-Nenkinkyoku-Jigyoukanrika/0000130045.pdf（引用日2016．7．27）

厚生労働省（2016b）『国民年金・厚生年金保険障害認定基準　平成28年6月1日改正』
https://www.nenkin.go.jp/service/jukyu/shougainenkin/ninteikijun/20140604.files/zentaiban.pdf（引用日2016．7．27）

高橋芳樹「障害認定基準の改正経過」高橋芳樹編（2013）『障害年金請求 援助・実践マニュアル—精神障害者の生活を支えるために』中央法規出版、381-399頁

東京都福祉保健局総務部総務課編（2014）『障害者の生活実態—平成25年度東京都福祉保健基礎調査報告書（統計編）』

内閣府編（2015）『障害者白書　平成27年版』

日本弁護士連合会（2015）『精神・知的障害に係る障害年金の認定の地域間格差の是正に関する意見書』
http://www.nichibenren.or.jp/library/ja/opinion/report/data/2015/opinion_150717_3.pdf（引用日2016．7．28）

7章　障害年金に関する日中韓比較研究
―障害者に対する保護雇用との関連から

磯野　博

1　はじめに

　昨今、東アジアにおける福祉国家の比較研究が日本でも意欲的に取り組まれている。そして、「研究対象となる地域が、次第に日中韓を中心にした東北アジアに収斂してきている」(武川 2006)。その要因のひとつとして、日中韓の研究者ネットワークの形成が日中韓社会保障国際フォーラムの開催と併行して進められてきたことが挙げられる。また、研究内容に関しては、「『制度間の比較』、『国と国の比較』を扱う巨視的なものが多く、『問題別の比較』、『グループ間の比較』を扱う実証的な検討が相対的に手薄になっている」ことが指摘されている(埋橋 2013)。

　本稿は、このような日中韓の比較研究を障害者政策、とりわけ障害者の所得保障の中心である障害年金のあり方についても発展させていくため、日中韓における比較研究の枠組と試論を提起し、今後、この研究を進めるための課題の骨子を整理するものである。

　具体的には、以下の3点を明らかにすることを目的にする。
① 日中韓における障害者の実態を概観する。
② 日中韓における障害者政策の展開の特徴を明らかにする。
③ 日中韓における障害年金の現状と課題を、各国の障害者に対する保護雇用との関連から明らかにする。

2　日中韓における障害者の実態の概観

1　障害者の総数と障害観

　内閣府「平成28年版障害者白書」によると、日本における障害者の総数は

8,602,000人であり、総人口に占める割合は6.7％になる[1]。2006年に実施された「第2次全国障害者サンプル調査」によると、中国における障害者の総数は82,960,000人であり、総人口に占める割合は6.3％になる（小林 2010）。また、韓国保健社会研究院によると、障害者登録制度に基づく2012年の登録者数は2,517,313人である。登録をしていない障害者の推計を含めると2,683,447人であり、総人口に占める割合は5.5％になる（崔 2015）。一方、世界保健機関と世界銀行が発表した「障害者に関する世界報告」によると、世界の総人口に占める障害者の割合は15％である（World Health Organization & World Bank 2011）。

このように、日中韓における総人口に占める障害者の割合は5～6％程度であり、世界平均の15％の半分程度と大きく下回って類似していることは偶然ではない。それは、日中韓では、障害を身体障害（視覚障害、聴覚障害、肢体不自由、内部障害など）、知的障害、精神障害といった機能障害レベルで捕らえ、それらを政府が規定した基準に基づき、数量化が可能な医学的所見によって等級化するという障害認定システムであることに由来する。

日本では、2011年の障害者基本法の改正により、第2条を「身体障害、知的障害、精神障害（発達障害を含む）その他の心身の機能の障害がある者であって、障害及び社会的障壁により継続的に日常生活又は社会生活に相当な制限を受ける状態にあるものをいう」と改正した。これは、障害の定義を「心身の機能障害のある人々が、各種の環境因子により、参加と活動が制限・制約されるもの」というICFに基づいた障害観に改正したものであり、ようやく世界標準に近づいたといえる。しかし、他の障害者政策にはいまだ反映されていないという限界もある。

一方、韓国では、朴槿恵大統領が2012年の大統領選挙において障害者福祉法を障害者権利保障法に改正し、障害等級制度を廃止・改善することを公約した。これを契機にして、韓国でも障害の定義をICFを反映したものに改正するという運動が高まっている。しかし、朴槿恵大統領はこの公約を先送りしている（朴 2013）。

2 障害者の就業状況と所得状況

　内閣府「平成25年版障害者白書」によると、日本における就業率は、国民全体が60％であるのに対して、身体障害者は30〜40％である。一方、知的障害者の就業率は年齢階層による格差が大きく、20歳代では60％と国民全体とほぼ同水準であるが、30〜40歳代からは20〜30％下回り、50歳代後半になると急速に低下する傾向がある。

　この就業率のなかには、就労支援サービスとしてのいわゆる福祉的就労も含まれている。福祉的就労の割合は、身体障害者では6.5％であるが、知的障害者では59.1％にまで至っており、分析に際しては留意を要する。

　この傾向は平均賃金にも顕著に表れている。非障害者の常勤労働者と比較して、身体障害者の平均賃金は97.3％であるが、知的障害者は45.2％、精神障害者は49.2％になっている。また、就労支援サービスのうち、労働法が適用される就労継続支援A型事業所の利用者の平均賃金の同比率は27.6％であり、労働法が適用されない就労継続支援B型事業所の利用者の同比率は5.4％でしかない。[2]

　「第2次全国障害者サンプル調査」によると、中国における就業率は、国民全体が72％であるのに対して、障害者は30％と半分以下である。とりわけ、都市部に居住する障害者の就業率は19％であり、国民全体との格差が際立っている。一方、農村部に居住する障害者の就業率は36％である。これは、中国における障害者の75％が農村部に居住しており、農林水産業に従事する障害者も77％と最も多いことによるものであると考えられる。この傾向は障害者の所得水準にも影響している。中国における障害者の所得水準は国民全体の40％であるが、農村部に居住する障害者は50％である（小林 2010）。

　また、韓国障害者雇用促進公団雇用開発院によると、韓国における2009年の経済活動参加率は、国民全体が61.5％であるのに対して、障害者は41.1％と大きく下回っている。障害者の所得水準は、国民全体の53.4％である。とりわけ、男性の経済活動参加率は、障害者が52.2％、非障害者が73.6％であるのに対して、女性の経済活動参加率は、障害者が25.5％、非障害者が50.0％と女性障害者に対する格差が一層深刻である（崔 2015）。

以上、日中韓における障害者の総数と障害観、そして、障害者の就業状況と所得状況は類似していることが分かる。これが、日中韓における障害者政策の比較研究、とりわけ、障害者に対する雇用保障と所得保障に着目する背景である。

3　日中韓における福祉国家研究の潮流

1　「後発福祉国家論」による東アジアにおける福祉国家研究

　東アジアにおける福祉国家の比較研究は、福祉レジューム論における東アジアモデルの位置づけを明確にする先行研究が多い。しかし、金（2013）は、武川（2007）、金（2008）、金編（2010）、李（2011）が展開してきた「後発福祉国家論」を発展させ、東アジアにおける福祉国家の多様性を分析することを提起している。

　金（2013）によると、これまでの福祉国家研究は、ふたつの潮流が互いに殆ど関わりなく、異なる潮流のなかで展開されてきており、近年の東アジア福祉国家研究も例外ではないという。そのふたつとは、「歴史分析＝時間」を重視し、「福祉国家はいつ何をもって成立し、またいかに変容しているのか」という問題関心から、福祉国家の動態的過程を歴史的に分析することを基本的スタンスにした段階論的アプローチと、「国際比較＝差」を重視し、「福祉国家の多様なタイプがいかに生まれ、またいかなる特徴をもつのか」という問題関心から、福祉国家の構造的特徴を国際比較的に分析することを基本的スタンスにした類型論的アプローチである。

　前者は、20世紀前半以降、福祉国家が成立していく過程において、社会保障が、従来の救貧制度や社会保険とは質的に異なる性格と意味をもつようになったという歴史的過程を分析するものである。また、後者は、エスピン・アンデルセンの福祉レジーム論をベースにし、多様なタイプの福祉国家があることを前提にしながら、それがいかなる類型の福祉国家であるかを分析するものである。金（2013）は、この両者の結合の必要性を提唱し、「歴史分析＝時間」を縦軸にし、「国際比較＝差」を横軸にし、福祉国家成立の「時間＋差」から、それを引き起こす環境要因を明確にする比較研究を行っている。

これは、西欧諸国に遅れて福祉国家を志向した日本が単なる例外ではなく、1990年代後半以降、東アジアにおいて多用な福祉国家の萌芽が見られたことを背景にしている。西欧諸国は、ほぼ同時期に福祉国家化を経験しており、それらの比較研究に「時間＋差」という視点を取り込む余地はなかった。しかし、東アジアにおける福祉国家比較研究には、西欧の先発国と東アジアの後発国との「時間＋差」、そして日本と中国、韓国との「時間＋差」という視点が不可欠である。

2　日中韓における障害者政策の展開の特徴

日本も後発福祉国家のひとつであるが、福祉国家を志向する社会政策は、1950年代後半から1970年代初頭の高度経済成長期に整備された。この時期の日本経済はブレトン・ウッズ体制によって手厚く保護されており、1973年の「福祉元年」に見られるように、財政の重点的投入がされることによって発展していった。

一方、中国と韓国において各種社会政策が整備され、「50年遅れたキャッチ・アップ」が実現した1990年代後半は、1997年のアジア通貨危機を契機にした経済危機と経済のグローバル化が同時に進行する時期であった。そのため、中国や韓国では、「福祉から就労へ」というワークフェアや、「普遍性より持続可能性」という財政安定化が重視された（李 2015）。

もちろん、このような日中韓における社会政策の「時間＋差」は障害者政策の展開にも影響を与えていることはいうまでもない。

たとえば、日本では、1949年に身体障害者福祉法が制定され、身体障害者に手帳制度が導入された。そして、1960年には精神薄弱者福祉法（1998年に知的障害者福祉法に改正）が制定されている。障害年金では、1959年に国民年金法が制定されている。

中国では、1987年に第1次障害者サンプリング調査が実施され、1990年には障害者保障法が制定されている。しかし、障害年金に関しては、2008年に提案はされているが、現在も制度化されていない。

韓国では、1981年の国際障害者年に制定された心身障害者福祉法が、1989年

に障害者福祉法に改正され、日本の手帳制度に類似した障害者登録制度が導入された。同時期、1988年には障害年金が制度化されている。

しかし、昨今の日中韓における障害者政策のドラスティックな展開の背景には、2006年の国連総会において採択され、2008年に発効された「障害のある人々の権利に関する条約」(以下、「権利条約」と略す)がある。「権利条約」を、中国と韓国は2008年に批准しており、日本は、両国に6年遅れて2014年に批准している。本条約は、「慈善と治療の対象から権利の主体へ」というキャッチフレーズが象徴するように、障害者政策のパラダイムシフトを図ることを締約国に求めている。

本条約の趣旨に基づき、中国は2006年に約20年ぶりに第2回障害者サンプリング調査を行っており、調査結果を踏まえ、2008年に障害者保障法を大幅に改正している。韓国は、2006年に社会的企業育成法を制定し、2007年には障害者差別禁止法を制定している。また、2010年には障害基礎年金を制度化している。一方、日本は、「障がい者制度改革推進会議」(以下、「推進会議」と略す)が行った各種の提言を反映した法改正が求められていたが、2011年の障害者基本法改正と2013年の障害者差別解消法の制定により、「権利条約」の批准を見切り発車している。

これらは、昨今の日中韓における障害者政策の展開が、「権利条約」の発効、そして各国の批准という同様の環境要因により、ほぼ同時期に急速に進行しており、他分野の社会政策と比較して、「時間＋差」の影響は少ないことを示しているといえる。これが、昨今の日中韓における障害者政策の展開の最大の特徴である。

4 日本における障害者に対する保護雇用と障害年金

1 「推進会議」と「骨格提言」

では、日本における障害年金のあり方を展望する際、どうして障害者に対する保護雇用との関連から分析するのであろうか。

現在、日本の障害者政策では、中国と韓国に大きく遅れて、「障害者の権利に関する委員会」(以下、「権利委員会」と略す)による「権利条約」批准後2年

以内の定期審査が命題になっている。これらを審議する原点は、「権利条約」を批准するために必要な国内法の整備を集中的に検討した「推進会議」が2011年に提起した「障害者総合福祉法の骨格に関する総合福祉部会の提言─新法の制定を目指して─」(以下、「骨格提言」と略す)にある。⁽³⁾

「骨格提言」の「Ⅲ 関連する他の法律や分野との関係」には、「就労合同作業チーム報告書」を踏まえた「3．労働と雇用」に関する記述がある。ここには、「一般就労と福祉的就労しか選択肢がない」、「賃金(工賃)や労働者か利用者かという位置づけに大きな乖離がある」という課題を踏まえ、「一般就労と福祉的就労の間に新たな選択肢をつくる」、「福祉的就労に労働法規を適用する」という障害者に対する保護雇用の制度化に関する提言が示されている。加えて、「骨格提言」では、これらの制度化に向け、多様な働き方を実証的に検証し、具体的な方向性を示すために3年間のパイロットスタディを実施することも提言している。

2　保護雇用と障害年金

パイロットスタディを実施するに当たっては、賃金補填や官公需・民需の優先発注など、複数の検証項目がある。しかし、特に賛否が分かれるのが賃金補填のあり方である。そこで、「骨格提言」では、「賃金補填と所得保障制度(障害基礎年金など)のあり方の検討」という表題を設け、その結論として、「賃金補填の導入を考えるうえで、現行の所得保障制度(障害基礎年金など)との関係を整理したうえで、両者を調整する仕組を設ける」としている。

具体的には、「年金給付を賃金補填に振り替える仕組」、「賃金補填の対象になる障害者の認定の仕組」などの検討の必要性を挙げている。また、5年ごとの国民年金法などの改正において、賃金補填と所得保障制度(障害基礎年金など)のあり方を関連させ、「障害者が地域において自立した生活を営むために必要な所得保障のあり方について、給付水準と負担のあり方」などを検討することを求めている。

そのうえで、賃金補填の導入に当たっての留意点として以下の2点を挙げている。

① 事業者がモラルハザードを起こし、支払う賃金を引き下げるなどしないよう、生産性や付加価値を高めるとともに、障害のある従業員の能力開発により、賃金補填額の縮小、あるいは賃金補填がなくとも最低賃金以上の賃金を支払うことを目指すような制度設計にすること。
② 賃金補填により労働市場の賃金決定に歪みが生まれ、障害者以外の労働者の雇用の減少が発生しないようにすること。

　このように、現在の障害者政策における国際標準である「権利条約」を日本でも具現化するためには、障害基礎年金など、障害者に対する所得保障のあり方も主要な論点のひとつであることは明らかである。そして、この課題は、障害者に対する保護雇用をどのように制度化するかという課題と関連させて検討することが求められているのである。

5　中国における障害者に対する保護雇用と障害年金

　では、「権利条約」の発効、批准によって急速な展開を遂げた中国と韓国における障害者政策のうち、保護雇用と障害年金（障害者手当を含む）はどのような状況にあるのだろうか。本章では、現在世界第2位の経済大国であり、社会主義的市場経済という特異な体制にある中国の状況について概観する。

1　中国における福祉企業と保護雇用

　中国における障害者に対する雇用保障は、割当雇用制度を中心にした分散就業と福祉企業を中心にした集中就業に大別される。中国において障害者に対する保護雇用としての性格を持つのは福祉企業である（小林 2012）。また、中国の障害者に対する雇用保障は、現在も福祉企業によるワークフェアが中心であるという主張もある。[4]

　福祉企業の認定は障害者就業条例に基づいて行われる。主な基準は、フルタイムで働く障害従業員の割合が総従業員数の25％以上であることである。中国障害者連合会によると、2010年時点では、福祉企業は約22,000社であり、障害者従業員は625,000人である。

　福祉企業は民政部門が統一的に管理している。具体的には、盲人按摩機構や

作業療法機構などがあり、障害者を集中的に雇用することを目的にした政府機関・団体、企業、非営利組織などが基準を満たせば認定される。

政府は、福祉企業に対して税制の優遇措置に加え、生産、経営、技術、資金、物資、敷地使用などに関して補助を行う。また、政府関連機関・団体は、福祉企業に対して優先的に生産・営業活動を行わせ、独占生産する製品を確定することも行っている。

最も重要な保護施策である税制の優遇措置は、実際に雇用した障害者の数に基づき行われる。具体的な金額は最低賃金の6倍を目安にしているが、障害者1人当たり、毎年、35,000元を限度にしている。また、障害者に支給した実際の賃金を控除する場合もある。

福祉企業は労働集約型の企業であり、労働者の技能も生産能力も低く、競争力は弱い。そのため、税制優遇措置などの手厚い保護施策によって維持されてきた。しかし、1992年以降、中国は社会主義的市場経済に舵を切り、改革開放経済が進展するなか、各種の保護施策は縮減されていった。そのため、福祉企業の経営は、国営企業と同様に困難になっている。

そのようななか、2012年の「権利委員会」による定期審査では、「障害者の慢性的な失業と雇用における根強い差別が存在することを憂慮する」ことが指摘されており、中国において障害者に対する保護雇用としての性格を持つ福祉企業の役割は検討に値するといえる（小林 2012）。

2　中国における障害者の所得格差と所得保障

中国では、「第2次全国障害者サンプル調査」をとおして、障害者と非障害者の所得格差、そして都市部と農村部における障害者の所得格差が深刻であることが明らかになり、中国障害者連合会は全国的な障害者手当を創設することを提案したが、いまだに実現されていない。これは、前述の「権利委員会」による定期審査においても指摘されており、「障害者に対する所得保障に農村部と都市部に格差があることを懸念し、これらの格差是正措置を採る」ことを勧告している。

その後、「中国障害者事業第12次5カ年計画発展要綱」（2011〜2015年）では、

貧困障害者の生活補助金と重度障害者の長期療養保険制度の設立を提案している。(6) これを踏まえ、浙江省障害者連合会と浙江省財政庁のように、「固定収入がない障害者の生活手当の実施に関する意見」に基づき、稼働能力を喪失し、固定収入がない障害者、親と親戚に依存している障害者、その他の扶助によって生活を維持する障害者に対して毎月1人当たり100元を生活手当として支給する地方政府も出てきている。(7)

2016年には、このような生活手当とあわせて、稼働能力を喪失し、固定収入がない障害者に対する国民年金保険料の全額補助制度を全国で施行することを中央政府が指示し、既に2/3の地方政府が実施しているといわれている。(8)

6　韓国における障害者に対する保護雇用と障害年金

では、韓国における障害者に対する保護雇用と障害年金の状況はどのようになっているのであろうか。

1997年以降の金融危機によってIMFの管理下にあった韓国は、経済危機と大量失業時代であったが、一方で社会政策の大きな転換期でもあった。そのメインストリームとなったのがワークフェアである。それは障害者政策も例外ではなく、韓国における障害基礎年金は、雇用保障との関連が明確であるという特徴がある。

本章では、社会的弱者全体に対する保護雇用として韓国において急速に進展している社会的企業と、2010年に新たに制度化され、功罪が問われている韓国の障害基礎年金について概観する。

1　韓国における社会的企業と保護雇用

21世紀に入って韓国は経済成長を果たすが、若年層を中心にした非正規労働者が占める割合は全賃金労働者の半数を超えており、貧富の格差は両極化していた。そのため、社会的弱者全体を対象にする新たな雇用施策の必要性が検討されてきた。そこで、2006年に制定されたのが社会的企業育成法である（白井 2008）。社会的企業という名称を持つ法律はイタリアと韓国のみに存在する（岡安 2008）。

社会的企業には、イタリアと同じように、社会的弱者に対して福祉、医療などの社会サービスを提供するタイプ（社会サービス提供型）と、社会的弱者に対して雇用の場を提供するタイプ（就労提供型）とその混合型がある。また、社会的企業の事業目的を社会的企業育成委員会で判断するタイプ（その他型）がある。これらに、2011年から地域住民の生活の質の向上に寄与するタイプ（地域社会貢献型）が加わった。

　社会的企業の分野は、保健、福祉、医療に加え、保育や教育、環境や文化など多岐にわたっている。これは、1990年代後半以降、急速な高齢化と女性の社会進出によって各種の社会サービスに対する需要が急増してきた韓国において、社会的企業がその受皿になることが求められたからである。

　これら、社会的企業の経営形態には民法上の公益法人や社会福祉法人、生活協同組合や農業協同組合、非営利団体など、これも多岐にわたっているが、営利企業も認められているところが特徴である。

　社会的企業育成法では、社会的弱者は「脆弱階層」と呼ばれている。具体的には、高年齢者雇用促進法に基づく高齢者、障害者雇用促進法に基づく障害者、「性売買防止および被害者保護等に関する法律」に基づく性売買被害者、長期失業者などであり、世帯平均所得が全世帯平均の6％以下（月額）の者をいう。これら「脆弱階層」が、社会サービス提供型の社会的企業では利用者の50％、就労提供型の社会的企業では労働者の50％、混合型の社会的企業では利用者の30％と労働者の30％を占めることが求められている。

　一方、社会的企業には、賃金補填、優遇税制など、手厚い公的支援が期間を限定して重点的に傾注されている。たとえば、経営コンサルティングに関する支援は、3年間、総額3,000万ウォン／年まで支援される。人件費に関する支援は、原則、専門人員3人を上限にして、3年間まで、150万ウォン／月が支援される。企業の自己負担率は1年ごとに上昇する仕組みである。また、就労提供型の社会的企業が、政府の事業である社会的雇用事業に参加し、脆弱階層を雇用している場合、1人当たりの人件費として837,000ウォン／月、社会保険料として人件費の8.5％が1年間、評価をとおして更に1年間補填される。加えて、法人税や所得税に関しては、4年間、50％減免される。その他、認証

に向けた支援、アカデミー支援と呼ばれる教育的支援、ソーシャルベンチャー支援と呼ばれる支援がある。また、施設費の補助や融資、政府部門などによる優先購買などの優遇措置、財政上の支援などがある。

　法施行当初、約80団体が社会的企業として認証を取得しており、韓国労働部は、法施行後5年の2012年には認証団体を1,000団体にすることを目標にしていた。2012年では、認証団体は644であるが、法施行当初の8倍という高い伸び率を示している。

　しかし、これはいかにも安直という評価が韓国内外にはある。韓国の社会的企業は、イタリアのように、労働組合と結びついた協同組合の文化が歴史的に培われたことが背景にあるわけではない。あくまで、国策による政府主導によって振興が図られたものといえる。とはいえ、政権交代を重ねてもワークフェア政策を支える重要な施策として進展を続ける社会的企業は、その数の増大とともに、事業の社会的目的によって韓国社会には受け入れられてきている。

　障害者雇用政策に対する影響も大きい。韓国は、1988年に制定された障害者雇用促進法に基づく割当雇用と、2007年に制定された障害者差別禁止法に基づく差別禁止が並存するアジア最初の国である。加えて、社会的企業が、福祉的就労と一般就労との隙間を埋める「第三の雇用形態」として機能することが期待されている。

　しかし、2014年の「権利委員会」による定期審査では、労働能力が欠如しており、障害者福祉法に基づく作業所で働く障害者が、最低賃金法から除外されているため低賃金であること、加えて、一般雇用への移行に向けての支援が不十分であり、不安定就労・低所得な状態で停滞していることが懸念されている。

　このような社会的企業育成法の課題として崔（2012）は以下の4点を挙げている。

① 所定の期間内に手厚い保護措置から自活できない。
② 一般企業との賃金の格差が存在する。
③ 非正規労働者が多い。
④ 障害者雇用促進法（雇用奨励金）の対象外になる。

2 韓国における障害基礎年金の創設

韓国における障害年金は、拠出制老齢年金の早期年金として1988年に既に制度化されていた。韓国に限らず、公的年金における障害観は、「老化が早期に発症したもの」という考え方があり、これもその障害観に基づいているといえる。しかし、このような年金は所得保障としての機能を果たしていない場合が多く、この早期年金も例外ではなかった。

この障害年金の課題として金（2008）は以下の5点を挙げている。

① 障害者の3/4が公的年金に加入していない。
② 対象が重度障害者に限定されている（国民年金受給者の3％程度）。
③ 保険料納付期間が短期（7年程度）であり、給付額が低い。
④ 厳格な所得要件がある。
⑤ 障害者手当（社会手当）が公的扶助の障害者加算のような位置づけになっている。

そのようななか、2010年、全額租税による無拠出年金として障害基礎年金が創設された。これは、基礎給付と不可給付から構成されており、基礎給付は「障害に伴う稼得能力の減退・喪失に対する所得保障」、そして、付加給付は「障害に伴う経費の補填」と給付目的が明確であるところが特徴である。しかし、夫婦合算による厳格な所得要件と資産要件の両方があり、常時勤労所得控除は1人当たり43万ウォン／月、金融財産控除は一世帯当たり2,000万ウォン、そして、選定基準額は、単独世帯では551,000ウォン、夫婦世帯では881,600ウォンになっている。

そして、給付対象は重度障害者に限定されており、基礎給付の給付水準は、国民年金加入者の最近3年間の月平均所得の5％である。2011年度の給付額は、最高でも91,200ウォン／月と低額である。この給付額は、前年度の物価変動分と所得の上昇分などを反映し、毎年4月に変更される。また、単独世帯と夫婦世帯の生活費の差異を勘案する夫婦減額もあり、夫婦ともに基礎給与を受給する場合、それぞれの給付額の20％が減額され、72,950ウォンになる。加えて、多少の所得認定額の差により、基礎給付が受給できる者と受給できない者の所得逆進を最小限度に抑制するため、基礎給付額の一部を段階的に減額する

超過分減額もある。付加給付は6万ウォン／月であり、障害に伴う経費の補填のため、夫婦減額と超過分減額は適用されない

　この障害基礎年金の意義として禹（2009）は、「障害年金は、憲法上保障された社会保障請求権のひとつであり、人間らしい生活を享受する生存権保障の問題でもある」ことと、「一次的に障害者も労働の権利があり、職業保障請求権に基づいて就労が保障されるべきであるが、就労が困難な場合は、二次的に所得保障の対策を国家が整備する責務がある」ことを挙げながら、課題として以下の4点を挙げている。

① 障害年金は社会手当方式であるべきだが、予算の制約によって障害年金の本質を毀損しないことを条件にして、折衷案として社会扶助方式にすべきである。

② 対象は、重度・軽度すべてを含む18歳以上の障害者とすべきであるが、類似した性格の年金支給による二重受給を禁止するため、受給額に差がある場合は補填することを条件にして、65歳以上は老齢基礎年金に切り替えるべきである。

③ 軽度障害者は障害年金ではなく職業リハビリテーションを促進すべきであるが、障害特性によって就業と生活に困難がある場合は、速やかな職業リハビリテーションへの誘導を条件にして、受給対象に含めるべきである。

④ 障害年金は、稼得能力の減退・喪失に対する所得保障であることから、給付水準は最低賃金を基準にして一定割合を定めるべきである。

7　まとめにかえて

1　障害年金に関する日中韓比較から見えてきたもの

　これまで述べてきた日中韓における障害年金の現状と課題を、各国の障害者に対する保護雇用との関連から整理すると以下のようになる。

　中国が急速に行った昨今の障害者政策の改革には、一定の成果が見られることはいうまでもない。たとえば、技能も生産能力も低く、競争力も弱い福祉企業に対して、税制優遇措置など、伝統的な単位制による手厚い保護施策を行っ

ていることは、日本における障害者に対する保護雇用のあり方を検討する際、功罪両面から示唆を与えるものである。

一方、中国における障害年金（障害者手当を含む）はいまだ未整備であり、地域間の格差が大きいという課題を抱えている。また、ナショナルミニマムとしての位置づけは不明瞭であり、雇用保障と所得保障の関連も見られない。

金井・高橋（2013）が指摘するように、日本の障害年金も、1985年の基礎年金制度導入以降、ナショナルミニマムとしての位置付けや雇用保障との関連が一層不明瞭になっており、障害間の格差、制度間の格差に加え、地域間の格差という課題を抱えている。これらは、日本と中国が共有する課題であるといえる。

韓国は、短期間で抜本的な改革を断行する「超高速改革」の国である。保護雇用においては、障害者を含めた「脆弱階層」全体を対象にした社会的企業育成法をいち早く制定した。この社会的企業は、福祉的就労と一般就労との隙間を埋める「第三の雇用形態」として機能することが期待されているが、福祉的就労に従事する障害者などを低賃金状態にて停滞させるなどの課題がある。

とはいえ、韓国の社会的企業は網羅的・体系的な保護雇用を実現していることは事実であり、日本における保護雇用の有効なモデルであることは予断を許さない。

一方、韓国の障害基礎年金は、禹（2009）が指摘するように、一次的には職業保障請求権に基づく就労が保障されるべきであるが、職業リハビリテーションの促進を前提にし、就労が困難な場合に二次的に国家が整備する所得保障のひとつであるという位置づけが明確であるところに特徴がある。そのため、基礎給付の給付目的は、「障害に伴う稼得能力の減退・喪失に対する所得保障」であり、給付水準は、最低賃金を基準にして一定割合を定めるべきであるとされている。この雇用保障と所得保障が連鎖しているという特徴は、両者が密接に関連した障害者政策として発展していく可能性を示している。

しかし、制度施行当初は、国民年金加入者の最近3年間の月平均所得の5％と給付水準は低水準であり、夫婦合算による所得要件と資産要件の両方があるなど、受給要件も極めて厳格である。このままでは、ナショナルミニマムを保

障した障害者に対する普遍的な所得保障として発展していくには課題が多い。
　これらは、前述の「骨格提言」が提起した今後、日本においても障害者に対する保護雇用をとおして社会的弱者全体に対する保護雇用を確立するとともに、雇用保障との関連を明確にした障害年金を確立するという日本の課題とも共通したものである。

2　今後の研究課題

　以上、日中韓における障害者政策、とりわけ障害年金の現状と課題を、各国の障害者に対する保護雇用との関連から比較してきたが、日中韓における福祉国家比較研究は、本稿が拠り所にしている「後発福祉国家論」では既に説明しきれない段階にあると指摘されている。そこで注目されるのが、日中韓社会保障国際フォーラムでの研究成果から野口（2015）が提起した「福祉国家レジームの国際比較研究の三段階論」である。
　これは、福祉国家比較研究を以下の三段階の発展によって分析するものである。
　①　キャッチ・アップ型比較研究
　②　課題共有・応用型比較研究
　③　課題解決・協働型比較研究
　本稿は、日中韓における障害者政策を①の段階からしか比較していない。しかし、これまで述べてきた日中韓における障害者政策の比較研究を再検討すると、日中の比較研究は既に②の段階に入っており、日韓の比較研究は、更に進んで③の段階に入っていることが想定される。
　そこで、本研究の今後の課題として、日韓における障害年金のあり方を保護雇用との関連から「課題解決・協働型比較研究」として展開していくため、以下の3点の論点を挙げておきたい。
　1点目は、無拠出の障害基礎年金のあり方を検討していくことである。
　百瀬（2013）によると、日本でも、障害年金受給者のうち障害基礎年金を受給している障害者は約125万人と圧倒的に多く、その約7割が障害基礎年金のみを受給しており、更にその約半数は無拠出の障害基礎年金を受給していると

いう。そのため、日本における今後の障害年金のあり方は、韓国のように無拠出の障害基礎年金のあり方から検討することは可能であると考える。

2点目は、稼得能力の認定のあり方を検討していくことである。

社会保険庁年金保険部国民年金課監修（1981）によると、障害基礎年金の導入に際して、障害認定を稼得能力を基本にすることは提起されていた。現在、日本における障害年金の障害認定は日常生活能力を基本にしているが、雇用保障との関連から障害年金のあり方を検討するためには、稼得能力の認定は、韓国と同様、日本でも制度創設当初からの命題であったといえる。

3点目は、障害者の貧困問題から本研究を検討することである。

前述の世界保健機関と世界銀行が発表した「障害者に関する世界報告」は、障害者は非障害者と比較して就業率は低い一方で失業率は高く、このような経済活動参加率の低さが貧困の温床になっていることを指摘している（World Health Organization & World Bank 2011）。また、OECDも、障害者は労働市場において大きな不利を抱えており、就業率は非障害者の半分であり、所得水準も低いことを明らかにしている（OECD 2010）。加えて、国際連合経済社会理事会は、世界における最貧困層の20％は障害者であると推計している（United Nations Economic and Social Council 2007）。このように、障害者に対する雇用保障と所得保障に展望を切り拓くことは、貧困問題に対する新たなスキームを示すことにもつながる可能性があるのである。

とはいえ、日本でも先行研究の少ない障害年金の研究を、日中韓における福祉国家比較研究にまで発展させていくためには各方面の協力は不可欠である。そのためにも、本研究のそもそもの原点である日中韓社会保障国際フォーラムでのネットワークを活用し、情報収集と共同研究に今後も精錬していく所存である。

【註】
(1) www8.cao.go.jp/shougai/whitepaper/index-w.html（2016.6.1 アクセス）。
(2) www8.cao.go.jp/shougai/whitepaper/index-w.html（2016.6.1 アクセス）。
(3) www.mhlw.go.jp/bunya/shougaihoken/.../dl/110905.pdf（2016.6.1 アクセス）。

⑷　これは、2014年9月3日、中国人民大学（北京）において開催された第10回日中韓社会保障国際フォーラム年金分科会2において、コメンテーター林毓銘（中国暨南大学教授）が発言したものである。

⑸　これは、2008年6月6日、JICA中華人民共和国事務所が主催し、二重宇一世紀ホテル（北京）にて開催された第2回日中NGOシンポジウム—「障害者支援をめぐって」の基調講演「中国障害者の現状及び障害者事業が面しているチャレンジ」において、張宝林氏（中国障害者連合会理事・当時）が報告したものである。

⑹　www.jica.go.jp/china/office/others/issues/.../seisaku_10.pdf（2016.6.1アクセス）。

⑺　www.koddi.or.kr/data/research01_view.jsp?brdNum=7400274&brdTp=&searchParamUrl=brdType%3DRSH%26amp%3BbrdRshYnData%3Ddata%26amp%3Bpage%3D1%26amp%3BpageSize%3D20#subContents（2016.6.1アクセス）。

⑻　これは、2016年9月10日、大分県労働福祉会館において開催された第12回日中韓社会保障国際フォーラム基調講演、申曙光「中国の人口・家族変遷と社会保障が直面する諸課題」において報告されたものである。

【参考文献】
〈邦文文献〉
禹周亨（2009）「韓国における障害年金法制の導入過程に関する研究」韓国障害者再活協会『再活福祉』13（1）

埋橋孝文（2013）「特集の趣旨」『社会政策』5（2）

岡安喜三郎（2008）「韓国の社会的企業」生協総研第4回「社会的経済研究会」資料

金井恵美子・高橋芳樹（2013）「障害年金の請求の仕方と制度の解説」精神障害年金研究会編『障害年金請求　援助・実践マニュアル—精神障害者の生活を支えるために』中央法規出版

金仙玉（2008）「海外福祉情報韓国における障害者所得保障制度の現状と課題」総合社会福祉研究所『総合社会福祉研究』33

金成垣編著（2010）『現代の比較福祉国家論—東アジア発の新しい理論構築に向けて』ミネルヴァ書房

金成垣（2013）「東アジア福祉国家を世界史のなかに位置づける—その理論的意味と方法論的視点」社会政策学会『社会政策』5（2）

小林昌之（2010）「中国の障害者の生計—政府主導による全国的障害調査の分析」森壮也編『途上国障害者の貧困削減—かれらはどう生計を営んでいるのか』岩波書店

小林昌之（2012）「第2章　中国の障害者雇用法制」小林昌之編『アジアの障害者雇用法制—差別禁止と雇用促進』アジア経済研究所

社会保険庁年金保険部国民年金課監修（1981）『国民年金　障害等級の認定指針』厚

生出版社
白井京(2008)「韓国における格差問題への対応―非正規職保護法と社会的企業育成法」国立国会図書館調査及び立法考査局編『外国の立法』236
武川正吾(2006)「序章 東アジアにおける社会政策学の可能性」社会政策学会編『東アジアにおける社会政策学の展開』法律文化社
武川正吾(2007)『連帯と承認―グローバル化と個人化のなかの福祉国家』東京大学出版会
崔栄繁(2012)「韓国の障害者雇用制度」小林昌之編『アジアの障害者雇用法制―差別禁止と雇用促進』アジア経済研究所
崔栄繁(2015)「第1章 韓国の障害者教育法制度と実態」小林昌之編『アジアの障害者教育法制―インクルーシブ教育実現の課題』アジア経済研究所
野口定久(2015)「貧困・格差問題に対応する地域社会の安全網の実践プログラムと地域包括ケアシステム構築に向けた日韓共同調査研究―対立から共感のコミュニティづくり」トヨタ財団2015年度国際助成プログラム『アジアの共通課題と相互交流―学びあいから共感へ』
朴賛五(2013)「韓国における障がい等級制度の存廃をめぐる最近の動き」『ノーマライゼーション』5月号
百瀬優(2013)「障害者の自立を支える所得保障」庄司洋子・菅沼隆・河東田博・河野哲也編『自立と福祉―制度・臨床への学際的アプローチ』現代書館
李蓮花(2011)『東アジアにおける後発近代化と社会政策―韓国と台湾の医療保険政策』ミネルヴァ書房
李蓮花(2015)「第12章 東アジアの社会福祉」埋橋孝文編著『社会福祉の国際比較』放送大学教育振興会

〈欧文文献〉

OECD (2010) Sickness, Disability and Work: Breaking the Barriers: A Synthesis of Findings across OECD Countries, Paris: OECD Publishing.

United Nations Economic and Social Council (2007) Mainstreaming disability in the development agenda, Note by the Secretariat, E/CN. 5/2008/6, November 23.

World Health Organization & World Bank (2011) World Report on Disability, Geneva: WHO.

8章 社会開発政策におけるコロニー
―― 障害者の地域移行政策との関連において

船本　淑恵

1　問題意識と研究目的

　現在、障害者を対象とした福祉施策は、「地域社会における共生」を基本原則として推進することが示されている。これは、障害者基本法に示されている基本原則の一つであり、2013 (平成25) 年9月策定の「障害者基本計画 (第3次)」においても示されている。そこでは、ノーマライゼーションとリハビリテーションを理念に定め、障害者施策を推進することが示されている。政府は「障害者基本計画」の原則を実現するために、達成すべき数値目標を設定し、福祉施設入所者の地域生活への移行者数や入所者数の減少、入院患者数の減少、グループホーム利用者数の増加などを示している。そのための方策の一つに、入所型施設において生活している障害者や医療機関に入院している障害者を、地域で生活する方向へ誘導する施策整備が行われた。このような一連の方策は、障害者政策における地域移行政策と呼ぶことができる。地域移行政策を打ち出さなければならなかった背景に、障害者が施設で生活している現状や、精神科病床における社会的入院の問題が指摘されている。特に18歳以上の知的障害者は11万人以上が施設に入所し、その割合は19.4％であり、他の障害や知的障害児に比べ施設入所の割合が高い。このようなことから、地域移行政策の対象は、社会福祉施設に入所している知的障害者と精神科病床に入院している精神障害者が中心であることがわかる。

　多くの知的障害者が施設で生活しているのは、入所施設が建設されてきたからである。親亡き後の生活の場の保障を求めた関係者の要請によって施設建設が進められ、その帰結が上記の現状である。しかし、入所施設は、障害者の暮らしを支える施策の一つでしかない。1960年代以降、身体障害者を中心に居住

の場を選択する取組が活発になり、施設ではなく地域において生活する施策の整備が求められた。また、1981（昭和56）年の国際障害者年を契機に、ノーマライゼーション理念の広まりとその実現を求める行動が展開されてきた。このように、関係者の要望として施設建設が進められる一方、障害者からは地域で暮らすという願いも表明されてきた。国際障害者年以降、国際的な潮流は障害者自身が住む場所を自分で選択する方向へ、しかも施設ではなく地域における生活を実現するという考え方が示されている。また、2006（平成14）年には国連において障害者の権利に関する条約（以下、障害者権利条約）が採択され、2014（平成26）年には日本においても発効した。障害者権利条約第19条には「自立した生活及び地域社会への包含」が規定され、施設での生活を強制されず、障害者自身が住む場所を選択する機会が設けられなければならないと示されている。地域移行政策は、そのような国際的な動向を背景に打ち出されてきたと言える。

　なぜ、地域移行を政策の柱にしなければならないような数の入所施設建設が行われ、それが維持されてきたのか。施設建設の推進は、関係者の要望だけでは進まない。建設と運営には多額の費用を要し、財政的裏付けが必要となる。そのため、政策側が何らかの意図を持ち、その施策を選択しなければ施策の整備や充実は図られない。知的障害者を対象とした社会福祉施設の一つの形態に、コロニーと呼ばれる大規模総合施設群があり、大規模であるがゆえに、より選択的な施策と考えられる。また、1960年代という知的障害者福祉施策整備の初期に建設が推進されており（船本 2015）、その後の入所施設数の増加にも影響を与えている。そこで、本稿では、地域移行政策を打ち出さざるを得なかったコロニー建設推進の背景を検討し、コロニー建設推進の政策的意図を考察する。

2　コロニー建設の背景―先行研究の検討

1　コロニー建設の契機

　コロニー建設は、政策の選択的施策である。大規模総合施設群が、自然発生的に建設されてきたのではなく、1965（昭和40）年10月に厚生大臣（現、厚生労

働大臣）が、心身障害者コロニー懇談会（以下、コロニー懇談会）を私的諮問機関として設置し、その建設推進を図ったことから選択的施策として位置付けることができる。コロニー懇談会は、同年12月に「心身障害者のためのコロニー建設について（答申）」（以下、「コロニー懇談会答申」）を示した。翌年、1966（昭和41）年７月にコロニー建設推進懇談会が設置され、国立心身障害者コロニー設置計画が本格化する。その後1971（昭和46）年４月に国立コロニーのぞみの園(以下、国立コロニー)が開設され、最初の入所者を受け入れた。国立コロニー開設に前後して、都道府県や民間法人がコロニー建設を計画し、大規模総合施設群の開設が進められてきた。

　「コロニー懇談会答申」（1965）では「コロニー」を、「重症心身障害者、障害の程度が固定した者等を長期間収容し、あるいは居住させて、そこで社会生活を営ましめる生活共同体としての総合施設であり、かつ常に一般社会との有機的な関連の中で育成されるべきものである」と説明している。さらに、今後の展開として全国をブロックに区切り、それぞれに「コロニー」を１ヵ所程度設けることが望ましいと提起している。ただ、地方の実情に応じて対象者、施設の種類、規模などは定めるべきであるとし、「コロニー」には多様な姿があることを容認している。そして、国がモデル的に建設する「コロニー」については次のような提案を行っている。対象者を、重症心身障害者、知的障害者(当時は精神薄弱者)、身体障害者であり、「長期間収容保護を必要とする者」とした。その規模を１単位300名から500名として、数単位をもって一つの「コロニー」を構成するため、1,500名から2,000名程度の規模になると試算している。そのために必要な用地を100万坪程度と概算し、そこに建設すべき建物を機能別に示している。さらに、国が土地を確保し、建設、整備することが明示されている。また、「設置、経営には多額の費用を要する」ために、「特別な補助等の配慮が必要」であると指摘されている。

　このようにコロニー懇談会は、施設を単体で設置するというこれまで取られてきた設置手法を転換し、大規模総合施設群の開設もありうることを提起した。そのモデルとして示した国立コロニー建設構想は、広大な土地を確保し、必要な施設機能を配置する方法であった。

2 コロニーの建設

　国立コロニーを建設するにあたり、群馬県高崎市にある約224ヘクタール（約67万坪）の公有地山林を利用し、定員約1,500名の施設群建設計画が策定された（厚生省児童家庭局 1966）。1,500名の内訳は、知的障害者700名、肢体不自由者700名、重症心身障害者100名とされている。知的障害者も肢体不自由者もそのうち重度者が半数以上占める数字が示されている。主な施設として、居住施設9種類、サービス施設、管理施設、事業施設、生活施設、供給処理施設等が計画されている。建設には、1967（昭和42）年度から1970（昭和45）年度までの4年間の計画が策定され、必要な経費として総計60億円が計上されている。また、敷地内は平坦部が少なく大規模な土地造成工事が必要であり、施設の集約化を図ることが技術的にも経済的にも望ましく、施設運営上も有利であると説明されている。加えて、国立コロニーに関係する道路について、メインアプローチは既設ルートの拡充で対応し、敷地内は新たに建設する計画が示されている（建設省 1968）。

　国立コロニーの建設費用は、一体どのような規模なのであろうか。精神薄弱児育成会（現、手をつなぐ育成会。以下、育成会）は、1958（昭和33）年三重県名張市に入所施設名張育成園（以下、育成園）を建設した。その際、育成会は土地の無償提供を受けて、総工費4,000万円の予算計画を立てている（育成会 2001）。また、精神薄弱者福祉法（現、知的障害者福祉法）の1960（昭和35）年4月施行を見通して、厚生省は1959（昭和34）年度の入所施設建設予算として定員100名5ヵ所分を請求したが、大蔵省（現、財務省）は定員70名3ヵ所分、約2,600万円の下方査定を行った（育成会 2001）。厚生省の5ヵ所分の予算請求は、知的障害者に対する皆無ともいえる不十分な施策の充実や関係者からの要望を受け、全国に知的障害者施設を建設する計画の単年度分である。そこで構想されたのは、定員70名という規模であり、この時厚生省は入所施設法定化の時点で大規模施設の建設について想定していなかったと考えられる。当時の民間法人における施設建設は、法人が用地の確保を行わなければならず、国は建設費予算の半額を補助するだけであり、1施設であっても用地の確保や残りの建設費は法人の負担となる。それが大規模施設群としてのコロニーであれば、なお

さらその負担は多大なものとなり、一法人が行政の協力なしに建設を決断することは考えにくい。

　コロニー建設が進められた当時は、すでに精神薄弱者福祉法が制定され、入所型の精神薄弱者援護施設の法定化が図られていたが、定員規模は70名を想定しており大規模施設や総合施設であることを要件としていない。また、大蔵省は厚生省請求予算を査定で切り下げ、積極的に推進する姿勢は見られない。コロニー建設には多額の費用が必要となり、その予算措置の見通しがない中では、諮問機関まで設置しコロニー建設推進の答申まで出させることは考えられない。しかも、コロニー懇談会は10月に設置され、2ヵ月後の12月に答申が示されている。このように考えると、政策課題として選定された結果、コロニー建設が進められたと推察できる。

3　コロニー建設推進の背景に関する先行研究

　コロニー建設が推進された社会経済的背景は、どのように示されてきたのであろうか。コロニー建設の契機となった「コロニー懇談会答申」(1965)において、施設数の絶対的不足、施設の体系化が未整備であること、重症心身障害児に対する施設の拡大要求がコロニー設置答申の背景にあると述べられている。また、コロニー懇談会委員でもあり、はるな郷を開設した登丸(1969)[8]は、コロニー設置について二つの必然性を指摘している。一つは、重度化や重複化などに対応するための施設機能の分化が必要であるが、相互移行が困難となるため総合施設が必要となったこと、二つ目は、近代化・合理化の要請に応えるために規模を拡大し、設備の改善・職員配置等の適正化を実現する総合的施設が必要であることの2点を指摘している。同じくコロニー懇談会委員の三木(1970)も施設の拡充とともに対象の範囲が拡大し、きめ細かい対応が必要となってきたため、「施設の体系化、組織化、あるいは総合化」ということが求められたと述べている。また、矢野(1967、矢野・冨永 1975)も「コロニー問題は重度重症——と表裏の関係と考えられてきたように思われる」と述べている。

　国立コロニー職員の立場から関口(1998)は、障害児の親でもある水上(1963)

が1963（昭和38）年に雑誌に掲載した「拝啓池田総理大臣殿」を契機とした世論の盛り上がり[9]を背景に、1964（昭和39）年には「全国重症心身障害児（者）を守る会」として親の会が結成され、対策の強化を訴えたことが、国立コロニーの設立計画を後押ししたと述べている。また、遠藤（2014）も親の会の要望が背景にあるとの指摘に加えて、社会開発懇談会における言及を示し、コロニー建設が政策課題として提示されたと述べている。国立コロニーの職員であるということも関連して、関係者や当事者の要求、世論の高まりが、コロニー設置の主な背景であると認識しているといえよう。

その他に、小池（1970）は「1965年6月、内閣総理大臣の発意による社会開発懇談会は、高度経済成長政策に調和するための社会開発の見地から障害者対策を位置づけ、更生可能な者にはリハビリテーションを与え、社会に生活できないものはコロニーに収容せよという中間報告を発表した。これをうけて厚生省に、同年10月、コロニー懇談会が設置され、中央児童福祉審議会・精薄者審議会委員などよりこのための委員が委嘱され、コロニー設置にかんする意見がまとめられた」と述べている。同じく、戸崎（1982）も「コロニーが『社会開発政策』の一環として急速にその実現化に向かうことになった」と指摘している。また、国立コロニーの開設過程については、国立コロニーのぞみの園内に併設されている田中資料センター編纂の『わが国精神薄弱施設体系の形成過程－精神薄弱者コロニーをめぐって』（国立コロニー 1982）に整理されている。そこでも社会開発懇談会の提言が、「国立コロニー具体化の発端」として位置付けられている。

このような先行研究から、コロニー建設の背景には大きく分けて3点あると指摘できる。一つには、当時の障害者、特に重症心身障害児・者と18歳以上の知的障害者の置かれていた現状から、施策の整備が求められたこと、2点目に、児童施設からの移行や障害者の抱える課題に対応するために施設の体系化や総合化が求められたこと、最後に、社会開発政策によってコロニー建設が求められたことである。小池（1971）[10]が言うように政策的意図に着目して、これら3点の背景のどこにコロニー建設の必然性があるのか検討し、その政策的意図を考察する。特に、コロニー建設は、多額の費用を必要とするために3点目

の社会開発政策に焦点を当て検討する。

3　社会開発政策とコロニー

1　社会開発懇談会と社会開発政策として選択されたコロニー

　国立コロニー（1982）では、社会開発が経済計画との関連において行政に取り入れられてきた計画理念と指摘されているが、コロニー建設に至る必然性については分析されていない。戸崎（1982）は、「コロニー建設がそうした政策（社会開発政策：筆者注）の一環に組み込まれたのは、そこに、経済政策・地域政策への国民の不満や住民運動に対する緩和剤的役割と、共同社会の『連帯性』を示す象徴的な役割とが期待されたためではなかろうか」と分析している。そして、「コロニー建設は、まさに高度経済成長下の社会開発政策に適した、それにふさわしいものであった」と指摘している。そこで、ここでは経済政策と社会開発政策の関係を整理し、社会開発政策においてコロニー建設がどのような意味を持つものであったのか検討していく。

　表1は、国立コロニー開設に至るまでの関連する社会経済状況と知的障害者福祉施策、およびコロニー開設の変遷である。

　「社会開発」を政策に取り入れたのは、1964（昭和39）年に総理大臣に就任した佐藤栄作首相である。彼は、「社会開発」を冠した懇談会を招集し、社会開発政策の推進に取り組んだ。その社会開発懇談会は、内閣総理大臣の有識者会議として設置された私的諮問機関である。佐藤首相が1964（昭和39）年11月に政権を発足させ、年が明けた1月8日に懇談会設置の閣議了解を得、2月13日に初会合を行っている。その後、2回の総会と分科会、小委員会を開き、総計十数回の会合を実施し、7月23日に「社会開発懇談会中間報告」（以下、「中間報告」）を公表した（社会開発懇談会 1965、水野 1965）。「中間報告」という名称であるが、この報告を本報告にすると起草委員長の水野（1965）が述べている。委員は63名にもおよび、その日程も考慮すると首相が力を入れた懇談会と言える。

　佐藤内閣の下で設置された社会開発懇談会に冠されている「社会開発」は、政治的な判断によって打ち出されたものである。佐藤の前の総理大臣である池

表1 コロニー建設をめぐる社会経済状況

年月	社会経済状況	知的障害者施策・コロニー開設
1952（昭和27）年7月		精神薄弱児育成会結成（現、手をつなぐ育成会）
1953（昭和28）年11月		「精神薄弱児対策基本要綱」（事務次官会議決定）
1955（昭和30）年12月	「経済自立5か年計画」鳩山内閣 神武景気	
1956（昭和31）年5月	売春防止法制定	
1957（昭和32）年12月	「新長期経済計画」岸内閣	
1958（昭和33）年6月		国立精神薄弱児施設秩父学園開設
1958（昭和33）年12月		はるな郷（群馬県）
1959（昭和34）年3月	岩戸景気	社会福祉事業法改正 精神薄弱者援護施設を第1種社会福祉事業に規定
1960（昭和35）年3月		精神薄弱者福祉法制定 精神薄弱者援護施設法定化
1960（昭和35）年12月	「国民所得倍増計画」池田内閣	
1961（昭和36）年7月		赤穂精華園（兵庫県）
1962（昭和37）年5月	新産業都市建設促進法制定	
1962（昭和37）年10月	「全国総合開発計画」池田内閣	
1963（昭和38）年6月	オリンピック景気	水上勉「拝啓池田総理大臣殿」公表
1963（昭和38）年7月	老人福祉法制定	
1964（昭和39）年6月		全国重症心身障害児（者）を守る会結成
1964（昭和39）年7月	母子福祉法制定	
1964（昭和39）年8月	「社会開発行政の課題」（厚生省）	
1964（昭和39）年10月	東京オリンピック・パラリンピック開催	
1965（昭和40）年1月	「中期経済計画」佐藤内閣 社会開発懇談会設置	
1965（昭和40）年7月	「社会開発懇談会中間報告」	
1965（昭和40）年9月	『厚生白書（昭和39年度版）社会開発の推進』	

1965（昭和40）年10月			心身障害者コロニー懇談会設置
1965（昭和40）年11月	戦後初の赤字国債発行を閣議決定		
1965（昭和40）年12月		イザナギ景気	心身障害者コロニー懇談会答申
1966（昭和41）年9月			セーナー苑（石川県）
1966（昭和41）年7月			コロニー建設推進懇談会設置 袖ヶ浦福祉センター（千葉県）
1967（昭和42）年3月	「経済社会発展計画」 佐藤内閣		
1967（昭和42）年4月	社共推薦の美濃部亮吉、都知事当選		
1967（昭和42）年8月	公害対策基本法制定		児童福祉法改正　重症心身障害児施設法定化等
1968（昭和43）年4月			西駒郷（長野県）
1968（昭和43）年5月	公害対策全国連絡協議会結成		太陽の園（北海道）
1968（昭和43）年6月			愛知県心身障害者コロニー
1969（昭和44）年5月	「新全国総合開発計画」 佐藤内閣		
1969（昭和44）年12月	東京都、70歳以上の福祉年金受給者老人の医療費無料化		
1970（昭和45）年3月	日本万国博覧会開催		
1970（昭和45）年4月			金剛コロニー（大阪府）
1970（昭和45）年5月	「新経済社会発展計画」 佐藤内閣		心身障害者対策基本法制定
1971（昭和46）年1月			佐賀コロニー
1971（昭和46）年4月			国立コロニーのぞみの園（群馬県）

田勇人が「国民所得倍増」をスローガンに進めてきた経済政策に対抗し、佐藤内閣が国民の支持を得るために池田政権とは異なる独自性を打ち出す必要があり、「社会開発」を看板政策として進歩性の演出を行った（真田 1967、村井 2013）。宮本（1976）は、佐藤内閣が「社会開発」を提示した政治的判断の背景として、次の3点を指摘している。一つには、1967（昭和42）年の東京都美濃部都政などの革新自治体の誕生が、産業政策の結果発生してきた公害を防止するための住民運動を活発化させ、政策側の敗北に至ったこと、二つ目に、そのような革新自治体の全面福祉政策が実施されたこと、3点目は行政への住民参

加が革新自治体の下で進んできたことである。このように「社会開発」は政治的に意味付けされ、経済計画の政策理念として選択された政策用語として認識しておく必要がある。そのような経緯から、「中間報告」は政権を運営する方向性や手法を示す重要な内容を含んでいると考えられる。しかし、佐藤内閣が看板政策として打ち出した「社会開発」であるが、池田内閣が進めてきた政策と本質的には変わりはない。水上が「拝啓池田総理大臣殿」(水上 1963)を公表した同じ雑誌に、池田内閣の官房長官を務めていた黒金(1963)が「拝復水上勉様」を掲載している。その中で「私たちの生活を向上させるためにも、社会保障その他の政策を強化するために必要な財源を長期にわたって確保するためにも、国全体の経済を発展させてゆかねばならぬ」と述べている。

「中間報告」(1965)は総論と各論に分かれており、総論の初めに「社会開発の意味するもの」と題して、社会開発の目標、登場の背景、課題が説明されている。そこでは、社会開発の目標を「健康で文化的な生活を国民すべてにゆきわたらせ、人間性豊かな社会を創り出すことにある」とし、社会開発は「人間的能力を開発するとともに、それにふさわしい社会的諸条件を整備向上させること」であると述べられている。つまり、「人間的能力の開発」とそのための「社会的諸条件の整備」が社会開発の役割としている。また、「社会開発と経済開発とは、調和的に進められるべきもの」であり、「社会開発を進めるためには、それを可能にする経済開発が必要」と経済開発との関係が指摘されている。さらに、「社会開発のための投資は、一面、有効需要を創り出すものであり、経済の安定成長のために有力な一手段にもなるということも、注目されてよいであろう」とも表現されている。このようなことから、社会開発は単独で実施されるのではなく、経済開発を前提としている。また、社会開発が進展することで経済開発に貢献するという関係が示されている。そのために、社会開発と経済開発が調和的に進められることが重要となるのである。そのことから、経済開発に貢献する「人間的能力の開発」とは、経済活動に参加できる労働能力を示していると考えられる。

各論の「社会保障および福祉対策」において、「心身の障害者のリハビリテーション」が提案されている。そこには、「本人の福祉を高めるのみならず、労

働需要のひっぱくしている今日、人間能力の開発という点からもとりあげる必要がある」と述べられており、ここからも「人間的能力の開発」は、労働能力の獲得であることが推察できる。リハビリテーションの内容であるが、一つは適切な職業訓練を行うリハビリテーション施設を集約して開設すること、二つ目は「一般社会で生活していくことの困難な精神薄弱者については、児童を含めて、環境のよい土地にコロニーを建設し能力に応じて生産活動に従事させること」である。3点目は、ライシャワー駐日大使傷害事件を念頭においた「精神障害者に対する管理、医療の措置について万全を期すことが必要である」と提起されている。

「中間報告」起草委員の一人であった社会保障研究所所長の山田（1965）は、各論の一つである「社会保障および福祉対策」を担当し、そこで示した問題点は「社会保障制度の体系的整備」と「個別的な福祉対策」の二つに大別していると解説している。「心身障害者のリハビリテーション」は後者に含まれ、前者と同様にこれまで取り組んできたことであり、新しいものではないと指摘している。ただ、「個別的な福祉対策」に含まれる内容は、「個別的な具体策を念頭において述べられ」、「その時々の必要とそれに対する対策とを並べたものに他ならない」と述べている。山田はこのような総花的で新しいものがあまり含まれない内容となった背景について、社会開発懇談会の雰囲気が「当然認められるべき基本的事項も、当然だといって黙っておくことはできず、この際何でもかんでも発言しておかないと予算編成にとり残されるという懸念」があったと弁解している。しかし、コロニー建設はこれまで取り組まれてきた施策ではなく、コロニー懇談会やコロニー建設推進懇談会においても改めて「コロニー」とは何かが議論され、諸外国の情報を収集し、日本的コロニーを作り上げていった経緯がある。予算獲得のためにコロニーという具体策を盛り込んでおいた結果、その後のコロニー建設推進に影響を与えたと言えよう。

2　社会開発政策とコロニー建設

社会開発を経済開発に貢献するものと考えると、「人間的能力の開発」可能性のある障害者は、リハビリテーション施策が準備されることは理解できる。

では、コロニーはどのような文脈から経済開発への貢献が考えられるのであろうか。コロニーの対象として想定されている重度の知的障害者や重症の心身障害者は、経済活動に参加できる労働能力の獲得は困難である。そのため、社会開発におけるリハビリテーションの対象から外されることになる。しかし、社会開発の目標を「健康で文化的な生活」の実現を掲げ、「人間尊重の理念に基づいて推進」することを示しているからには、社会的施策の乏しい彼らへの対策を整備しなければならない。当時すでに、精神薄弱者援護施設や重症心身障害児施設が制度化されているので、施設の整備拡充を掲げれば目標の達成や理念に反することはない。それがなぜコロニーであったのか。彼らは、そこで生活するだけでは経済開発に貢献する新たな価値を生み出さず、反対に直接的には消費分が上回る。施設の運営を続ければ続けるほど、いわゆる負担が積み重なっていく。それを相殺するほどの経済開発への貢献として考え出されたのが、コロニー建設であり、運営の委託という形であろう[15]。理念に反さず目標を達成し、しかも経済開発に貢献できるとして考え出された手法と言える。

　施設開設を目指す1法人が土地を確保し建設するより、コロニー建設では取り付け道路やインフラの整備などを含む大規模な造成を行い、集中的に多くの建物を建設することで大きな金額が動き、経済活動を活発にさせる。1950年代から1960年代にかけての行政投資の実績割合をみると、4部門あるうちの産業基盤のⅠ部門は最低でも39％台であり、最高は47.6％を占めている。Ⅰ部門8区分の中で、道路は6割を占めている。一方、厚生福祉項目のある生活環境のⅡ部門は、最低が27.9％であり、最高の割合は40.2％となっている。また、Ⅱ部門9区分のうち厚生福祉項目は、2％台で推移している（宮本 1976）。行政投資は、社会資本の充実を図るために行われ、「産業と生活の基盤を強化するとともに、雇用と所得を拡大することによって、経済成長に役立つであろう」と述べられている（池田内閣 1960）。施設建設は産業基盤そのものではなく行政投資に占める割合は低いが、道路や造成等の関連事業を含むと1施設を建設するよりコロニー建設の方が経済開発に貢献することは明らかである。また、それが社会的に要請されている施設であり、立ち遅れていた領域ということであれば、行政投資の対象として申し分ない。

さらに、「中間報告」の総論「社会開発の推進について」の中で、留意すべき点の一つに「施策の優先順位」を考えなければならないという指摘がある。そこでは「世論調査によって国民の要望の強いものを優先」することや「国際比較からみていちじるしく遅れているもの」を取り上げることとされている。その他の留意点に、「社会開発施策の多くの分野は、地方自治体が地域自体のために行うべきもの」であり、そのための手法として「財政投融資の活用」が例示されている。コロニー建設とその運営方法の提起は、まさにこれに当てはまる。

実際に社会福祉施設を建設するための予算は厚生省が所管し、社会保障関係費の社会福祉施設整備費（以下、施設整備費）として計上されている。施設整備費はすべての施設を対象としているため、コロニー建設の動向そのものではない。しかし、コロニーも含む政府の施設建設の動向を把握する資料である。施設整備費が単独で計上され始めた1964（昭和39）年度から各年度予算の推移をみると（表2）、社会保障関係費に占める整備費割合が上昇しており、しかも、社会保障関係費や社会福祉費の前年度比と比べて、整備費はそれらを上回る伸びを見せている。これらのことから、社会福祉施設の建設は政策としても優先順位の高い施策であったと言える。その中のコロニーは、その建設に際して大きな金額が動き、より経済開発に貢献する施策である。

表3をみると、「コロニー懇談会答申」が出されて以降にコロニーの開設が進んだことがわかる。また、国立コロニーの開設を待つまでもなく、各地域において大規模施設群が開設されている。施設数の前年度比と入所定員の前年度比に大きな差はなく、1施設当たりの定員も80名前後である。このことから、コロニーは単独の施設ではなく、施設群であることが推測できる。

このように、コロニー建設は、社会開発政策の一環として経済政策と密接な関係にあることが指摘できる。さらに言うならば、その規模こそ小さいが経済計画の一部に組み込まれ、経済開発に貢献させるための選択的政策課題であったと言える。

表2 社会保障関係費に占める社会福祉施設整備費の推移

年度	社会保障関係費 (前年度比)	社会福祉費 (割合)	社会福祉費 (前年度比)	社会福祉施設整備費 (割合)	社会福祉施設整備費 (前年度比)
1964	—	8.64	—	0.59	—
1965	119.91	8.32	115.40	0.54	110.24
1966	120.40	8.22	119.00	0.59	130.79
1967	115.72	8.38	118.02	0.71	138.91
1968	114.92	8.50	116.55	0.70	113.66
1969	114.54	9.34	125.84	0.72	118.61
1970	120.08	9.76	125.53	0.76	125.72
1971	118.20	10.56	127.78	0.94	146.14
1972	122.13	11.88	137.47	1.10	143.73
1973	128.82	15.25	165.29	1.31	152.46
1974	136.71	14.91	133.73	1.35	141.02
1975	135.84	15.71	143.09	1.35	136.00

資料　財務総合政策研究所『財政金融統計月報』予算特集号各年次

表3 知的障害者施設（入所）とコロニー数の推移

年度	知的障害者施設	前年度比	入所定員	前年度比	コロニー数
1960	8	—	520	—	1 ※
1961	12	150.0	606	116.5	2
1962	22	183.3	1,241	204.8	2
1963	32	145.5	1,831	147.5	2
1964	56	175.0	3,741	204.3	2
1965	70	125.0	4,920	131.5	2
1966	88	125.7	6,253	127.1	4
1967	104	118.2	7,061	112.9	4
1968	130	125.0	8,921	126.3	7
1969	165	126.9	11,207	125.6	7
1970	204	123.6	13,579	121.2	8
1971	213	102.9	15,819	116.5	15
1972	249	116.9	18,666	118.0	17
1973	285	114.5	22,094	118.4	19
1974	326	114.4	25,559	115.7	20
1975	366	112.3	28,392	111.1	21

資料　厚生省（厚生労働省）「社会福祉施設等調査」、国立コロニーのぞみの園田中資料センター（1982）
　　　『わが国精神薄弱施設体系の形成過程』
※1953年開設のはるな郷である。

4 社会開発政策におけるコロニーと地域移行政策

　これまで見てきたように、コロニー建設の背景は大きく分けて3点にまとめることができる。一つには、当時の障害者、特に重症心身障害児・者や18歳以上の知的障害者の置かれていた現状から、施策の整備が求められたこと、2点目に、児童施設からの移行や障害者の抱える課題に対応するために施設の体系化や総合化が求められたこと、最後に、社会開発政策によってコロニー建設が求められたことである。これら3つの背景すべてが、同等の重みをもってコロニー建設を必然的に要請しているわけではない。

　3つの背景の関係を検討すると、経済政策の理念として社会開発政策が政治的に選択され、社会の要請や立ち遅れている施策という観点から、経済開発に貢献する社会資本の一つとしてコロニー建設が選択された。背景の一つである社会開発政策が、コロニー建設を必然的に要請するのである。社会の要請や立ち遅れている施策という背景は、社会開発政策として選択する際の条件に過ぎない。

　地域移行政策との関連では、コロニーは次のような問題を抱えている。コロニー建設の推奨は、地域の乏しい障害者福祉施策の問題を解決する道を開いてきた。例えば、1968（昭和43）年開設の長野県西駒郷において、コロニー建設を進めた背景として知的障害児施設、知的障害者施設が県内に少ないことを指摘している（西駒郷改築検討委員会 2002）。施設の不足を一気に解決する方策としてコロニー建設が進められたのである。施設の不足がコロニー建設の理由であるならば、施設の増加や施策の整備によってコロニーの役目は終了し、コロニー解消が課題となる。長野県は、西駒郷についてその点を明確に指摘している（長野県 2004）。そこで問題になるのが、広域からコロニーに入所し、コロニー内で生活を送ってきた知的障害者の地域への移行である。住み慣れた地域から切り離され、市街地から遠いコロニー内で長期に渡り生活してきたため、移行する地域の選択をどうするのか、そもそも地域での生活を体験する機会の乏しかった彼らが、コロニーの役目は終了したので退所するように説明を受けても混乱するだけであろう。また、数百人という単位の知的障害者を地域で受

け止める受け皿の問題も発生してくる。施策の整備や充実は、地域の実情に応じて、つまり当該地域で必要とされるサービス量に照らして行われるため、施設を退所する人までも受け止める余力を通常は有していない。サービスを利用する立場からすると、必要としているサービスは常に不足しているという現状である。コロニーを退所し、地域生活を始めるための本人や保護者への説明、受け入れ地域の自治体や事業者との調整等が必要となってくる。そして、誰がこれを担うのかという問題がある。このようなことから、コロニーの縮小に伴う対策が地域移行政策の主要な課題となってくるのである。

【註】
(1) 例えば、障害者総合支援法（改正当時は障害者自立支援法）の2011（平成23）年改正において地域移行支援事業が制度化された。
(2) 「障害者基本計画（第3次）」において、2005（平成17）年度の「福祉施設入所者数」が14.6万人と報告されている。同じく、2008（平成20）年度の「統合失調症の入院患者数」は18.5万人と数値が示されている。
(3) 『平成26年版障害者白書』の集計から計算すると、身体障害児・者の施設入所の割合は1.9％であり、18歳以上の場合1.8％となる。同様に知的障害児・者全体では16.1％、18歳未満4.4％、18歳以上は19.4％である。
(4) 厚生省児童家庭局の「国立心身障害者コロニー設置計画（案）」は、コロニー建設推進懇談会総会資料として示されたものである。同案が一部修正のうえ承認されたと説明されている（国立コロニー1982）。
(5) 土地購入費500,666千円、測量等調査費22,400千円、土地造成費（敷地、道路）907,398千円、施設整備費（建物だけ）4,500,000千円の内訳が示され、1,500名定員で一人当たり400万円と算定されている。
(6) 国立コロニー建設計画は、建設の遅れもあり、1970（昭和45）年11月第1期工事が完了した時点で、建物数25棟、入所定員55名、総工費約26億4千円であった（国立コロニー1982）。その後、1971（昭和46）年4月に開所して以降、定員の増加はなく、地域移行政策の推進に伴い定員は減少している。
(7) 「1957年の活動報告」において、1957（昭和32）年4月下旬に現地視察をはじめ、第1期工事が1958（昭和33）年4月起工、11月に落成、運営が開始された。その後、第2期工事1959（昭和34）年7月完工、第3期工事1961（昭和36）年7月完工と4年以上の期間が費やされている。名張育成園は児童施設と成人施設が併設されているが、それでもこれだけの期間が必要であり、用地確保を含め計画的に進めなけれ

(8) はるな郷は、コロニーと冠した知的障害者を対象とした施設であり、コロニー政策が推進される以前の1958（昭和33）年群馬県に開設された（登丸寿一2009）。
(9) 1963（昭和38）年から1965（昭和40）年に渡り、次のような重症心身障害児・者問題のキャンペーンが展開された。寄付を募る「あゆみの箱」、民間テレビ局の小児マヒ救済キャンペーン番組の「今ぼくは空を見ることができる」、朝日新聞に連載された「おんもに出たい」、山陽新聞に連載された「この子らに愛の手を」などがある。
(10) 小池は、次のように述べている。「コロニー問題をあきらかにしようとするとき、コロニーの構造・職員体制・運営組織・訓練設備などの技術的問題だけをとりあげることは片手おち（原文のまま）であるばかりでなく、重大なあやまりをおかすことになるであろう。コロニーがつくられるのは、それを必要とする社会的背景があるからであり、政策的意図が働いているからである。」
(11) 宮本（1976）は、これまで救貧行政であった福祉施策を市民の要求実現のために市民全体を対象にした福祉政策を「全面福祉政策」と表現している。例えば、東京都では1969（昭和44）年に70歳以上の福祉年金受給高齢者の医療費無料化や国に先駆けて児童手当制度を実施したことである。
(12) 宮本（1976）は、従来は公共施設が強制的に広域的国家的視点で作られてきたのに対して、革新自治体では住民の同意が求められ、コミュニティレベルで公共施設づくりが進められる傾向が出てきたと指摘している。
(13) 黒金泰美は、池田勇人の秘書官グループとして活躍し、1962年（昭和37）第2次池田内閣で内閣官房長官として入閣している。「拝復」の文中にも「総理にかわって、いわば番頭役の私が返事をかく」と、池田の意を汲んだ返信であることを明示している。
(14) 総論の項目は、1社会開発の意味するもの、2社会開発の範囲と内容、3社会開発の推進についてであり、各論には副題として「社会開発の問題と対策」が付されている。そして、各論は、Ⅰ健康増進に関する方策、Ⅱ教育の振興と能力発揮に関する方策、Ⅲ生活の場の改善に関する方策、Ⅳ生産の場の改善に関する方策、Ⅴ社会保障および福祉対策、Ⅵ消費者の保護支援に関する方策の6項目に分けられている。
(15) 社会福祉施設の措置費の構成は、施設運営費の事務費と入所者処遇費の事業費に区分される。さらに事務費は、人件費と管理費に区分され、その多くを占めるのは人件費である。埼玉県による1984年度調査によると、その人件費を運営主体別にみると、いずれの経験年数においても民間施設が一番低く、また、経験年数が2年未満を除くと国家公務員の給与を下回っている（岸田1993）。

【引用・参考文献】

池田内閣（1960）「国民所得倍増計画」
遠藤浩（2014）「国立コロニー開設に至る道のり」独立行政法人国立重度知的障害者総合福祉施設のぞみの園編『国立のぞみの園10周年記念紀要』独立行政法人国立重度知的障害者総合福祉施設のぞみの園、1-36頁
岸田孝史（1993）「社会福祉における費用負担と措置費制度」小川政亮・垣内国光・河合克義編著『社会福祉の利用者負担を考える』ミネルヴァ書房、1-26頁
黒金泰美（1963）「拝復水上勉様─総理にかわり『拝啓池田総理大臣殿』に答える」『中央公論』7、84-89頁
建設省関東地方建設局営繕部（1968）「国立心身障害者コロニー基本計画説明書」
小池清廉（1970）「コロニーに関する資料と解説」『児童精神医学とその近接領域』11（5）、245-251頁
小池清廉（1971）「新コロニー論─リハビリテーションとコロニー」『教育と医学』19（5）、慶応義塾大学出版会、22-28頁
厚生省児童家庭局（1966）「国立心身障害者コロニー設置計画（案）」
国立コロニーのぞみの園田中資料センター編（1982）『わが国精神薄弱施設体系の形成過程─精神薄弱者コロニーをめぐって』特殊法人心身障害者福祉協会
財務総合政策研究所『財政金融統計月報』予算特集号各年次
真田是（1967）「社会開発論批判」『立命館産業社会論集』3、23-60頁
社会開発懇談会（1965）「社会開発懇談会中間報告」
社会福祉法人全日本手をつなぐ育成会編（2001）『社会福祉法人全日本手をつなぐ育成会創立50周年記念誌　手をつなぐ育成会（親の会）50年の歩み』全日本手をつなぐ育成会
心身障害者コロニー懇談会（1965）「心身障害者のためのコロニー設置についての意見」
関口恵美（1998）「施設紹介　心身障害者福祉協会国立コロニーのぞみの園」『筑波大学リハビリテーション研究』7（1）、79-81頁
戸崎敬子（1982）「障害者福祉政策と地域─『コロニー』論から『コミュニティ・ケア』論へ」『季刊障害者問題研究』28、43-54頁
登丸寿一（2009）「当事者中心主義の視点から読み直すコロニー論─日本で最初にコロニーをつくった登丸福寿の理論と実践を通して」『天理大学社会福祉学研究室紀要』11、25-36頁
登丸福寿（1969）「総合施設としてのコロニー」『精神薄弱者問題白書　1969年版』17頁
長野県（2004）「西駒郷基本構想」
西駒郷改築検討委員会（2002）「西駒郷改築に関する提言─ノーマライゼーションの

理念によって利用者を支援するこれからの西駒郷のあり方」
船本淑恵（2015）「知的障害者コロニー政策と地域生活移行に関する一考察――全国のコロニーの動向から」『2014年度関西社会福祉学会年次大会自由研究発表』（花園大学）
三木安正（1970）「心身障害者の人権と福祉の保障」『社会福祉研究』6、65-69頁
水野成夫（1965）「社会開発懇談会の中間報告の経緯と概要」『自治研究』41（10）、3-12頁
水上勉（1963）「拝啓池田総理大臣殿」『中央公論』6、124-134頁
宮本憲一（1976）『社会資本論〔改訂版〕』有斐閣（初版1967年）
村井良太（2013）「『社会開発』論と政党システムの変容――佐藤政権と七〇年安保」『駒澤大学法学部研究紀要』71、1-32頁
矢野隆夫（1967）『心身障害者のためのコロニー論』財団法人日本精神薄弱者愛護協会
矢野隆夫・冨永雅和（1975）『心身障害者のためのコロニー論――その成立と問題点』財団法人日本精神薄弱者愛護協会
山田雄三（1965）「社会保障および福祉対策について」『自治研究』41（10）、13-24頁

9章　機能的で自発的なコミュニケーションの支援を考える
——自閉症児の自立に向けて

門　　道子

1　研究の背景と研究目的

1　自閉症児のコミュニケーション支援の現状

　障害者が地域で生活するということには個人差はあるものの困難を伴う。ことに自閉症の障害をもつ者にとってその困難は大きい。近年バリアフリーの観点から見ると、高齢者や身体障害者への環境の物理的支援は社会に浸透してきたように見える。例えば横断歩道（車道）と歩道との接続部における境界の段差は2cmと規定されていることなどを見ても分かる。このわずかな段差は車椅子の移動が容易であることと、視覚障害者が車道との境界を足や杖で認識しやすいように配慮されたものである。しかし、外見からは判断されにくい、コミュニケーションに障害をもつ自閉症児を取り巻く環境の構造化は、身体障害者に対して行われる物理的な環境への配慮に比べ難しいと考えられている。コミュニケーションの障害は、障害者自身が困難さを訴えない限り、周囲は気づかないからである。

　自閉症の障害特性に沿った支援は、個人と社会との繋がりのなかで行われてこそ意味を持つ。我々は日常の生活の中で他者を意識しながら生きている。多くの自閉症児は他者との相互的なコミュニケーションに何らかの障害を抱えている。たとえそうではあるにしても、障害をもつことを理由に、社会で生活するという経験から排除されてはならない。コミュニケーションに障害をもつ自閉症児にも、この社会で生活するという経験は重要なものである。

　社会と障害者とのあり方を考える際には、ICFの視点（2001年5月、WHO第54回総会において採択）が意義深いと考えている。それは、すべての人間の社会生活上の活動と、それを制約する障害を個人のレベルにとどめず、環境因子と個

人因子の関わりを広い枠組で理解しようとするものである。ICFの環境因子を手がかりにすると、社会参加の基本となるものが、自閉症児と環境とを繋ぐコミュニケーション支援であると言えよう。

また、2013年6月、「障害を理由とする差別の解消の推進に関する法律」いわゆる「障害者差別解消法」が制定され、2016年4月1日から完全施行されたことは耳目に新しい。このことにより、「障害を理由とする差別の解消を推進し、もって全ての国民が、障害の有無によって分け隔てられることなく、相互に人格と個性を尊重し合いながら共生する社会の実現に資することを目的とする」（第1条）という目的の明確さとともに、「行政機関等及び事業者は、社会的障壁の除去の実施についての必要かつ合理的な配慮を的確に行うため、自ら設置する施設の構造の改善及び設備の整備、関係職員に対する研修その他の必要な環境の整備に努めなければならない（第5条）」とした障害者への合理的が義務付けられた。

こうしたことを踏まえれば、自閉症児と環境とを繋ぐコミュニケーション支援が有効でかつ合理的な支援であることは火を見るより明らかである。

2　研究目的

本研究の目的は、PECS(4)のトレーニング方法を3名の自閉症児に実際に使ってもらい、自閉症児へのコミュニケーション支援に有効であることを明らかにすることである。その有効性を当該児童の母親に対するライフストーリー・インタビューの分析を通じて明らかにする。なお、ここでは早期発見の観点から自閉症児について述べているが、PECSは成人にも用いられるトレーニングである。PECSのトレーニング方法の概要は**表1**（156頁）に示している。

2　自閉症研究の変遷とコミュニケーション支援における先行研究

自閉症に関する研究は、1943年のKannerの論文と、続く1944年のAspergerの論文から始まっている。それ以降1960年代までは、Kannerの「早期乳幼児自閉症」論文に基づいて、自閉症は育児の方法の誤りから惹き起こされる心因

的な情緒障害であると考えられてきた。しかし、1968年にRutterによって、それは脳の器質的障害が惹き起こす、言語・認知的障害であるとの知見が示された。ここに、自閉症の中心的な症状である社会的な関係性の欠如やコミュニケーション障害に対して新たな研究の方向性が与えられたのである。

　1972年、Schoplerらによってアメリカ・ノースカロライナ州における、州政府の自閉症支援施策において認められているTEACCHプログラム[5]が確立され、自閉症児・者の教育や生活支援の方法に質的転換が起きた。

　Wing（1976）はAsperger（1944）の論文の症例の再検討を行い、その後「社会的相互交渉の障害」、「コミュニケーションの障害」、「想像力の障害」という自閉症障害の3つの主徴（triad of impairments）、および「その結果としてもたらされる反復的行動パターン」を明らかにした。さらにはAspergerの示した症例に加え、自分の扱った症例の一部にアスペルガー症候群と命名した。のちにWing（1996：92）は、アスペルガー症候群を含めて自閉症を広く捉えるべきであるし、自閉症スペクトラムという概念を用いて、教育および福祉施策において幅広く支援することの必要性を訴えた。このWingの論文を境にして自閉症のコミュニケーション支援において新しい局面を迎えることになる。

　ところが日本においては、精神神経医学および児童精神医学の学会では、1960年代から70年代にかけて平井―牧田論争[6]が起こるなどして混乱していた。自閉症の情緒障害説、心因論からの脱却は遥かに時代を下ってのこととなる。この間の理論の展開および批判については小澤（2007：17）が詳細に述べている。こうした不毛の論争に焦点が当てられ、自閉症の療育、ことにコミュニケーションの重要性について認識されるのは1990年代に入ってのことである。

　自閉症のコミュニケーション支援は、ことばのやり取りの習得のみに留まらず、社会での生活の手がかりをもたらすものである。このような流れのなかで、応用行動分析[7]の理論に則ったトレーニングの方法が確立される。

　応用行動分析（Applied Behavior Analysis＝ABA）は障害者の人権に配慮し、発語を引き出すための訓練に終始するものではない。この点は従来の言語療法とは異なる。また問題行動の原因を障害児・者本人に求めるのではなく、個人と環境の相互作用の中に求めるという発想である。自閉症の障害児を取り巻く

環境における問題点を見極め、環境そのものに変更を加えていくという視点があり、ICFの理念に通じる。

この理論を用いた方法には、Krantz & Clannahn (1993) による「スクリプト・スクリプトフェイディング法」(下平 2009：235)、Bondy & Frost (1990、2001、2004)によるPECS(Picture Exchange Communication System)などが登場してくる。

3 PECSによる機能的で自発的なコミュニケーション・スキルの獲得

本章ではコミュニケーション・スキルの発達が、自閉症児の自立を促すことを述べる。アメリカ・デラウェア州の自閉症教育プログラム（DAP）に採用されているPECSの概要を述べ、機能的で自発的なコミュニケーション・スキル獲得のためのトレーニングの有効性を自閉症児の母親の語りを通して実証する。

1．自閉症児のコミュニケーションの特徴とPECSのトレーニングの有効性

2013年5月、DSM[8]が19年ぶりに改訂され、DSM-5（第5版）となった。これまでのDSM-IV-TR（改訂版第4版）には自閉症の下位概念としてアスペルガー症候群や広汎性発達障害の記載があった。ところが第5版では、下位概念を廃止するとともに広汎性発達障害は自閉症スペクトラムに置き換えた。これはWingが1996年に提示した概念である。さらに、DSM-5では、Wingの3主徴のうち、「社会的相互交渉の障害（対人関係・社会性）」と「コミュニケーションの障害（対人コミュニケーション）」を一括りにし、「想像力の障害」と合せて2つとした。このように、社会性という枠の中でコミュニケーションの障害が捉えられるようになったことは、社会生活や地域における活動を円滑に行うために、コミュニケーションが重要な役割を持つことを改めて認識させられたといえよう。

自分の意思を表出できないと、その結果としてもたらされる二次的な問題行動が増えてくる（Richman 2003）。こうしたことを未然に防ぐためにも自発的で機能的なコミュニケーション・スキルの獲得は重要である。

自閉症児は音声言語よりも視覚支援の方が理解しやすいという特徴を持っている（Richman 2003）。こうした特徴に対して応用行動分析の理論に基づいた

PECSの支援システムはうまく合っているとされている。

　従来のコミュニケーション・トレーニングは、自発ではなく応答の形で行われることが多く、その結果、子どもを指示待ち（プロンプト依存）の状態に陥らせることもあるという欠点があった。また、他のトレーニングではトレーニング開始までに前提スキル（例えば注目する、模倣するなどのスキル）を習得する必要があり、トレーニングの開始時期が遅れるという欠点もあった。しかし、PECSのトレーニング開始には、これらの前提スキルを必要とせず、重度の知的障害をともなう自閉症の子どもにもトレーニングが可能であった。

　このようにPECSのシステムは、自閉症の障害をはじめとするコミュニケーション障害の子どもおよび大人に対して用い、自発的コミュニケーション・スキルを習得させるもので、既存の言語治療法とは全く違う方法のトレーニング・プログラムである。その第1の違いは、最初のトレーニングから自発的(他者の指示によらず自ら進んで)なコミュニケーションをとる方法を教えることにある。第2にトレーニングは機能的なコミュニケーションの形で行われる。第3に自閉症の人にとって不利な音声言語を手段にするのではなく、「絵カード」という視覚的な手段を使ってコミュニケーションを可能にするものである。第4に無誤学習（エラーレス・ラーニング）で進めていくことも特徴である。

　しかしPECSは決して発語を目的とする訓練として用いられるのではなく、自発的コミュニケーション・スキルを習得させるものであり、その目的を明確にしてトレーニングが行われる。先述のようにPECSは応用行動分析の理論に基づいているので、機能的自発的コミュニケーションを教えるために、明確な身体プロンプト、強化、エラー修正法などが全6段階の各トレーニング・フェイズで細かく規定されている（表1参照）。なお、表1はPECSマニュアル（Frost & Bondy 2008）より編集し、PECSのトレーニングの概要も含めて構成した。

　また、PECSの成果について「教育プログラムに参加した5歳以下だった自閉症児で、PECSの使用と言葉の発達との間に強い正の相関関係があることも観察された。PECSを1年間使用した5歳以下の子ども67人の追跡調査では、59％の子どもに自立的な言葉が発達していた…つまり、コミュニケーション様式としては、PECSを使わなくなり、言葉だけを使っていた…また、30％の子ど

表1　PECSの6つのフェイズにおけるトレーニング

フェイズ	目標	内容
準備	好子アセスメント。絵カードとコミュニケーション・ブック作成。	子どもが普段よくほしがる物（食べ物、飲み物、玩具など）やよくしたがる活動のリストを作成、毎回トレーニングの開始前には再アセスメントする。
I	絵カードで要求する。	トレーナーは2人必要、絵カードを1枚だけ机に置く、子どもはコミュニケーション・パートナーが持つ好子に手を伸ばす、プロンプターは絵カードと交換するよう手でプロンプトする、パートナーは好子を与える、言葉ではプロンプトしない、自力で交換できるようになるまで、手でのプロンプトを徐々に最後の方からやめていく。
II	移動し自発性を高める。離れた位置から絵カードを交換しにきて要求する。	子どもとコミュニケーション・パートナー、子どもと絵カードとの距離を徐々に伸ばしていく。好子・人・場面を変えて般化させる。まだ絵カードは1枚だけ使う。絵の区別はできなくてよい。
III	要求に使う絵カードを区別し選択する。	絵カードの数を徐々に増やす。子どもは適切な絵カードを選んで交換する。このフェイズからはトレーナーは1人でよい。
IV	「…ください」という文で要求する。	文カードを用いて文を作る。好子のカードと「ください」カードを文カードに貼って手渡す。
属性	新たな抽象的言語概念を使う。	数、色、形、位置などを指定する絵カードを加えて多語文を作って要求する。
V	「何がほしい？」に文で答える	特定の言葉によるプロンプトや質問に答えることを教える。
VI	応答的なコメントをする。自発的なコメントをする。	「何を持っている？何が見える？何が聞こえる？」などに、適切な文末用絵カード（見える、持っている、聞こえる）を使って答える。対象物の名称を言う。これらの質問と「何がほしい？」とを区別する。自発的にコメントする。
追加トレーニング	各フェイズに並行して種々のスキルを教える。	待つこと、手伝いを要求すること、休憩を要求すること、「はい／いいえ」で答えること、交渉すること、視覚的スケジュールや視覚的強化システムを理解することを教える。

もが、PECSと言葉の両方を使っていた」(Frost & Bondy 2008)との報告がある。

つまり上記の、FrostとBondyによる報告によれば1年間PECSを継続して使用した67人の子どものうち、およそ60人が自発的なコミュニケーション・スキルを獲得したということになる。

FrostとBondyによる報告では対象が5歳以下の幼児であるが、本研究の対象者は12歳から14歳までの児童である。このことは、より広い年齢層にPECSのトレーニングによる効果が認められることを意味する。

2　自立に向けて──他者との関係性と地域での支援の基盤

コミュニケーションは相手を意識し、相互に伝え合うことで成り立つ。対象児の欲しいものを要求する場面を設定することからトレーニングを始めることにより、自閉症児は相手に対してコミュニケーションを自発的に起こそうとするようになる。前述の応用行動分析理論(8)に基づいて効果的に学習することで、機能的で自発的なコミュニケーション・スキルが育ってくる（Richman 2003）。他者との間で相互に伝え、理解できるようなコミュニケーション・スキルを獲得すると、その結果として地域生活にも自発的に関わろうとするようになる事例を筆者は見てきた。

発語がほとんど無く、ことばによるコミュニケーション手段を持たない自閉症児であっても、他者に伝えることのできる機能的な代替言語を自発的に使うことができるようになれば、地域社会との関わりも拡がっていく可能性が増す。

自閉症児にとって自立とは、個人の尊厳が守られ、自分の意思を表現して主体的に生きることである。しかしながら自閉症児が主体的に生きるためには、何らかの支援を必要とするのが前提となる。その支援には自閉症児と他者との機能的な関係性が必須である。地域生活を主体的に送るために必要となるのが、社会的な関係性を支える支援組織の存在である。

発達障害者支援センターや、自閉症に特化した専門的な支援を行うNPO法人も設置されている。これらの機関の医師や看護師、保育士などの専門職によってPECSのコミュニケーション・トレーニングが実践されるようになり成果も出ている。

以下の章ではPECSのコミュニケーション・トレーニングに参加した3組の親子を取り出し、ライフストーリーによる聞き取り調査を行った。

4 研究方法

1 何故ライフストーリー法を活用するのか

桜井（2005）は「ライフストーリー研究とは、調査する一人ひとりがインタビューをとおしてライフストーリーの構築に参与し、それによって語り手や社会現象を理解・解釈する共同作業に従事することである」としたうえで、ライフストーリーについて、以下のように述べている。

> 調査者自身がライフストーリーが生み出される場の一端を担っているのである。語り手の人生や経験とふれあい、それを理解し、解釈するためにはなにが根本的に必要だろうかと問われれば、直接、対面しているもうひとつの生、聞き手であり調査研究をしている「自己」の人生だと答えるほかない。その意味で「自己」はライフストーリー研究の重要なツールにほかならない。（…略）
> またライフストーリーの意味する「ストーリー性」はナラティヴ概念の物語論的な視点と相通じるものである。それをふまえたうえでライフストーリーには、〈いま―ここ〉の語り手と聞き手の相互行為、とりわけインタビュー行為によって生み出されるものであること、「語られること」が「語る」行為と分かちがたくむすびついていることの二点の意味が（…略）通奏低音として流れている。

語り手と聞き手の相互行為によって紡ぎ出されるライフストーリーは、調査者の自己の主観性を超えて出現する。ことばを持たない自閉症児との生活を母親が「語る」ことによって、我が子の尊厳が母親のことばにより明らかにされていく。本研究においてもインタビューの対象者の内面を描きだし、その意味を帰納的に明らかにしていくことができる。

やまだ（2000）はライフストーリー（人生の物語）を次のように定義している。

第1に、「物語」は「2つ以上の出来事をむすびつけて筋立てる行為」と定義される。人生の物語とは、意味づける行為であり、人生経験の組織化である。第2に、人生の

物語は、静態的構造ではなく、物語の語り手と聴き手によって共同生成されるダイナミックなプロセスとしてとらえられる。特に、物語の「語り直し」は、人生に新しい意味を生成する行為として重要だと考えられる。私たちは、過去の出来事を変えることは出来ないが、物語を語り直すことによって、過去の出来事を再構成することが可能になるからである。第3に、「物語としての自己」の概念は、アイデンティティやジェネラティヴィティ（生成世代性）の概念と関連づけられる。人生の物語を語ることは、現世代から、次の世代や未来世代へのコミュニケーションの重要な道具となる。

更にやまだは「ライフ」について、「人生、生涯、生活、いのち、生命、生き方」を意味するとし、ライフストーリー研究を、「日常生活で人びとがライフを生きていく過程、その経験プロセスを物語る行為と、語られた物語についての研究」（やまだ 2000：146）としている。質的研究法による論文の拠りどころは、生きて生活する人びとの人生全体を長い時間軸で捉えようとするところにある。従来の心理学が正面からは扱ってこなかった、生涯（life-span）という時間軸で人間の全体像を捉えようとする試みである。やまだのライフストーリー研究はここに依拠している。

或る一人の人間の「生涯」に亘る研究とは、その人の誕生から死までを扱うことであり、これまでの通念からすれば「誰がそれを見とどけるのか」という壁に阻まれて、研究としては成立しないとされてきた。ライフストーリー研究法が人の生きざまを深く捉えるための研究方法として適していると考えられることから、近年、看護学、社会福祉学をはじめとする障害にかかわる研究領域においても用いられるようになってきた（金子 2007、熊谷 2011、田垣 2004など）。以上のことから、本論文ではライフストーリー法を採用している。

2　調査手続

　この調査はAtkinson "The Life Story Interview" における調査枠組に従い、インタビューのガイドラインとして示されている、後述の13の過程を踏襲した[10]（Atkinson 1998：27）。
　① インタビューの対象者を決定すること

② 目的を決定すること
③ 準備の時間をとること
④ 写真を用意すること
⑤ インタビューの環境を整備すること
⑥ 実際に話を聞くこと
⑦ 自由に語ってもらうこと
⑧ インタビューは通常の会話ではないこと
⑨ インタビューは応答的で柔軟にすること
⑩ 良い導きをすること
⑪ 傾聴すること
⑫ 情緒を表出すること
⑬ 感謝すること

3 調査方法と対象
―3名の自閉症児の母親へのライフストーリー・インタビュー―

3名の自閉症児の母親（A、B、C）と子ども（a、b、c）の属性は**表2**に示している。調査の参加者は、特別支援学校で参与観察の対象とした子どもの母親1名、およびD市とX市で行なわれているPECS研究会に参加している母親2名の合計3名である。PECSを開始してからの期間と使用の場所については**表3**に示している。

4 調査の目的と調査期間

調査の目的はPECSのトレーニングが、知的障害を伴っている発語のない自閉症児・者が、機能的なコミュニケーションを自発的に持つようになるのを促す効果があることを実証することである。実証するにあたっては、母親の語りと生活場面での事例を分析するとともに、自閉症児・者へのコミュニケーション支援のあり方を再検討した。インタビューは2006年3月から2008年10月にかけて各々1～2回、2～3時間行った。

表2 対象者の属性（年齢はインタビュー当時）

母親	母親の年齢	子どもについて	療育手帳
A	30代前半	a 12歳　特別支援学校、最重度知的障害・自閉症（男）出生時にNICUを経験	A
B	40代半ば	b 14歳　普通校特別支援学級、中等度知的障害・自閉症（男）	A
C	50代半ば	c 13歳　特別支援学校、最重度知的障害・自閉症・ダウン症（男）出生時にNICUを経験	A

表3 PECSを開始してからの期間と使用の場所

a	8年間	学校、家庭（地域でも使用できる）
b	2年間	学校、家庭（地域でも使用できる）
c	5年間	学校の授業中（家庭・地域で使用したことがない）

（母親はアルファベット大文字、子どもは小文字で表記した）

5　倫理的配慮

インタビューの対象者に対して、研究内容および発表方法などについて書面により説明し、同意を得た。また、インタビューの文字化に関しては個人が特定できないように配慮した。また、ICレコーダーによる録音および音源の管理についても同意を得た。

6　データの収集と分析

ライフストーリー・インタビューの枠組みに従ってデータを収集した。母親に、子どもの出生から現在までの子育てにおいて、発語のないわが子との生活の中で、心を通わせることができるようになるまでの苦しみや葛藤を中心にエピソードを自由に語ってもらった。インタビュー時のICレコーダーによる録音をデータとして使用した。

分析方法はライフストーリー・インタビュー法の分析において多く用いられる、4つのナラティヴ分析法[11]（Lieblichら　1998：112）のうちの、カテゴリカル・コンテント分析法を参考にして行った。カテゴリカル・コンテント分析法によれば、カテゴリーの生成からストーリーラインの筆耕までは、以下の4つの工程に分けられている（筆者翻訳）。

(1) サブテキストを選択する

図1 カテゴリー間の関連（表4を参照）

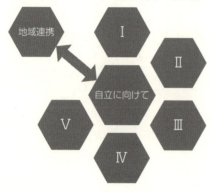

(2) カテゴリーは選択したサブテキストを横断的な視点で俯瞰することから見出す
(3) カテゴリーの中に会話の構成要素（マテリアル）を並べ替えて入れる
(4) 結果から結論を引き出す

本研究でもこの4つの工程を参考にして逐語録を整理したところ、①出生から診断まで、②診断の意義、③診断から障害の受容まで、④精神的な支えと障害の受容、⑤発語のないわが子と心を通わせることができるようになるまでの苦しみや葛藤、⑥音声言語によらないコミュニケーションの重要性、⑦PECSのトレーニングによる機能的で自発的なコミュニケーション・スキルの獲得、⑧社会性の発達、⑨成人期の生活─親なきあとへの見通し、という9つのサブカテゴリーを取り出すことができた。これらのサブカテゴリーと逐語録全体を俯瞰して、「Ⅰ障害の告知とわが子への思い」、「Ⅱ障害の受容」、「Ⅲコミュニケーションの方法の模索」、「Ⅳコミュニケーション・スキルの獲得と生活の質的な変化」、「Ⅴわが子の将来への思い」という5つのカテゴリーを生成することができた。

これらのカテゴリー、サブカテゴリー、コンテントは表4（章末）に示している。また、カテゴリー間の相関関係は図1に示している。

これらの資料の客観性については、演習における研究討議において検討した。

5　結　果

構成要素（マテリアル）を語りの全体から見ると、以下の結果が得られた。
① 自閉症の診断を受けPECSのトレーニングを始めると、機能的で自発的なコミュニケーション・スキルを獲得することができた。
② コミュニケーションの相互性は生活の質的な変化をもたらし、地域での

生活の基盤が広がった。
③　機能的で自発的なコミュニケーション・スキルを獲得すると、自立を促進し生活に質的な変化が起きた。

6　考　察

　考察は表4に挙げた5つのカテゴリーから描かれるストーリーに沿って行った。すなわち自発性を育てることを基本に置き、PECSのトレーニングによる機能的で自発的なコミュニケーション・スキルが獲得されると、コミュニケーションの相互性と生活の質的な変化が自立に向けて起こるというラインに沿って行った。大考察として「親亡き後の自閉症児の生活の見通し」を結論に置いた。
　インタビュー記録からの転記である母親(A)(B)(C)の文章は、できる限り文意を損なわないようにし、会話体で記した。

1　自発性を育てる

　自らことばによって伝える手段を持たない子どもが、何とかして自分の気持ちを他者に伝えようとするとき、問題行動を起こすことがある。他者に伝えることのできる機能的で自発的なコミュニケーションの方法があれば、こうした行動に訴える頻度も激減する（Richman 2003：59, 101）。
　Bは子どもの自発性の低さが明らかになり、そのことの重大さに気づいたと述べている。一日を混乱のないよう安全に過ごすことは療育の基盤ではあるが、主体はあくまでも自閉症の人たちであり、支援者にとってのやり易さではない。ことばによる指示が行動をルーチン化させ、自発性を失わせる。ひとたびルーチンのループが妨げられると混乱をきたし、その場を回避しようとして「問題行動」を惹き起こす事態となってしまう。
　「教室では言葉で息子に予告することで混乱なく過ごしていましたが2年生から加配が外れ、大混乱に陥り二次障害になりました。手掛かりになる先生がいなくなることで、自分がどう行動していいのかわからず、クラスメートや担任の先生を叩いたり蹴ったり嚙んだりして訴えるようになりました(B)」という母親の語りから分かるように、それまでの指導は活動の意味を理解させて、子

どもが自発的に行動できるような方法をとっていなかったことに問題があった。自発性を伸ばすことに配慮せず、指示をすることによって子どもの行動を規定し、知らず知らずのうちに「指示待ち」にしていた。

「学校に子どもを迎えに行くと室内が雑然としていて、地震でもあったのかとあっけにとられていると、部屋中をひっくり返したのは自分の子どもだと聞かされて驚きました。入学してからの1学期間は、学校での便失禁も続きました(C)」というのは、就学前の保育園で習得できていたルーチンが、小学校で生活や習慣が変わったため、活動の意味が理解できず不適応を起こしたのである。PECSのトレーニングを十分に受けておらず、家庭では要求を伝える手段を持たないcは、13歳のインタビュー当時にも、いやなことがあると部屋中に大便をすることがあった。

入学や進級によって子どもの生活の場が変化しても、PECSのように同じやり方で般化し、コミュニケーションの支援ができればこのような混乱は軽減される。

2 PECSのトレーニングによる機能的で自発的なコミュニケーション・スキルの獲得

「PECSはいつでもどこでもだれにでも使える。だから伝わりやすい言葉（カード）を作ります。言い方が悪かったら伝わらないのと一緒。自分達で勝手にaの言葉の範囲を決めるのではなく、言葉を増やして行こうと思う。だからaが使う言葉を探そうと思いました。言葉は暗号であってはいけない、みんなに通じなければ。特定のだれかにしか分からないものではいけないと思います」とAは言う。学校だけでなく家庭生活でも子どもの理解に合わせてPECSを活用している。**表2**で示したようにaは最重度の知的障害をもつ子どもである。

Aは「色や数など属性の理解はaには少し難しいと感じました。ソーセージ+下さいの要求をする時、何本焼くかわからないし数字も読めないのでカードを作り、この上に本物のソーセージを置き聞いています。大抵3本を選びますが、たまに1本を選びます。はじめ私は『うそやろう』と3本焼いてしまいましたが、1本しか食べなかったです。これを2～3回繰り返し、今は選んでくれた本数焼いています」と反省する。

3 コミュニケーションの相互性と生活の質的な変化—自立に向けて

　母と子の間での気持ちのつながりや、機能的で自発的なコミュニケーション・スキルの習得が自閉症児の自立にどのような影響を与えるのであろうか。
　「今もaは発語がほとんどありません。でも今は自信にあふれ生き生きとした目をしてくれています。aが自分の部屋でクッションとタオルケットでごろごろしている姿を、主人と笑顔で遠くから見ていると、気づいて恥ずかしそうに笑いながら走ってきて抱きついてくれます。ずっと人を無視していたaがですよ。aは確実にカードを自分の言葉として使う自信をもち、伝える事が当たり前になっていたのです」というAのことばには、2つの重要なメッセージが込められている。一つは文を表すカードを自分のことばとして使えるようになって自発的に要求ができるようになったということと、もう一つは自分の思いが伝わり、その思いに応えてもらえるという安心感がコミュニケーションの相互性によって芽生え、他者を認識できるようになったということである。
　自閉症児が自分の欲しいものを要求する場面から始める自発的なコミュニケーションのトレーニングは、他者との間で相互に伝え合うことができるスキルとして身につくと、地域での生活にも般化され、自発的に関わろうとするようになる。
　「知らない人にもカードが渡せるようになりました。初めはケンタッキーで、親がプロンプト(12)した訳ではなく、自分から自然に店員さんにカードを渡しました。少しずつではありますが、カードを渡すお店は増えてきました(A)」。
　「客観的に子どものすがたを眺めてみると、息子は伝えたい相手を選んでいるということが分かりました。息子はF事業所（障害児学童のような施設）に時々通っています。14歳の思春期真っただ中にある息子は、施設の女の大学生スタッフさんに『おやつをかいにいきます』とか、『てんぼうだいにいきます』など紙に書いて渡します。カードで、一緒に出かけたい相手を選んで直接手渡し、にこやかに出かけて行きます。その姿を見ていて、年齢相応の当たり前の息子の姿だと思います。息子のような年齢になると、決して好子(13)はお菓子や物だけではなくて、他人からの称賛などの認められたいという気持ちを満足させることや、人だと気づきました(B)」。これらは、コミュニケーションの相互性が生活に質的な変化をもたらしたものということができよう。そのことは自立

への第1歩である。

7 結論——親亡き後の自閉症児の生活の見通し

成人後の子どもの生活への見通しについて、3人の母親はそれぞれ次のように語っている。

「私と主人はいつもaの20年先を見ています。やはり自分で働いてお金を稼ぎ、生活することを目標に。今は家業の陶芸の手伝いをしてもらい、学校から帰ると箸置を毎日2個作ってくれています。仕事の担当を主人に任せ、やりやすいように改善しながら将来の生活に目標を置いて進めています(A)」。「進路や思春期はその時期を迎えてから具体策を考えるのではなくて、その時期を見越して早くから自発的なコミュニケーションの力を身につけるということと、自立を育てる（原文ママ・「自発性を育てる」の意）ことが大切だと思います(B)」。「親はこれから先どんどん歳をとっていきます。行政に望むことは多々あっても、窓口は個別に対応しません。学業期間が終わった後の生活は、本当に不安です。兄や姉に託すという訳にはいきませんから(C)」。

AとBはわが子の将来に対する見通しをつけるためには、自分で生活するために自発性を育てることが最も基本的なことであると表現している。またAとBは、機能的で自発的なコミュニケーション・スキルの発達と自閉症児の自立に主眼を置いたPECSのトレーニングを、子どもの成長の早い時期から、家庭でも学校でも使えるように工夫してきた。「必ず相手の手の中に絵カードを入れさせるというPECSの方法は、最後までコミュニケーション行動が貫徹されることから、相手・人を意識し、目を向けることが増えるのだという点が重要なのです(B)」というように、知らず知らずのうちに、自閉症児が最も不得手とする社会性の領域にも踏み込んでいる。

「aの自信のある所が伸びてくると他も本当に伸びてきます(A)」というのも親子共々の発達を実感させるものである。

これに対しCは親亡き後の不安が大きい。AとBも親亡き後の不安が無い訳ではないが、日々の実践の積み重ねが将来の生活への見通しにつながっている。今後はPECSによって習得したコミュニケーション・スキルを、地域生活

にも般化していくことが課題である。

8　残された課題

　本研究でPECSのトレーニングが知的障害を伴う発語のない自閉症児の、機能的で自発的なコミュニケーションを促すのに有効であることを示した。Howlin（2007）をはじめとする先行研究からも明らかなように、自閉症児・者の支援はライフステージに沿って、生涯にわたり一貫した支援が必要である（Schopler 2003、黒木 2004、Wing 1976、1996など）。一貫した支援が求められているが実現していない現実のなかで、この3人の親子の成長の記録を、ライフステージに沿ってとり続けることに意味があるように思われる。

　紙幅の都合上、PECSのトレーニングについて詳細に述べきれなかったことは否めない。また、インタビューの対象者が3名であることの限界であるが、ライフストーリー法という、個人の内面に寄り添い新たな生き方を探る上での深い語りを聞き取るにはやむを得ない人数であったと思っている。

　「物語の『語り直し』は、人生に新しい意味を生成する行為として重要だと考えられる（やまだ 2000）」というように、インタビューそのものが、障害をもちながらも生きるわが子の尊厳を見出していく親の姿を捉えなおすことにつながったと考えている。2012年8月以降、最初の調査後3年から5年経ったところで順次同じ対象者とのインタビューを継続して、子どもの発達と家族としての変化について話を聞いているところである。

　法制度によって包括されない障害をもつ人たちを、親亡き後に支援していくのは誰であるのか。今まさにこの課題は地域においても教育機関においても取り組むべき課題である。

　始められるところからの手がかりは眼前に厳存する。その一つがPECSのトレーニングであり、これを看過することは、コミュニケーションに障害を持つ自閉症をはじめとするすべての障害者への社会的孤立を深めることに他ならない。

　こうしたことからも、機能的で自発的なコミュニケーション・スキルの発達に主眼を置いたPECSのトレーニングを、自閉症児者の地域支援システムのひとつとして確立することが望まれる。

168　第2部　障害者の自立支援と課題

表4　カテゴリー、サブカテゴリーとコンテントの関連（□はカテゴリー、①〜⑨はサブカテゴリー）

I 障害の告知とわが子への思い	II 障害の受容	III コミュニケーションの方法の模索	IV コミュニケーション・スキルの獲得と生活の質的変化	V わが子の将来への思い
①出生から診断まで aは2000gを切る未熟児で、血小板減少症という病気で、ほとんど血小板がありませんでした。命の保障ができないと言われました。1歳半健診で「自閉症だ」と言われ驚きました。というのも命の保障がないので、なかなかっていう子どものどれくらいが元気に成長できるかっていう子がとても多かったです。(A) 生後4ヶ月頃、抱き上げると必ず体を反らすのが抱きにくい感じがありました。1歳半健診で育児の機嫌を紹介され、精神発達遅滞児といわれました。(B) 生後約1ヶ月で知的障害とダウン症について告知されました。知的障害について告知されたときのどういう形で聞いてくるのだろうか不安でした。(当時産科診断告知は8歳)(C)	③診断から障害の受容まで 主人と相談し、2歳から療育施設に通いました。(A) aは完全に私を無視し、興味がなかったです。私がaその他のお子さんと遊ぶと、一緒になんかができたりして、すごく楽しそうに見えています。(A) ダウン症で知的障害も言われ感覚遊びが始まると、とんでもない事態で、レストランではジュースを床に撒き散らし、床に口をつけてジュースを啜ったりしました。小学生でマジックを雷のから加配児童加配の先生が、言葉での予告をすることで落ち着いて過ごし…2年生からの加配は外れ、大混乱に陥り二次障害になりました。手帳からも手先が不自由になることで、自分がどう行動していいのかわからず、クラスメートや担任の先生を叩いたり脱走したりして訴えるようになってしまい、窓ガラスを割るなど、家庭でもパニックが頻発。(B) 子どもを迎えに行くと、室内が騒然としていて…部屋中をひっくり返しているのに子どもだと視線があわずに驚きました。大学に入学してからの1学期間は、学校の便失禁も続きました。(C)	⑤発語のないわが子とコミュニケーションができるようになるまでの苦しみや葛藤 PECSはいつでもどこでも誰とでも使えます。だから伝わりやすい言葉（カード）を作ります。言い方が悪かったから伝わらないのと一緒、自分達で勝手にaの言葉の範囲を決めるのではなく、言葉を増やして、aが使う言葉を探すように思いました。言葉は暗号であってはいけない、みんなに通じなければいけない、特定の人にしかわからないものではいけない…色々数多くの絵のカードを使って文章を組み立てていることが具体的にその時の状況を使えることに伝えることができるようになり、2語程度の自発語が増えていき、生活の中でいろいろな人と使えるようになりました。フェイズ6では、bの好きなアイドル歌手やキャラクターなどの写真を使って、「何が見える」という声に応答することができるように。携帯電話などでイントロクイズ風にこの曲は何でしょうとダウンロードして、この曲は何でしょうとイントロクイズしています。とても喜んで、親子で楽しめるようになりました。(B) 長男は一人暮らしをするということは多々あってり、お兄ちゃんの所に行くということにないてることが、出かけることが始まることが伝わらずに混乱しました。待つということや理解が困難なようでした。大学に入学してからの1学期間、長い時間か、待つということの理解ができないことの理解が難しかったです。(C)	⑦PECSのトレーニングによる能動的なコミュニケーション・スキルの獲得 私と主人はあと20年先を見ています。自分で働いておこう金を確保する、生活することを目標に、今は木工の陶芸するときも担当してもらい、置物を毎日2個作ってくれています。仕事の手伝いをしてくれています。担当者を主人に任せ、やりやすいように改善しながら将来の生活に目標を置いて進めています。(A)　進路や思春期はその時期を迎えてから具体策を見通して早くから自発的なコミュニケーションの力を身につけるということ、自立を育てることが大切だと思います。(B) 親はこれから先どんどん歳をとっていきます。行政に望むことは多くあって、窓口は個別に対応しませんし、業期が終わった後の生活、本当に不安です。兄弟別の生活には今ません。(C)	⑨成人期の生活一親なきあとの生活見通し

9章　機能的で自発的なコミュニケーションの支援を考える　169

②診断の意義

ショックでした。障害を理解してくれる人も少なく、aから逃げたくなる時は余計自分を責めていました。笑顔でいるためにはどうするのか、どんな方法があるのか具体的に教えてもらわなかったからです (A)

3歳で自閉症の診断が確定してもらの先生どうするのかという見通しはありませんでした (B)

身体的にも認知的にも成長は遅ま……ダウン症なので、夫と毎日のように話しましたが、療育センターに通うようになってからは、この先生方や保護者同士で励ましあったり、情報交換などをしました (B)

相談できる人はあまりいません (C)

④精神的な支えと障害の受容

子育ての困難さを分かち合える人……S先生と学校の担任の先生。そしてもちろん主人です (A)

相談者は現在も過去においてもたくさんいます。障害の告知を受けて受容するまでの期間は、夫から D 市の専門機関の小児科を受診、ダウン症の親子の発達外来に通いました (C)

⑥音声言語によらないコミュニケーションの重要性

aには発語がほぼはありません。どんな食べ物が好きで、何をしたいと思っているのか知りたかったので、家にあるものから選ぶことで伝えてもらい、ここにないものはどうやって伝えるのか分かりません。aが4歳の時にPECSのことを教えてもらうに始めました (A)

PECSを知り、学ぶことによって、これまでの支援のあり方は応答中心のコミュニケーションだけ強化してきたことにあるためと気づきました (B)

必ず相手の手の中に絵カードを入れさせるというPECSの方法は、最後までコミュニケーション行動が貫徹されることから、相手やaを意識し、目向けることが必要であるという点が重要なのです (B)

⑧社会性の発達

今もaは発語がほとんどありません。でも今は自信にあふれ生き生きとした目をしてくれています。aの部屋でクッションとタオルケットでごろごろしている姿を、主人と笑顔で通りかかって見ていると、気づいて恥ずかしそうに笑いながら走ってきて抱きついてくれます。ずっと人を無視していたaが…です。「確実にカードを自分の言葉として使う自信をもち伝える事が当たり前になっているのです。知らない人にもカードを渡せるようになりました。初めてセンターキーに、自然にお店員さんにカードを渡しすお店は増えてきましたが、カードを渡すだけではなくて、(A) bは伝えたい相手を選んでいることが分かりました。bは障害児学童のような施設に通っていますが、14歳の思春期真っただ中の彼は、女の大学生スタッフにおやつを通い渡し「これください」といっていきます。一緒に出かけたい相手を選んで直接手渡していきますし、年齢相応の当たり前の受けとして思います。息子のような年齢になると、好み（こうし）はお菓子や物だけではなくて、他人からの称賛などの認められたいという気持ちを満足させることだ、人だと気づきました。伝えたい相手に向かわせるというPECSの方法は…そのことによって息子は人を信頼するようになったと感じています (B)

【註】
(1) 「歩道における段差及び勾配等に関する基準」(1999年9月10日付建設省都街発第57号・建設省道企発第78号　建設省都市局長・道路局長通達)。
(2) 環境の構造化とは、時間や空間(場所、位置、方角)、人などの認識を助け、見通しがつけられるように手助けすること。駅や道路、公共施設などではワールドデザインの概念が取り入れられ、誰にとっても分かりやすい標識やプレートが設置されるようになってきた。
(3) International Classification of Functioning, Disability, and Health、国際生活機能分類、WHO2001年。ICFは、人間の生活機能と障害について「心身機能・身体構造」「活動」「参加」の3つの次元及び「環境因子」等の影響を及ぼす因子で構成されており、約1,500項目に分類されている。これまでの「ICIDH」が身体機能の障害による生活機能の障害(社会的不利を分類する)という考え方が中心であったのに対し、ICFは環境因子という観点を加え、バリアフリー等の環境を評価できるように構成されている。
(4) Picture Exchange Communication System (PECS) は、アメリカのデラウェア州自閉症教育プログラムに位置づけられているもので、心理学博士のAndrew Bondyと言語療法士のLori Frostとが1990年に開発した『絵カード交換式コミュニケーション・システム』のことである。
(5) Treatment and Education of Autistic and related Communication-handicapped CHildren (自閉症とその関連する領域にあるコミュニケーション障害の子どもたちの治療と教育プログラム)の略。
(6) 平井はAsperger の学説を、牧田はKannerの学説を踏襲し、自閉症そのものについての論争ではなく互いに譲らない不毛の論争であった。
(7) 応用行動分析学(ABA)は、望ましい行動を教え、強化するために環境を系統的に操作しながら、困った行動に対処し、適切な行動の獲得を支援していく。また、障害児教育の他にも、普通教育、企業での教育、医療・介護、スポーツ、交通安全など、幅広い分野で研究と実践が行われ、その実践的な効果が認識されている。発達障害を持った子どもにコミュニケーションを教えるのに、もはや行動分析学の考え方はなくてはならないものとされている。そしてこれはB. F. スキナーによって科学的に証明された原理に従っている(Richman 2003)。
(8) 米国精神医学会の診断統計マニュアル。
(9) 参与観察において確認した。
(10) 翻訳は筆者による。
(11) 4つのナラティヴ分析法(Holistic-Content Analysis, Holistic Analysis of Form, Categorical-Content Analysis, Categorical-Form Analysis)のうちの一つである。

⑿　指示すること。
⒀　行為の自発性を動機づけるもの。

【引用・参考文献】
〈邦文文献〉
アメリカ精神医学会　The Diagnostic and Statistical Manual of Mental Disorders DSM-IV-TR（2000）『精神障害の分類と診断の手引き』医学書院
アメリカ精神医学会DSM-5（2014）『精神疾患の診断・統計マニュアル』医学書院
小澤勲（2007）『自閉症とは何か』洋泉社　第1章、第2章、17-143頁
金子絵里乃（2007）「小児がんで子どもをなくした母親の悲嘆過程―「語り」からみるセルフヘルプ・グループ／サポート・グループへの参加の意味」『社会福祉学』47（4）、97-102頁
熊谷忠和（2011）「当事者視点を基盤にしたソーシャルワーク援助に関する試論―ハンセン病当事者のライフストーリーからの学びを通して」『川崎医療福祉学会誌』21（1）、11-28頁
黒木八惠子（2004）「自閉症児の社会生活を支援するサポートシステム―TEACCHモデルを手がかりに」『北九州市立大学大学院紀要』No.18（2004/11）371-395頁
桜井厚（2005）「はじめに」桜井厚、小林多寿子編著『ライフストーリー・インタビュー―質的研究入門』せりか書房、7-9頁
Schopler, E.（2003）田川元康監訳『自閉症への親の支援　TEACCH入門』黎明書房
下平弥生（2009）「自閉症のコミュニケーション指導法に関する研究―スクリプト・スクリプトフェインディング法による自発的会話スキル促進」『岩手大学教育学部付属教育実践総合センター研究紀要』第8号、235-244頁
田垣正晋（2004）「中途障害者を理解する方法としてのライフストーリー研究の意義」『ソーシャルワーク研究』30（3）、200-207頁
やまだようこ（2000）「展望　人生を物語ることの意味―なぜライフストーリー研究か？」『教育心理学年報』第39集、146-161頁

〈欧文文献〉
Asperger, H.（1944）'Die autistihen psychopathern im kindesalter' *Archiv für Psychiatrie und Nervenkrankheiten,* 117, 76-136.
Atkinson,R.（1998）"The life story interview" SAGE Publications Ltd. pp.27-36.
Bondy & Frost（2001）"The picture exchange communication system" *Behavior Modification,* 25, 725-744.
Frost, L. & Bondy, A.（2002）Picture Exchange Communication System Training

Manual. 2 nd edition. Pyramid Education Products Inc.
『絵カード交換式コミュニケーション・システム　トレーニング・マニュアル（第2版）』ASD　ヴィレッジ出版（2008）301頁
Howlin, P. et al. (2007) "The effectiveness of Picture Exchange Communication System (PECS) training for teachers of children with autism: a pragmatic, group randomised controlled trial" Journal of Child Psychology and Psychiatry 48: 5, pp. 473-481.
Kanner, L. (1943) 'Autistic disturbances of affective contact' Nervous Child, 2, 217-250.
Krantz & McClannahan, (1993) 'Teaching children with autism to initiate to peers: Effect of a script-fading procedure. Journal of Applied Analysis, 26, pp.121-132.
Lieblich, A., et al. (1998) "NARRATIVE RESERARCH- Reading,Analysis, and Interpretation" SAGE Publications Ltd. 112-139.
Richman, S., (2003)『自閉症へのABA入門　親と教師のためのガイド』東京書籍、7-12、18、21-37、59-75、101頁
Rutter, M., (1968) "Concepts of autism: a review of research" Journal of Child Psychology and Psychiatry, 9.1-25.
Schopler, E., Reichler, R., (1976) "Psychopathology and Child Development: Research and Treatment" New York: Plenum Press.
Wing, L., (1976) Early Childhood Autism: Clinical, Educational and Social Aspects Second Edition, London Pergamon Press Ltd.
Wing, L. (1996) "The Autistic Spectrum ─A guide for parents and professionals" Constable & Robinson, London. pp.92-93.

第３部

高齢者福祉の論点と課題

10章 「高齢者福祉」教育の現状と課題
―― 日本社会福祉教育学校連盟会員校のシラバス分析を中心に

權　　順浩

1　はじめに

　いま、われわれの社会は、少子高齢化問題をはじめ、人権問題、差別問題、貧困問題、所得問題、就労問題、介護問題、治安問題等々、さまざまな問題を抱えている。これらの問題は、われわれの生活に直面する生活問題としてあらわれている。こうした生活問題に対して、専門的かつ包括的に対応し、支援を行う専門職の一つが社会福祉士であろう。

　社会福祉士は、社会福祉専門職の一つとして「社会福祉士及び介護福祉士法」（1987年制定）の第2条によると、「専門的知識及び技術をもって、身体上若しくは精神上の障害があること又は環境上の理由により日常生活を営むのに支障がある者の福祉に関する相談に応じ、助言、指導、福祉サービスを提供する者又は医師その他の保健医療サービスを提供する者その他の関係者との連絡及び調整その他の援助を行うことを業とする者をいう」と定義している。つまり、社会福祉士は、何らか生活問題を抱えている者（当事者）の問題を改善・解決するためのあらゆる援助活動を業とする者といえる。

　社会福祉士が社会福祉専門職として援助活動を円滑に行うためには、①「当事者の特徴に関する理解」、②「当事者が抱えている生活問題に対する理解」、③「支援策に対する理解」が重要である。これらが三位一体となって、歯車のように嚙み合って回るためには、それに相当する専門的な知識や技術、価値、思想等が学習できる専門的かつ体系的教育が必要であり、それが社会福祉士養成教育である。

　特に、さらなる社会福祉士の専門的な実践力を向上するため、社会福祉士養成教育は2009年より「社会福祉を取り巻く環境の変化とともに、ニーズの多様

化かつ重層化等にこたえられる実践力の高い社会福祉士養成[1]」という目的で大きく見直しされた。

したがって、本稿では、社会福祉教育において実践力の高い社会福祉士養成がなされているのかどうかを検討していきたい。特に、近年、高齢者人口の増加に伴って、高齢者にかかわる介護問題や、貧困問題、社会的孤立、所得問題、孤独死、犯罪、自殺、就労問題、社会参加等、さまざまな問題が生じ、社会問題にもなっている（高齢社会白書 2017）高齢者問題に着目し、これらの問題に対して社会福祉教育現場では、実践力の高い社会福祉士養成のため、どのような高齢者福祉教育を行っているのか、①「当事者理解」、②「ニーズや生活問題への理解」、③「支援策」の３つの観点から現状と課題を実証的に検討していきたい。

2　研究方法

1　調査対象及び方法

調査は、日本社会福祉教育学校連盟の正会員147校のうち、教育内容（シラバス）へのアクセスがしにくい専門学校と短期大学を除いて、４年制大学133校（通学部のみ）のみを対象にした。調査期間は、2016年１月１日から同年１月５日まで５日間にわたって行った。

調査方法としては、各大学のホームページを用いて社会福祉士養成にかかわる「2015年度高齢者福祉シラバス」を分析単位として調べた。その結果、調査対象133校のうち、シラバスの確認ができたのは112校であった。確認ができなかった21校では、シラバスをホームページに公開しないか、あるいは該当校の関係者のみに公開していた。

分析には、シラバスの確認ができた112校のうち、講義回数が不明確であった２校を除いて110校のシラバスを用いた。なお、大学によって、高齢者福祉論という科目が複数開講されている場合もあった。その場合、担当教員の専門分野と業績を調べ、社会福祉学、高齢者福祉に関する業績から恣意的にシラバスを選択し、分析に用いた。

2　分析項目

　分析項目は、基礎資料である分析対象110校から収集したシラバスをMicrosoft Excel 2013を用いて整理を行い、それを基にして再構成した。再構成にあたって、各々の大学が使用しているテキストを参考にしつつ、変数にした。その基準は以下のようである。

　(1)　**基本属性の項目**　　分析項目の基本属性は、履修単位や科目名、使用テキスト等で構成した。

　(ⅰ)　履修単位　　履修単位は、「2単位」と「4単位」の2つの変数に分類した。2009年社会福祉士養成課程における教育内容の見直し（以下、「2009年見直し」と略す。）により高齢者福祉教育は、従来の高齢者福祉と介護概論が一つの科目になった。それに伴って履修単位も、2単位から4単位に変更される。しかし、大学によっては、従来通りに2つの科目に分けて2単位ずつ高齢者福祉教育を行っている校もある。したがって、この項目は、履修単位による高齢者福祉教育の違いがあるのかを調べるためである。

　(ⅱ)　科目名　　科目名は、高齢者福祉教育がどのような科目名で行われているのかを調べるための項目として、「高齢者福祉論」や「老人福祉論」、「高齢者に対する支援と介護保険制度」、「その他」の4つの変数とした。高齢者福祉教育は、「2009年見直し」により「高齢者に対する支援と介護保険制度」という科目名になったが、大学によっては、それ以外にも「高齢者福祉論」や「老人福祉論」、「高齢者福祉と介護福祉」、「高齢者福祉サービス論」、「高齢者福祉と介護」といった多様な科目名で行われている。特に、「高齢者福祉論」や「老人福祉論」、「高齢者に対する支援と介護保険制度」という科目名で講義を行っている校が多かったことから、上記の3つの科目名を各々1つの変数とした。一方、「高齢者福祉と介護福祉」、「高齢者福祉サービス論」、「高齢者福祉と介護」という科目名で教育を行われている校は、科目名ごとに1校ずつであったことから「その他」とまとめて分類し、4つに分類した。

　(ⅲ)　使用テキスト　　使用テキストは、高齢者福祉教育を行うにあたってどのような教材が使われているのかを調べるために設けた項目である。調べた結果、高齢者福祉教育のために使われているテキストは、次の14の教材であっ

た。
① 社会福祉士養成講座編『高齢者に対する支援と介護保険制度』中央法規
② 岩田正美・大橋謙策・白澤政和監修、岡田進一・橋本正明編『MINERUVA社会福祉士養成テキストブック 高齢者に対する支援と介護保険制度』ミネルヴァ書房
③ 矢部広明・宮島直丈編『社会福祉士シリーズ 高齢者に対する支援と介護保険制度』弘文堂
④ 社会福祉学習双書編集委員会編『老人福祉論 高齢者に対する支援と介護保険制度』全国社会福祉協議会
⑤ 石田一紀編『新エッセンシャル 老人福祉論 高齢者に対する支援と介護保険制度』(株)みらい
⑥ 黒田研二・清水弥生・佐瀬美恵子編『高齢者福祉 概説』明石書店
⑦ 大塩まゆみ・奥西栄介編『高齢者福祉』ミネルヴァ書房
⑧ 杉本敏夫・橋本有理子編『学びを追究する 高齢者福祉』保育出版社
⑨ 笠原幸子著『高齢者に対する支援と介護保険制度』ミネルヴァ書房
⑩ 藤井賢一郎監修『介護保険制度とは…——制度を理解するために』東京都社会福祉協議会
⑪ 永和良之助編『高齢者福祉論』高菅出版
⑫ 馬場茂樹・和田光一編『シリーズ福祉のすすめ 現代高齢者福祉のすすめ』学文社
⑬ 杉本敏夫・家髙将明編『新・はじめて学ぶ社会福祉 高齢者福祉論』ミネルヴァ書房
⑭ 三好明夫・西尾孝司編『シリーズ社会福祉の探究 高齢者福祉学 介護福祉士・社会福祉士の専門性の探究』学文社

上記の教材のうち、最も多く使用されている上位5位をみると、1位は①であり、2位は②、3位は⑤、4位は④、5位は③であった。これを基にして、「社会福祉士養成教材テキスト（中央法規）」、「社会福祉士養成教材テキスト（その他）」、「特定テキスト」、「テキストなし」の4の変数値に分類した。最も多く使用されている①の中央法規のテキストを「社会福祉士養成教材テキスト（中

央法規)」とし、上位2位から5位までを「社会福祉士養成教材テキスト（その他)」の変数値とした。そして、上位5位に入らなかった教材を「特定テキスト」とした。

(2) **教育内容**　教育内容は、シラバスと各大学で使用しているテキストを参考にして、「老いに対する理解」、「高齢期の生活問題」、「高齢者の生活支援」、「海外の動向」、「歴史」、「介護保険制度」、「その他」に分類し、以下のように構成した。

(i)　老いに対する理解　この項目は、老いを理解するための内容が高齢者福祉教育の中にどれくらい含まれているのかを調べるためのものとして、①知的特徴、②身体的特徴、③精神的特徴、④心理的特徴、⑤社会的特徴の5つに分けた。それぞれの内容は、①は、高齢者の知的機能の変化、②は身体（生理）的機能と運動能力等、③は精神的機能の変化等、④は性格や心等心理的変化等、⑤は生活の変化や高齢者に対する認識等である。

(ii)　高齢期の生活問題　この項目は、高齢者福祉教育において高齢者のどのようなニーズや生活問題を取り上げ、どれくらいの時間を割り当てているのかを調べるためのものである。項目は、①高齢社会、②所得問題、③就労問題、④介護問題、⑤住宅問題、⑥健康問題、⑦社会参加（生きがい）、⑧家族関係、⑨人権問題、と構成した。①は高齢化問題に関する内容、②・③・⑤・⑦は、それぞれの内容がシラバスに書き込まれていなくても、「高齢社会対策基本法」または「高齢社会対策大綱」に関する内容がシラバスに盛り込まれている場合、講義を行っているとみなした。

(iii)　高齢者の生活支援　高齢者の生活支援は、高齢者のニーズや生活問題に対してどのような支援が高齢者福祉教育で行われているのかを調べるための項目として、①高齢者福祉支援、②介護保険関連支援、③介護方法、④所得保障、⑤就労支援、⑥保健医療、⑦教育支援、⑧住宅支援、⑨専門職の役割、⑩関連法規で構成した。各々の項目の具体的な内容をみると、①は、権利擁護や孤立、社会参加、老人福祉法、高齢者虐待防止法等、②は、介護保険制度に関する内容をはじめとして、介護にかかわるネットワークや地域包括ケア、介護サービスの質、ケアマネジメント等の内容、③は、介護過程や認知症ケア、終

末期ケア、介護各論等、介護支援に関する内容、④は、公的扶助と年金、高齢社会対策基本法、⑤・⑦は高齢社会対策基本法、⑥は保健医療制度、⑧は住環境や住宅関連法律、⑨は社会福祉専門職の倫理や役割、⑩は老人福祉をはじめ、介護保険法、生活保護法、高齢者虐待防止法、医療保険制度等、高齢者にかかわる法律である。

(iv) 海外の動向（海外の高齢者福祉の動向）
(v) 歴史（高齢者福祉の歴史や形成過程）
(vi) **介護保険制度**　介護保険制度に関する内容として、上記(iii)の③の項目から介護保険制度のみを分類した項目である。
(vii) その他（オリエンテーション、まとめ等）

(3)　**分析方法**　分析は、シラバスに書かれてある内容（キーワード）と講義回数、使用テキスト内容をもとにして、コマ数で概算して計量化した。コマ数の計量化は、1/4コマ、1/2コマ、1コマ、2コマ…、というふうにした。その上で、教育内容の割当時間によって再構成した。

コマ数計算は次のようである。

1/4コマは、1回の講義内容に4つ以上の複数のキーワードのうち、一つがある場合、あるいは、シラバスには詳しく書かれていないが、使用テキストを通して該当内容が複数の内容の中で一つの内容として確認できた場合である。例えば、シラバスの講義内容が「高齢者の生活実態（世帯構成、介護、就労、健康等）」となっている場合、この講義内容には、①世帯構成、②介護、③就労、④健康の4つのキーワードが入っており、各々のキーワードは1コマの講義の中ですべて行っているとみなし、1コマを均等に割り、1/4と概算した。5つ以上のキーワードにおいても同じように取り扱った。ただ、シラバスには1つのキーワードしかないが、講義の内容からいくつかのキーワードが推測できるものについては、キーワードの数に沿って概算した。例えば、「高齢社会対策基本法」は1つのキーワードであるが、その内容には、就業、年金、医療、社会参加、教育等、4つ以上のキーワードが入っているので、それぞれのキーワードを1/4コマと概算した。

1/2コマは、1回の講義内容において、2つのキーワードのうち、1つで

ある場合である。例えば、シラバスに「高齢者虐待や地域移行・就労の実態」と示された場合である。

1コマは、シラバスに1回分の講義内容として該当内容が明確に示されている場合のみとした。

分析は、SPSS Statistics Ver.23を用いて、度数分析とt検定で行った。

3　調査結果

1　高齢者福祉教育の属性

高齢者福祉教育の属性は、表1のようである。まず、社会福祉士養成課程における高齢者福祉教育の科目名は、「高齢者福祉論」が全体の65.5%（72校）で最も多く、次に「老人福祉論」（18校、16.4%）、「高齢者に対する支援と介護保険制度」（17校、15.5%）の順である。そして、履修単位は、4単位の校（73校、66.4%）が、2単位としている校（37校、33.6%）よりも多い。

次に、高齢者福祉教育の際は、全体の80%（88校）がテキストを指定して行われており、あとの20%（22校）は「テキストなし」で資料やレジュメ等を用いて行われている。高齢者福祉教育には、さまざまなテキストが使われているが、そのなかでも中央法規の社会福祉士養成テキストは、他の出版社から出された社会福祉士養成テキストに比べて圧倒的に多い（44校、40%）。

2　高齢者福祉教育の内容の割合

シラバスの内容を「老いに対する理解」、「高齢期の生活問題」、「介護にかかわる内容」、「生活問題（介護以外）」、「高齢者福祉の歴史」、「海外の動向」、「その他」に分けて、各々が高齢者福祉教育の全体に占める割合をみると、表2のようである。

高齢者福祉教育におけるそれぞれの教育内容の平均割合は、「介護にかかわる内容」が51.7%で最も高く、次に「生活支援（介護以外）」が16.8%で高く占めている。次いで、「高齢期の生活問題」が11.8%、「老いに対する理解」が6.9%、「その他」が6.4%、「高齢者福祉の歴史」が5.9%、「海外の動向」が0.5%の順である。ちなみに、「介護保険制度」に関する内容は、高齢者福祉教育の全体に

表1 高齢者福祉教育の属性

N=110

		N	%
科目名	高齢者福祉論	72	65.5
	老人福祉論	18	16.4
	高齢者に対する支援と介護保険制度	17	15.5
	その他	3	2.7
履修単位	2単位	37	33.6
	4単位	73	66.4
テキスト	社会福祉士養成テキスト（中央法規）	44	40.0
	社会福祉士養成テキスト（その他）	27	24.5
	特定テキスト	17	15.5
	テキストなし	22	20.0

おいて25.4%を占めている。つまり、高齢者教育の半分以上が介護にかかわる内容であり、そのなかの約半分が介護保険制度に関する内容で行われている。

　教育内容別に占める割合をみると、まず「老いに対する理解」は、高齢者福祉教育のなかに盛り込んでいる校が76校（69.1%）もあり、比較的多いが、全く盛り込んでいない校も34校（30.9%）ある。盛り込んでいる校のなかで、長崎ウエスレヤン大学は「老いに対する理解」が高齢者福祉教育の全体の43.3%を占め、他の大学に比べて非常に高い。しかし、殆どの大学では、「10%未満」（44校、40.0%）を占めている。

　次に、「高齢期の生活問題」は、シラバスに全く盛り込まれていない校が3校（東京成徳大学、九州看護福祉大学、目白大学）しかなく、殆どの大学ではシラバスに盛り込まれていた。しかし、その大半は、「10%未満」（44校、40%）と「10%以上20%未満」（43校、39.1%）である。「30%以上」を占めている校は4校しかなく、そのなかでも立命館大学は最も高い60.0%を占め、高齢者福祉教育の半分以上を高齢者の生活問題に時間を割り当てている。

表2 高齢者福祉における教育内容の割合

N＝110

		N（％）	平　均	最高値
老いに対する理解	なし 10％未満 10％以上20％未満 20％以上30％未満 30％以上	34 （30.9） 44 （40.0） 21 （19.1） 9 （8.2） 2 （1.8）	6.9％	43.3％
高齢期の生活問題	なし 10％未満 10％以上20％未満 20％以上30％未満 30％以上	3 （2.7） 44 （40.0） 43 （39.1） 16 （14.5） 4 （3.6）	11.8％	60.0％
介護にかかわる内容	なし 30％未満 30％以上40％未満 40％以上50％未満 50％以上60％未満 60％以上	1 （.8） 10 （9.1） 9 （8.2） 18 （16.4） 31 （28.2） 41 （37.3）	51.7％	80.0％
生活支援（介護以外）	なし 10％未満 10％以上20％未満 20％以上30％未満 30％以上	5 （4.5） 10 （9.1） 57 （51.8） 24 （21.8） 14 （12.7）	16.8％	53.3％
高齢者福祉の歴史	なし 5％未満 5％以上10％未満 10％以上	16 （14.5） 28 （25.5） 50 （45.5） 16 （14.5）	5.9％	33.3％
海外の動向	なし 5％未満 5％以上10％未満 10％以上	101 （91.8） 3 （2.7） 5 （4.5） 1 （.9）	.5％	13.3
その他	なし 5％未満 5％以上10％未満 10％以上	27 （24.5） 9 （8.2） 40 （36.4） 34 （30.9）	6.4％	16.7％
介護保険制度	なし 10％未満 10％以上20％未満 20％以上30％未満 30％以上40％未満 40％以上	3 （2.7） 5 （4.5） 24 （21.8） 44 （40.0） 22 （20.0） 12 （10.9）	25.4％	66.7％

「介護にかかわる内容」は、大阪体育大学を除いたすべての大学のシラバスに盛り込まれており、他の教育内容に比べて非常に割合が高い。割合別にみると、「60％以上」を占めている校が41校（37.3％）で最も多く、次に「50％以上60％未満」が31校（28.2％）で多い。続いて、「40％以上50％未満」が18校（16.4％）、「30％未満」が10校（9.1％）、「30％以上40％未満」が9校（8.2％）の順である。つまり、日本社会福祉教育学校連盟4年制大学の約2/3が高齢者福祉教育において半分以上の割合を「介護にかかわる内容」に編成していた。なかでも、川崎医療福祉大学と敬和学園大学、関東学院大学の3校は、80.0％にも及んでいた。

「介護にかかわる内容」のなかから「介護保険制度」に関する内容のみを取り出し、「介護保険制度」が占める割合をみると、「20％以上30％未満」が44校（40.0％）と最も多く、次に「10％以上20％未満」が24校（21.8％）で多い。続いて、「30％以上40％未満」が22校（20.0％）、「40％以上」が12校（10.9％）の順である。40％以上の12校のうち、7校が50％以上を占めており、なかでも関東学院大学は66.7％と最も高い。一方、大阪体育大学と立命館大学[2]、同朋大学は介護保険制度に関する内容がシラバスのなかに全く取り入れていない。

そして、介護以外の「高齢者の生活支援」が占める割合は、「10％以上20％未満」が57校（51.8％）で最も多く、次に「20％以上30％未満」が24校（21.8％）で多い。なかでも大正大学が53.3％の割合を占め、最も高い。

次いで、「高齢者福祉の歴史」は、取り組んでいる校が多いが、全体的な割合は高くなく、それに、全く取り組んでいない校も16校ある。これらに比べ、四国学院大学は最も高い33.3％を占めている。最後に、「海外の動向」は、取り組んでいる校（9校）よりも、取り組んでいない校（101校、91.8％）の方がはるかに多い。取り組んでいる校のうち、同朋大学が13.3％と最も高い。

3　履修単位別による高齢者福祉教育の内容の差

履修単位による高齢者福祉教育の内容の差をみると、表3のようである。履修単位による構成割合の平均値の差をみると、「高齢期の生活問題」や「生活支援（介護以外）」、「高齢者福祉の歴史」、「海外の動向」、「介護保険制度」の教

表3　単位別による高齢者福祉教育の内容の差

N = 110

単位		度数	平均値	標準偏差	t値
老いに対する理解	2単位 4単位	37 73	6.8 6.9	8.049 7.980	−.030
高齢期の生活問題	2単位 4単位	37 73	15.0 10.3	11.590 6.172	2.782**
介護にかかわる内容	2単位 4単位	37 73	44.3 55.5	19.066 13.092	−3.602**
生活支援(介護以外)	2単位 4単位	37 73	20.3 15.0	12.432 7.748	2.730**
高齢者福祉の歴史	2単位 4単位	37 73	6.8 5.4	5.957 3.737	1.233
海外の動向	2単位 4単位	37 73	1.3 0.1	3.078 0.666	2.997**
その他	2単位 4単位	37 73	5.6 6.8	4.847 4.562	−1.270
介護保険制度	2単位 4単位	37 73	25.9 25.1	17.341 10.033	.336

**$p<0.01$

育内容は、2単位の方が4単位よりも平均値が高い。しかし、統計的に有意な差は、「高齢期の生活問題」と「生活支援（介護以外）」、「海外の動向」のみである。つまり、これらの教育内容においては、2単位の方が4単位よりも、限られた教育時間の中でもさらに割り当てているといえる。一方、「老いに対する理解」と「介護にかかわる内容」は、4単位の方が2単位よりも平均値が高いが、統計的に有意差は、「介護にかかわる内容」のみである。それは、4単位の教育内容に介護保険制度以外の介護方法に関する内容が加わっているからである。

要するに、「老いに対する理解」と「介護保険制度」、「高齢者福祉の歴史」は、履修単位に影響を受けず、2単位でも4単位でも同じような割合で高齢者福祉教育が行われているといえる。そして2単位と4単位の構成割合を比べてみると、単位による教育内容の構成比の差はなく、似たような傾向がみられている。

4　高齢者福祉教育の内容別割当時間

(1)　「老いに対する理解」の割当時間　　「老いに対する理解」を、高齢者の

表4　老いに対する理解の割当時間

N = 110

		N（％）	平均	最高値
知的特徴	なし	36 (32.7)	.25コマ	1コマ
	1/4コマ	46 (41.8)		
	1/2コマ	24 (21.8)		
	1コマ以上	4 (3.6)		
精神的特徴	なし	34 (30.9)	.28コマ	1コマ
	1/4コマ	43 (39.1)		
	1/2コマ	26 (23.6)		
	1コマ以上	7 (6.4)		
心理的特徴	なし	35 (31.8)	.28コマ	3コマ
	1/4コマ	47 (42.7)		
	1/2コマ	21 (19.1)		
	1コマ以上	7 (6.4)		
身体的特徴	なし	34 (30.9)	.34コマ	2コマ
	1/4コマ	42 (38.2)		
	1/2コマ	17 (15.5)		
	1コマ以上	17 (15.5)		
社会的特徴	なし	35 (31.8)	.42コマ	8コマ
	1/4コマ	34 (30.9)		
	1/2コマ	23 (20.9)		
	1コマ以上	18 (16.4)		

「知的特徴」、「心理的特徴」、「精神的特徴」、「身体的特徴」、「社会的特徴」の5つに分け、それぞれの割当時間をみると、**表4**のようである。

まず、平均割当時間は、「社会的特徴」が.42コマで最も多く、次に「身体的特徴」が、.34コマで多かった。続いて、「心理的特徴」と「精神的特徴」が各々.28コマずつであり、「知的特徴」が.25コマと最も少ない。つまり、高齢者福祉教育では、他の特徴に比べて「社会的特徴」に多くの時間を割り当てているといえる。特に長崎ウエスレヤン大学は、30コマの講義のなかで、8コマも社会的特徴に時間を割り当てている。

しかし、各々の特徴において、3割以上の校が高齢者を理解するための時間を割り当てておらず、さらに割り当てていても1/4コマにとどまっている校が多い。1コマ以上の時間を割り当てている校はわずかである。

(2) 「高齢期の生活問題」に対する教育時間の割当　　高齢者福祉教育における高齢者の生活問題として、「所得問題」や、「就労問題」、「住宅問題」、「介護問題」、「健康問題」、「社会参加」、「家族関係」、「人権問題」等をとりあげており、それぞれの割当時間は、**表5**のようである。

まず、平均割当時間をみると、「人権問題」は1.25コマとして、生活問題の中で唯一1コマを越えている。人権問題を除いたすべての教育内容における生活問題は1コマ未満である。「住宅問題」が.67コマ、「介護問題」が.56コマ、「家族関係」が.39コマ、「社会参加」が.32コマ、「就労支援」が.31コマである。

10章 「高齢者福祉」教育の現状と課題

表5　高齢期の生活問題に対する教育時間の割当

N＝110

		N（%）	平均	最高値			N（%）	平均	最高値
所得問題	なし	5 (4.5)	.42コマ	7コマ	健康問題	なし	2 (1.8)	.37コマ	4コマ
	1/4コマ	76 (69.1)				1/4コマ	91 (82.7)		
	1/2コマ	18 (16.4)				1/2コマ	9 (8.2)		
	1コマ以上	11 (10.0)				1コマ以上	8 (7.3)		
就労問題	なし	7 (6.4)	.31コマ	1コマ	社会参加	なし	11 (10.0)	.32コマ	1.5コマ
	1/4コマ	78 (70.9)				1/4コマ	78 (70.9)		
	1/2コマ	22 (20.0)				1/2コマ	12 (10.9)		
	1コマ以上	3 (2.7)				1コマ以上	9 (8.2)		
住宅問題	なし	18 (16.4)	.67コマ	3コマ	家族関係	なし	6 (5.5)	.39コマ	2コマ
	1/4コマ	33 (30.0)				1/4コマ	71 (64.5)		
	1/2コマ	17 (15.5)				1/2コマ	18 (16.4)		
	1コマ以上	42 (38.2)				1コマ以上	15 (13.6)		
介護問題	なし	2 (1.8)	.56コマ	2コマ	人権問題	なし	12 (10.9)	1.25コマ	8コマ
	1/4コマ	64 (58.2)				1/4コマ	17 (15.5)		
	1/2コマ	14 (12.7)				1/2コマ	9 (8.2)		
	1コマ以上	30 (27.3)				1コマ以上	72 (65.5)		

　これらの生活問題に取り組んでいない校は多くないが、「健康問題」(91校、82.7%) をはじめ、「就労支援」(78校、70.9%) や「社会参加」(78校、70.9%)、「所得問題」(76校、69.1%)、「家族問題」(71校、64.5%) は、高齢者福祉教育において1/4コマにとどまっている割合が非常に高い。しかし、「住宅問題」(42校、38.2%) と「人権問題」(72校、65.5%) は1コマ以上の割合が他の生活問題よりも高い。

　これらの生活問題のなかで1コマ以上をみると、「所得問題」に1コマ以上で取り組んでいる校は11校 (10.0%) であり、そのうち、最も多い割当時間は、立命館大学の7コマである。そして、「住宅問題」が1コマ以上の校は42校 (38.2%) で、他の生活問題よりも比較的に多い方である。しかし、昭和女子大学 (3コマ) を除いたすべての校では1コマである。

次に、「介護問題」は、30校(27.3%)が1コマ以上の時間を割り当てており、最高割当時間は2コマで9校である。そして、「健康問題」は、1コマ以上の校はわずか8校しかないが、そのなかで花園大学が4コマで最も多く時間を割り当てている。続いで、「家族関係」は、殆どの校が1コマ未満であり、1コマ以上を割り当てている校は、首都大学東京のみが2コマで、それ以外の殆どの校は1コマで取り組んでいる。

最後に、「人権問題」は1コマ以上で取り組んでいる校が全体の約2/3を占めており、なかでも目白大学は最も多い8コマも時間を割り当てている。

(3) 「高齢者の生活支援」にかかわる教育時間の割当　「高齢者の生活支援」にかかわる教育時間の割当は、**表6**のようである。まず、教育内容の平均割当時間をみると、平均割当時間が1コマ以上の教育内容においては、「介護保険サービス」が6.63コマで最も多く、次に「介護方法」が3.43コマで多く割り当てている。続いて、「福祉サービス」が3.05コマ、「関連法規」が2.4コマの順である。その他、「住宅サービス」(.61コマ)や「保健医療」(.56コマ)、「所得保障」(.25コマ)、「教育サービス」(.07コマ)は、平均割当時間が1コマ未満である。

各教育内容の割当時間を詳細にみると、「就労支援」と「教育サービス」は、高齢者福祉教育のなかに全く取り込んでいない校が半分以上を占めており、特に「教育サービス」は、110校のうち、83校(75.6%)が取り組んでいない。取り組んでいる校でも殆どが1/4コマにとどまっている。そして、老後生活のなかで欠かせない「所得保障」に関する教育内容も約半分の49.1%(54校)が取り組んでおらず、しかも取り組んでいる校も「就労支援」と「教育サービス」と同様に殆どが1/4コマにとどまっている。「所得保障」を1コマ以上取り組んでいる校は8校しかなく、最高割当時間は、立命館大学の3コマである。

次に、「保健医療」は、約1/3の33.6%(37校)が取り組んでいない。取り組んでいる校のなかでは、1コマ以上が多く、特に四天王寺大学と立命館大学は他の校よりも多い3コマを割り当てている。そして、「住宅サービス」は、「保健医療」と似たような傾向をみせているが、最も時間をかけて取り組んでいた校は、北海道医療福祉大学と昭和女子大学で3コマずつである。

最も割当時間の比重が高い「介護保険サービス」は、大阪体育大学と同朋大

表6　高齢期の生活支援にかかわる教育時間の割当

N＝110

		N（%）	平均	最高値			N（%）	平均	最高値
福祉サービス	なし	4 (3.6)	3.05コマ	11コマ	所得保障	なし	54 (49.1)	.25コマ	3コマ
	1コマ以下	23 (20.9)				1/4コマ	33 (30.0)		
	2コマ	22 (20.0)				1/2コマ	15 (13.6)		
	3コマ	27 (24.5)				1コマ以上	8 (7.3)		
	4コマ以上	34 (30.9)							
介護保険サービス	なし	2 (1.8)	6.63コマ	16コマ	保健医療	なし	37 (33.6)	.56コマ	3コマ
	1-3コマ	20 (18.2)				1/4コマ	15 (13.6)		
	4-6コマ	31 (28.2)				1/2コマ	16 (14.5)		
	7-9コマ	36 (32.7)				1コマ以上	42 (38.2)		
	10コマ以上	21 (19.1)			教育サービス	なし	83 (75.6)	.07コマ	.5コマ
介護方法	なし	35 (31.8)	3.43コマ	14コマ		1/4コマ	25 (22.7)		
	1-2コマ	22 (20.0)				1/2コマ	2 (1.8)		
	3-4コマ	12 (10.9)			住宅サービス	なし	39 (35.5)	.61コマ	3コマ
	5-6コマ	19 (17.3)				1/4コマ	18 (16.4)		
	7コマ以上	22 (20.0)				1/2コマ	14 (12.7)		
						1コマ以上	39 (35.5)		
就労支援	なし	56 (50.9)	.18コマ	1コマ	関連法規	なし	12 (10.9)	2.4コマ	7コマ
	1/4コマ	35 (31.8)				1コマ	29 (26.4)		
	1/2コマ	15 (13.6)				2コマ	15 (13.6)		
	1コマ以上	4 (3.6)				3コマ	54 (49.1)		

学の2校を除いてすべての校が1コマ以上で取り組んでいる。割当時間としては、「7-9コマ」が32.7%（36校）で最も高く、次に「4-6コマ」が28.2%（31校）で高い。10コマ以上の校も21校（19.1%）あり、なかでも聖徳大学は30コマ講義のうち、半分以上の16コマも時間を割り当てている。

そして、「介護保険サービス」と同様に高齢者福祉教育において大きな比重を占めている「介護方法」は、大きく3つのクループに分けられる。1つ目のクループは全く取り組んでいない校、2つ目は、1～4コマ、3つ目は5コマ以上取り組んでいる校である。1つ目と2つ目のクループは、4単位よりも2単位で取り組んでいる校の割合が高いが、3つ目のクループである5コマ以上

で取り組んでいる校では2単位で取り組んでいる校が全くなく、すべて4単位で取り組んでいる校である。5コマ以上で取り組んでいる校のなかでは、長崎純心大学が14コマと最高である。

最後に、「福祉サービス」については、全く取り組んでいない校が4校しかなく、それを除いたすべての校で取り組んでおり、殆ど1コマ以上である。割当時間としては「4コマ以上」が30.0%（34校）と最も高く、次に「3コマ」が24.5%（27校）と高く占めている。大学別には日本大学が11コマで最も多く時間を割り当てている。

5 考 察

(1) **介護中心の高齢者福祉教育** 2015年12月末、高齢者3,359万人のうち、要介護（要支援）認定者数は、619.9万人で[3]、高齢者の約5人に1人が介護問題を抱えているほど、介護問題は高齢者問題のなかで大きな問題として位置づけられている。ところが、逆にいえば、高齢者の約4/5は、要介護（要支援）者ではないということになる。実際、殆どの高齢者は介護ニーズや介護問題以外にもさまざまなニーズと生活問題を抱えている。

それにもかかわらず、調査の結果、分析対象110校のうち90校が高齢者福祉教育において、「介護にかかわる内容」が40%以上を占めており、その中の72校は60%以上を占めている。このように、現高齢者福祉教育では、まるで介護ニーズと介護問題が高齢者問題のすべてのようにあまりにも介護に片寄った教育を行っており、これが高齢者福祉教育なのか、介護福祉教育なのか、分別しがたいほどである。

(2) **実践力の向上からかけ離れた高齢者福祉教育** 社会福祉士が社会福祉専門職として力量を発揮するためには、高齢者の特徴はもちろん、生活や生活の中で起こり得る問題、そしてそれらの問題に対する適切な支援を学習する必要がある。

（i）**不十分な高齢者理解の教育** 社会福祉の実践における援助の基本価値は、当事者本位に基づいた個別支援であり、その基盤になるのが、当事者の理解である。そのため、高齢者支援において重要なのは、高齢者を理解すること

であり、高齢者福祉教育もそれを基盤にする必要がある。

　ところが、現高齢者福祉教育の内容をみると、高齢者を理解するための高齢者の身体的、精神的、心理的、社会的、知的特徴に関する教育に全く取り組んでいない校が3割以上であり、取り組んでいる校も殆どが1/4コマにとどまっている現状であった。こうした状況で果たして高齢者を十分に理解し、個々人に見合った支援ができるのか疑問である。

　(ii)　不十分な高齢者の生活や生活問題に関する教育　　高齢者が抱えている生活問題に対して適切な援助を行うためには、高齢者の生活や生活環境、そしてそこから引き起る生活問題を理解する必要がある。高齢者が抱えているニーズや生活問題は、介護だけではない。上記したように介護は、あくまでも高齢者が抱えているニーズや生活問題の1つにすぎない。

　厚生労働省（2015年12月末）によると、生活保護受給世帯1,625,703世帯のうち、約半分の805,723世帯が高齢者世帯である。(4)そして、高齢社会白書（2016）によると、労働力人口6,598万人のうち、65歳以上の者は744万人（11.3％）であり、高齢者の刑法犯の検挙人員は47,214人で、その7割以上が窃盗犯である。そして、高齢者人口の約3割は地域で付き合う人がおらず、孤立しており、孤独死を身近な問題として感じている者も4割であった。さらに、他の年代よりも自殺率が高く9,883人である。一方、社会参加（趣味活動、ボランティア等）やそれに関わる教育等に参加している高齢者も増えている。(5)このように、高齢者が抱えているニーズや生活問題は、介護だけでなく、貧困問題、就労問題、孤立、自殺、犯罪等、多様である。

　こうした状況から高齢者福祉教育の内容をみると、高齢者福祉教育の中で、高齢者の生活問題に関する内容が占める割合は、平均して11.8％にすぎず、全体の約43％の校が10％未満にとどまっている。生活問題別にみても、人権（虐待）問題を除いたら殆どの問題に対して平均1/4コマ以下である。特に、所得問題や就労問題、社会参加、教育問題等は、「社会対策基本法」でまとめて触れるだけにとどまっている校が殆どである。

　(iii)　不十分な高齢者支援に関する教育　　多様な生活問題とニーズを抱えている高齢者を援助するためには、それに相当する支援（策）方法は高齢者福祉

教育において必修である。高齢者福祉教育において、高齢者支援に関わる教育内容が占める割合は、高齢者理解と生活問題等に関する教育よりも比較的高く42.2％であった。しかし、介護保険や介護に関する内容を除いた生活支援は、16.8％にすぎない。それに生活支援においても、虐待に関する支援が殆どであり、所得保障や就労支援、教育支援に関する内容を全くシラバスに取り込んでいない校は半分以上であり、取り込んでいる校でも、その殆どが「高齢社会対策基本法」で触れる水準にとどまっていた。また、自殺や孤立、犯罪等、他の生活問題に関する支援に取り組んでいる校はほぼ皆無である。

　こうした教育内容で、高齢者の特徴を理解して、生活問題とニーズを把握し、それを援助できる「実践力の高い」社会福祉士養成が果たしてできるのか、疑問が大きく残る。

4　おわりに

　2009年、「実践力の高い社会福祉養成」という目的で社会福祉士養成課程における教育内容が大きく見直された。本稿では、見直し後、「実践力の高い社会福祉士養成」のための教育内容になっているのかを日本社会福祉学校連盟の正会員校のうち、4年制大学で行われている高齢者福祉教育のシラバスを収集し、①当事者の理解（特徴）、②当事者のニーズと生活問題、③当事者支援という3つの観点から検討した。

　その結果、高齢者福祉教育の内容の中で、他の教育内容に比べ、介護保険制度や介護方法等介護にかかわる内容が大きな比重を占めていることが明らかになった。このことから、現高齢者福祉教育は、当事者を理解し、当事者が求めているさまざまなニーズや抱えている生活問題をとらえ、それらに対応できる、実践力の高い社会福祉士を養成するための教育というよりも、介護ニーズや介護問題のみを重視した介護福祉士養成のための教育になっているといえる。この影響は、いまだに「高齢者福祉論」と「介護概論」を分けて高齢者福祉教育を行っている校にも及んでいる。こうした結果は、2009年に見直された社会福祉士養成教育内容に応じてシラバスを作成したからである。

　日本の社会福祉は、1995年「社会保障体制の再構築（勧告）～安心して暮ら

せる21世紀の社会をめざして〜」社会保障制度審議会の勧告により、選別的な福祉から普遍的な福祉へとパラダイムが大きく転換した。しかし、2009年見直しは、高齢者全体を理解し、さまざまなニーズと生活問題を包括的にとらえ、取り組もうというよりも、介護ニーズと介護問題のみに焦点をあてたものである。このことから、2009年見直しは普遍的な福祉よりも選別的な福祉を志向するものとして、時代の流れを逆行するものであったといわざるをえない。

　高齢者福祉教育が2009年見直しの趣旨や目的通りに、「実践力の高い社会福祉士養成」のためには、「就労支援サービス」と「権利擁護と成年後見制度」が各分野から細分化されたように、高齢者福祉教育も2009年見直し以前のように「高齢者福祉論」と「介護概論」に分けてより専門的かつ体系的に教育する必要がある。そして、現高齢者福祉教育の中で大きな比重を占めている介護保険制度に関する内容を減らす必要があると思われる。高齢者が抱えている生活問題とニーズは、介護だけでなく、さまざまである。また、介護保険制度は、あくまでも社会保険制度の一部であり、もし介護保険制度が重要であるならば、高齢者福祉教育よりも他の社会保険制度のように社会保障教育の中でもっと時間を割けばよいと考えられる。そうなると、高齢者福祉教育において介護以外の高齢者のニーズや生活問題に教育時間を割くことができよう。

【註】
(1) 厚生労働省（2008）「社会福祉士養成課程における教育内容等の見直しについて」4。
　（http://www.mhlw.go.jp/bunya/seikatsuhogo/dl/shakai-kaigo-yousei01.pdf，閲覧2016．4．25）。
(2) 立命館大学は、「介護保険」という用語ではなく、「介護保障」という用語を用いたため、「介護にかかわる内容」ではなく、「福祉サービス」の内容に盛り込んだ。
(3) 厚生労働省（2016）「介護保険事業状況報告の概要（平成27年12月暫定版）」
　（http://www.mhlw.go.jp/topics/kaigo/osirase/jigyo/m15/1512.html，閲覧2016．4．25）。
(4) 厚生労働省（2016）「被保護者調査（平成28年1月分概）」。
　（http://www.mhlw.go.jp/toukei/saikin/hw/hihogosya/m2016/01.html，閲覧2016．4．25）。

(5) 内閣府（2016）『平成28年版高齢社会白書』35-55。
（http://www8.cao.go.jp/kourei/whitepaper/index-w.html, 閲覧2016.4.25）

【引用・参考文献】
石田一紀編（2014）『新エッセンシャル 老人福祉論 高齢者に対する支援と介護保険制度』（株）みらい
岩田正美・大橋謙策・白澤政和監修、岡田進一・橋本正明編（2013）『MINERUVA社会福祉士養成テキストブック 高齢者に対する支援と介護保険制度』ミネルヴァ書房
一番ヶ瀬康子・大友信勝・日本社会事業学校連盟編（1998）『戦後社会福祉教育の五十年』ミネルヴァ書房
大塩まゆみ・奥西栄介編（2016）『高齢者福祉』ミネルヴァ書房
大友信勝・永岡正己編（2013）『社会福祉原論の課題と展望』高菅出版
笠原幸子編（2014）『高齢者に対する支援と介護保険制度』ミネルヴァ書房
黒田研二・清水弥生・佐瀬美恵子編（2014）『高齢者福祉 概説』明石書店
社会福祉学習双書編集委員会編（2010）『老人福祉論 高齢者に対する支援と介護保険制度』全国社会福祉協議会
社会福祉士養成講座編（2014）『高齢者に対する支援と介護保険制度』中央法規
杉本敏夫・家髙将明編（2015）『新・はじめて学ぶ社会福祉 高齢者福祉論』ミネルヴァ書房
杉本敏夫・橋本有理子編（2013）『学びを追究する高齢者福祉』保育出版社
仲村優一（2002）『仲村優一社会福祉著作集第六巻 社会福祉教育・専門職論』旬報社
永和良之助編（2005）『高齢者福祉論』高菅出版
藤井賢一郎監修（2015）『介護保険制度とは…―制度を理解するために』東京都社会福祉協議会
馬場茂樹・和田光一編（2014）『シリーズ福祉のすすめ 現代高齢者福祉のすすめ』学文社
三好明夫・西尾孝司編（2007）『シリーズ社会福祉の探究 高齢者福祉学 介護福祉士・社会福祉士の専門性の探究』学文社
矢部広明・宮島直武編（2009）『社会福祉士シリーズ 高齢者に対する支援と介護保険制度』弘文堂

11章 社会福祉士養成課程における高齢者福祉分野科目の位置づけ
―― 国家試験問題からの一考察

森田　靖子

1 社会福祉士養成教育の変質

　社会福祉士は国家試験により認められた専門職である。高齢社会を支える人材確保等を目的として、「社会福祉士及び介護福祉士法」が、1987（昭和62）年に成立した。その後、「社会福祉士法及び介護福祉士法」が改正（2009（平成21）年施行）された。これにより、我が国における社会福祉士養成教育が大きく変質している。大幅な科目の変更があり、実習・演習科目は拡充され改善が行われている。一方、講義科目については「社会福祉」という名称がすべて無くなった。このことが、社会福祉教育の原理的なところで、どのような問題を持っているかを批判的に取り上げた大友らの先行研究がある。その他、国家試験問題の対策としての解説はあるが、社会福祉士養成の教育のねらい、含むべき内容と国家試験問題を論じたものは少ない。

　本稿は、社会福祉士養成科目のうち、分野論の中心科目の一つである「老人福祉論」が「高齢者に対する支援と介護保険制度」に改正されて、どのような特徴と問題点がみられるのか、その点を中心に論じたい。日本の社会福祉が、社会福祉基礎構造改革以降、どのように変化したのか、社会福祉分野の中でも高齢者福祉の分野が社会保険制度を選択したことにより、社会福祉の変質を最も体現していると考えたのがテーマ設定の理由である。

1 研究目的と研究課題

　高齢者福祉分野が、社会福祉から介護保険制度に切り替えられた。そのため、公助が共助・自助の方向に変化し、高齢者福祉が介護保険により制度縮小と社

会福祉の変質の影響を受け、ケアマネジメントに置き換えられてきている。この結果として、何が起きているのかというのが本稿の問題意識である。そこで、社会福祉士養成に関わる通知と高齢者福祉分野科目の国家試験問題の出題傾向から、高齢者福祉分野に必要な課題を検討するというのが本論文の目的である。

研究課題として、以下、2点を作業仮説に設定し、本稿の分析・検討を行う。
① 新カリキュラムにおける社会福祉士国家試験の高齢者福祉分野の出題が、社会福祉から介護保険の内容が多くを占めるように変化している。
② 高齢者の生活を理解し支えるソーシャルワークから、介護保険制度のマネジメントやガイドをする役割を担う専門職として社会福祉士が求められてきている。

2 研究方法

上記を明らかにするため、まず、「社会福祉士法及び介護福祉士法」成立後の特に高齢者福祉分野の制度の変遷について確認する。

次に、厚生労働省からの通知等、厚生労働省の通知「社会福祉士養成施設等における授業科目の目標及び内容並びに介護福祉士養成施設等における授業科目の目標及び内容について」を手がかりに制度の動向を概観する。

その上で、社会福祉士国家試験の高齢者福祉分野に関する科目、特に「老人福祉論」及び「高齢者に対する支援と介護保険制度」を取り上げ、その位置づけと国家試験問題を出題基準の項目、問題から高齢者福祉分野を支える社会福祉士に必要な知識の項目について類型化して分析する。

2 「社会福祉士法及び介護福祉士法」成立後の変遷

「社会福祉士及び介護福祉士法」は1987（昭和62）年に制定された。社会福祉士は「専門的知識及び技術をもって、身体上若しくは精神上の障害があること又は環境上の理由により日常生活を営むのに支障がある者の福祉に関する相談に応じ、助言、指導、その他の援助を行う」ものと定義され、社会福祉専門職として位置づけられた。社会福祉基礎構造改革以降、多様なニーズを受け止める専門職として、社会福祉士の業務の内容や養成課程が見直され、2007（平成19

年12月に社会福祉士及び介護福祉士法が改正された。そこでは、社会福祉士の業務内容が「専門的知識及び技術をもって、身体上若しくは精神上の障害があること又は環境上の理由により日常生活を営むのに支障がある者の福祉に関する相談に応じ、助言、指導、福祉サービスを提供する者又は医師その他の保健医療サービスを提供する者その他の関係者との連絡及び調整その他の援助を行う」こととされ、「助言、指導」から「連絡、調整」を中心とした援助にあらためられている。この法改正にあたっては、いくつかの附帯決議が行われている。附帯決議の内容の主な点は、社会福祉士の処遇改善と任用の促進、認知症や障害を持つ者等への対応やサービス管理等の分野に業務が拡大されていること等である。

表1 介護保険法改正の経緯

期	改正	施行	介護保険改正の内容
第1・2	H12	2000.4	介護保険法施行
第3	H17	2006.4	介護予防重視・地域包括、施設給付の見直し
第4	H20	2006.5	介護サービス業者の法令順守、休業廃止の届け出等
第5	H23	2012.4	地域包括ケアの推進、吸痰等、介護・医療・住まいに関する計画の調和、地域密着型サービス（市町村主体）等
第6	H26	2015.4	地域包括ケアシステムの構築と費用負担の公平化
第6	H26	2015.8〜2017.3	特養入所の重度化、一定所得以上の自己負担2割、低所得者負担軽減と資産調査、在宅医療・介護連携の推進、介護予防の地域支援事業の移行

資料　厚生労働省ホームページ「公的介護保険制度の現状と今後の役割」の「介護保険改正の経緯」を参考に筆者作成

高齢者福祉分野で言えば、高齢者の保健・医療については、老人保健法でまかなわれていたが、2008（平成20）年4月より、高齢者の医療の確保に関する法律（後期高齢者医療制度）が施行された。また、**表1**のように、2000（平成12）年に介護保険法が施行され、3年に1度見直しがされている。2005（平成17）年の改正では、地域包括支援センターが設置され、社会福祉士の配置が明記された。2012（平成24）年には、「高齢社会対策大綱」が閣議決定され、高齢者の定義の見直しなどが進められている。また、第5期、第6期改正では、地域包

括ケアシステムの推進と構築が目指されているものの、その中身は、市町村への費用と事務の移行であり、介護費用負担増がはかられているものである。

3　国家試験の通知等からみる「授業科目の目標及び内容」

　上記で、社会福祉士及び介護福祉士法成立以降の社会福祉士の変遷を述べた。ここでは、国家試験にかかる通知より「授業科目の目標及び内容」における高齢者福祉分野の科目について、法成立当初の1988(昭和63年)における1「老人福祉論」、2「介護概論」と2009（平成21）年に変更された3「高齢者に対する支援と介護保険制度」を概観する。

1　旧カリキュラムにおける「老人福祉論」の位置づけ

　1987（昭和62）年、「社会福祉士及び介護福祉士法」が成立し、国家試験科目として「老人福祉論」は位置づけられた。専門職の運動や時代の流れから様々な経緯を経て、成立した「社会福祉士及び介護福祉士法」が高齢社会への対応を反映していることは確かである。それは、社会福祉士課程の指定科目・基礎科目の並び方からも窺うことができる。「省令　社会福祉士及び介護福祉士法施行規則（昭和62年厚生省令第49号）第5条」においても、社会福祉士の試験科目、カリキュラムともに「老人福祉論」は、「社会福祉原論」に次いで、2番目に配置され、時間数は60時間とされている。「授業の目標」は、高齢者の「①精神的・身体的特徴や障害・社会的背景、②現代社会における老人福祉の理念と意義、③福祉ニーズの把握方法、④法とサービス体系、⑤民間サービスの社会的意義と現状、⑥老人福祉及び関連分野の組織・専門職及びその連携のあり方、⑦地域及び住環境の整備と福祉機器、⑧相談援助活動」を理解させるものであった。「授業内容」は、先の8つの目標に対応した内容9項目となっている。1997（平成9）年に「精神保健福祉士法」が制定された第11回以降は精神保健福祉士との共通科目と専門科目に分けられた。「老人福祉論」は社会福祉士の専門科目として位置づけられ、介護保険法成立後に、通知の「目標と内容4」に「老人福祉の法」の一部として追加された。介護保険法関連項目は、法の一部として追加されているにすぎず、最重要視されているわけではなかった。

2 旧カリキュラムにおける「介護概論」の位置づけ

　旧カリキュラム時には、試験科目17科目中17番目に配置され、30時間の時間数と定められている。高齢者や障害者の介護の理解や変化に関する観察能力とその対応、保健医療専門職への連絡・協力、ほか病気や事故に関する知識と予防の4つが「授業目標」であり、それに沿った4つを「授業内容」としている。「介護概論」の特徴は、上記の高齢者や障害を持った方に対する現場での対応が目指されている。旧カリキュラムから新カリキュラムとなり、「高齢者に対する支援と介護保険制度」の一部に組み込まれ、科目が無くなった。これは、時間数減少と高齢者の特性や介護への理解が無くなるということを指しており、重要な変更が行われている。

3 新カリキュラムにおける「高齢者に対する支援と介護保険制度」の位置づけ

　2007（平成19年）年の法改正が行われ、2009（平成21）年の21回目の国家試験より、新カリキュラムの科目で国家試験が行われている。

　「社会福祉に関する科目を定める省令（平成20年文部科学省、厚生労働省第3号）」と「社会福祉士及び介護福祉士法（（昭和62年法律第30号）第7条第一号及び第二号並びに第39条第二号）」に基づき及び同法を実施するため、社会福祉に関する科目を定める省令に、社会福祉士国家資格取得に必要な科目として、国家試験科目19科目と相談援助演習、相談援助実習指導、相談援助実習の3科目を合わせた22科目が定められている。高齢者福祉分野の科目としては「高齢者に対する支援と介護保険制度」は12番目に配置されている。

　その「教育内容」の「ねらい」と「教育に含むべき内容」は、「社会福祉士養成施設等における授業科目の目標及び内容並びに介護福祉士養成施設等における授業科目の目標及び内容について」の通知、別添1「社会福祉士養成施設の設置及び運営に係る指針」における「教育に関する事項」別表で示されている。これをみると、「教育内容」の「ねらい」が6項目、「教育に含むべき内容」は18項目が示されている。

　教育内容の「ねらい」では「①高齢者の生活実態とこれを取り巻く社会情勢、福祉・介護需要（高齢者虐待や地域移行、就労の実態を含む。）、②高齢者福祉制度

の発展過程、③介護の概念や対象及びその理念等、④介護過程における介護の技法や介護予防の考え方、⑤終末期ケアのあり方（人間観や倫理を含む）、⑥相談援助活動において必要となる介護保険制度や高齢者の福祉・介護に係る他の法制度」の6項目について理解するという内容である。教育内容の「ねらい」における介護保険関連の項目は⑥の1項目である。「教育に含むべき内容」は、教育内容の「ねらい」にそって18項目あり、6項目が介護保険制度に関連する項目として示されている。高齢者福祉分野における相談援助活動では、高齢者は人生が長い分だけ個別性や多様性があり、高齢者を取り巻く環境や、そこに至る歴史や地域の文化にも大きく影響される。

　新カリキュラムにおける教育内容の「ねらい」と「教育に含むべき内容」では、介護保険制度が中心となっており、高齢者福祉分野における社会福祉士の役割が、研究課題②で提示した「高齢者の生活を理解し支えるソーシャルワークから、介護保険制度のマネジメントやガイドをする役割を担う専門職として社会福祉士が求められてきている」内容となっている。また、旧カリキュラムの際の「介護概論」の内容の一部を含んでいるものの、「老人福祉論」の目標及び内容の一番初めに配置されていた高齢者の「精神的・身体的特徴や障害、社会的背景、現代社会における老人福祉の理念と意義、福祉ニーズの把握方法」などの高齢者の特性の理解や「高齢者福祉」の理念や意義がなくなっており、大きな変更があった。

4　国家試験における科目名称の変更と位置づけ

　法律の変更に基づき、社会福祉士養成課程のカリキュラムが見直され、2009（平成21）年度から新しいカリキュラムが導入された。国家試験科目としても新しいカリキュラムの科目に基づいた国家試験が実施されている。選択科目も含め17科目だった試験科目は、19科目となった。一番大きな見直しとしては、旧カリキュラムの際には、一番初めに位置づけられていた「社会福祉原論」が無くなったことである。社会福祉基礎構造改革に伴い、措置から契約へとサービス利用方法が改正された。新カリキュラムにおいては、この影響を受けて、社会福祉に関する科目である各分野論は「福祉論」「社会福祉」が冠される科目

が無くなった。「○○に対する支援と○○制度」に変更されている。高齢者福祉分野の科目も「老人福祉論」から「介護概論」の一部をあわせた「高齢者に対する支援と介護保険制度」となり、高齢者福祉分野の社会福祉から介護保険という社会保険制度へと移行している。「老人福祉論」の高齢者の「社会福祉」の理念等と「介護概論」の高齢者の特性の理解から、「高齢者に対する支援と介護保険制度」となり、理念等が変質し「介護」と「保険制度」へと科目名称自体が大きく変更されている。

「高齢者に対する支援と介護保険制度」の出題基準を見ると、大項目18項目中「介護保険法」に関連する項目が7項目、「介護サービスを含む介護保険制度」関連項目は中項目41項目中19項目、「介護」関連項目を含むと31項目ある。ほぼ半分を介護保険制度や介護が占める。高齢者福祉の課題は介護だけではない。ましてや介護保険制度のみで高齢者の課題を網羅し支援できるわけはないことを考えると、高齢者福祉分野の社会福祉職の専門性が高齢者福祉から介護保険制度の知識へと矮小化していると言える。

5 「老人福祉論」と「高齢者に対する支援と介護保険制度」の出題傾向

1 出題基準による分類

国家試験問題は社会福祉士の専門知識として何が必要か焦点化されているものである。社会福祉士国家試験問題は150問が出題される。国家試験問題は第3回より公開されている。老人福祉論では第3回、5回は15問、6回以降は10問が出題されている。

ここでは、研究課題①にあげた「新カリキュラムにおける社会福祉士国家試験の高齢者福祉分野の出題が、社会福祉から介護保険の内容が多くを占めるように変化している」との作業仮説に基づき、高齢者福祉分野論の中でも「老人福祉論」と「高齢者に対する支援と介護保険制度」の国家試験問題の出題傾向を出題基準に沿って類型化し分析を試みる。

(1) 旧カリキュラム「老人福祉論」の出題　　表2は、旧カリキュラムにおける「老人福祉論」の第3回から21回（第4回を除く）の、社会福祉士国家試験の出題内容を筆者の判断で出題基準に照らし、問題の項目を「○」、出題が

他の出題基準にまたがっている項目は「△」として類型化を試みたものである。

表2をみると、内容9「老人に対する相談活動」の事例問題が3割、相談活動をすすめる上での留意点を含めると4割弱を占め一番多い。内容1「高齢社会と老人」で高齢者の特性や介護だけでなく、生きがいや雇用など介護に関わらない生活や社会的状況等が19問とほぼ毎回何らかの形で出題されている。内容4の1）「老人福祉法」は毎年のように出題されている。第18回以降は老人福祉法に関する出題はされなくなった。内容4の2）「老人保健法」の事業や保健、医療制度に関してはほぼ毎年出題されている。内容2の「福祉ニーズの把握方法と具体的内容」は11問、内容7の「関連分野の組織・専門職の連携」は5問と少ないが、高齢者個人や集団の関わり方や相談援助や高齢者のニーズ把握等について出題されている。内容9の「老人に対する相談援助活動」の具体的事例の中で福祉事務所の老人福祉主事と特別養護老人ホームの生活指導員等に触れられている。その他、記録など専門性に関わる出題等がある。

(2) 新カリキュラム「高齢者に対する支援と介護保険制度」の出題　　以下の表3は、社会福祉士国家試験「高齢者に対する支援と介護保険制度」の第22回から28回の出題内容を筆者の判断で出題基準に照らし、問題の項目を「〇」、出題が他の出題基準にまたがっている項目は「△」として類型化を試みたものである。

表3で「高齢者の支援と介護保険制度」の出題をみると、大項目9「介護保険法」は8問（11.4%）である。大項目10から13の介護保険サービスや介護保険制度に関連する問題は28問（40%）であり、合わせると介護保険制度に関連した内容が5割以上を占めている。大項目3から8の「介護」に関しては、16問（22.9%）、大項目12から14の「専門職の役割や連携」についての出題は17問（24.3%）となっている。

旧カリキュラムの際の第18回以前には毎回出題されていた老人福祉法は、4問（5.7%）で介護保険法等との違いとして出題されている。また、高齢者の保健や医療に関しては、第22回に1問のみの出題で、高齢者の保健や医療については出題されなくなった。介護予防については介護保険に包含されている。介護保険法以外の法律は、9問（12.9%）であり、虐待防止法に関する問題が2問、高齢者の住まいに関わる法律、生活保護法と介護保険法との違いや障害者

11章 社会福祉士養成課程における高齢者福祉分野科目の位置づけ

表2 「老人福祉論」国家試験出題基準と第3～21回出題

内容	項目	キーワード	3	5	6	7	再	8	9	10	小計	%	11	12	13	14	15	16	17	18	19	20	21	小計	%
1 高齢社会と老人	1) 老化と老人	実態・ニーズ	○	○	○			○			5	5.56%							○			○	○	3	2.73%
	2) 家族と老人										0	0.00%												0	0.00%
	3) 社会と老人		○	○		○				○	4	4.44%		○			○	○	○		○		○	○	7	6.36%
2 現代社会と老人福祉	1) 老人福祉の理念の発達	発展過程					○				3	3.33%					○					○		○	4	3.64%
	2) 概念と範囲								○		1	1.11%										○	○	○	4	3.64%
	3) 役割と意義	実態・ニーズ				○		○			2	2.22%													1	0.91%
3 老人の福祉ニーズの把握方法とその具体的内容	1) 把握方法									○	2	2.22%					○		○					○	5	4.55%
	2) 具体的内容					○		○			2	2.22%											○		2	1.82%
4 老人福祉の法の目的、対象及びサービスの体系とその具体的内容	1) 老人福祉法	法	○						○	○	7	7.78%				△	○		○						4	3.64%
	2) 老人保健法		○					○			7	7.78%	*			○	○		○	○	○				7	6.36%
	3) 介護保険法	介護保険法									0	0.00%		○	○	○	○	○			○	○	△		9	8.19%
			△								2	2.22%											○		1	0.91%
5 老人に対する福祉サービスの現状	1) 在宅福祉サービス	介護	○	△	○			○			5	5.56%		○						△					2	1.82%
	2) 施設福祉サービス		○	○				○		○	6	6.67%				○	○	○	○		○		○		9	8.18%
6 民間シルバーサービスの役割と意義及びその現状		専門職・連携		△							1	1.11%							○			○		○	5	4.55%
7 老人福祉及び関連分野の組織・専門職及びその連携のあり方	1) 組織・専門職			○						○	1	1.11%							○			△		○	4	3.64%
	2) 連携のあり方		△								0	0.00%						○							2	1.82%
8 老人のための地域及び環境の整備と福祉機器	1) 地域と住環境の整備	介護	△		○			○	○		3	3.33%						○					○	○	3	2.73%
	2) 福祉機器									○	1	1.11%									○	○		○	3	2.73%
9 老人に対する相談援助活動をすすめるうえでの留意点	1) 専門職・連携		5	○							10	11.11%												○	3	2.73%
	2) 具体的事例		5	○	3	3	3	3	3	3	28	31.11%		2	3	3	3	3	3	3	3	3	3	3	32	29.09%

* 平成9年12月介護保険法公布
* 第11回以降老人保健法は4-3) その他の関連法規に項目移動。ここでは2) 老人保健法欄に分類

資料 「老人福祉論」の国家試験問題を出題基準に照らし筆者作成

表3 「高齢者に対する支援と介護保険制度」国家試験出題基準と第22～28回出題

大項目	中項目	キーワード	22	23	24	25	26	27	28	小計	%
1 高齢者の生活実態とこれを取り巻く社会情勢、福祉・介護需要（高齢者虐待や地域移行、就労の実態を含む）	1) 高齢者の生活実態とこれを取り巻く社会情勢	実態ニーズ		○		○	○		○	4	5.71%
	2) 高齢者の福祉需要		○				○			2	2.86%
	3) 高齢者の介護需要									0	0.00%
2 高齢者福祉制度の発展過程	1) 高齢者福祉制度の発展過程		○		○		○			3	4.29%
3 介護の概念や対象	1) 介護の概念と範囲	介護								0	0.00%
	2) 介護の理念									0	0.00%
	3) 介護の対象									0	0.00%
4 介護予防	1) 介護予防の必要性								○	1	1.43%
	2) 介護予防プランの実際				○	○	○			3	4.29%
5 介護過程	1) 介護過程の概要									0	0.00%
	2) 介護の技法			○				○		2	2.86%
6 認知症ケア	1) 認知症ケアの基本的考え方		○	○				○		3	4.29%
	2) 認知症ケアの実際				△					0	0.00%
7 終末期ケア	1) 終末期ケアの基本的考え方				○	○				2	2.86%
	2) 終末期ケアにおける人間観と倫理									0	0.00%
	3) 終末期ケアの実際				△					1	1.43%
8 介護と住環境	1) 介護のための住環境		○			○	○		○	4	5.71%
9 介護保険法	1) 介護保険法の概要	介護保険	○	○	○○	○	○	○	○	8	11.43%
10 介護報酬	1) 介護報酬の概要		○			○	○	△	△	4	5.71%
11 介護保険法における組織及び団体の役割と実際	1) 国の役割									0	0.00%
	2) 市町村の役割									3	4.29%
	3) 都道府県の役割						△			0	0.00%
	4) 指定サービス事業者の役割					○	△	○		3	4.29%
	5) 国民健康保険団体連合会の役割			○			△			1	1.43%
	6) 介護保険制度における公私の役割関係									0	0.00%
12 介護保険法における専門職の役割と実際	1) 介護支援専門員の役割	専門職・役割・連携		△					○	2	2.86%
	2) 訪問介護員の役割			△		△				1	1.43%
	3) 介護職員の役割				○					1	1.43%
	4) 福祉用具専門相談員の役割			△						0	0.00%
	5) 介護相談員、認知症サポーターの役割					○		△		1	1.43%
	6) 介護認定審査会の委員、認定調査員の								○	1	1.43%
13 介護保険法におけるネットワーキングと実際	1) 要介護認定時における連携					○				1	1.43%
	2) サービス利用時における連携		○	○		○		○	○	5	7.14%
14 地域包括支援センターの役割と実際	1) 地域包括支援センターの組織体系		○					△		1	1.43%
	2) 地域包括支援センターの活動の実際					○	○	○	○	4	5.71%
15 老人福祉法	1) 老人福祉法の概要	介護保険法以外の法			○	○		○	○	4	5.71%
16 高齢者虐待の防止、高齢者の養護者に対する支援等に関する法律（高齢者虐待防止法）	1) 高齢者虐待の定義				△					0	0.00%
	2) 虐待予防の取り組み					○		○		2	2.86%
	3) 虐待発見時の対応									0	0.00%
17 高齢者、障害者等の移動等の円滑化の促進に関する法律（バリアフリー新法）	1) バリアフリー新法の概要		○							1	1.43%
18 高齢者の居住の安定確保に関する法律（高齢者住まい法）	1) 高齢者住まい法の概要						○		○	2	2.86%

資料 「高齢者に対する支援と介護保険制度」の出題基準に照らし筆者作成

福祉サービス利用者が介護保険適用年齢以降のサービス適用に関する問題も出題されている。2005（平成17）年度の改正の影響をうけ、2006（平成18）年度の出題は社会福祉士が配置されている地域包括支援センターに関する出題や予防プランについても出題されており、事例問題の中では、地域包括支援センター社会福祉士と病院のソーシャルワーカーとの連携も出題されており、社会福祉士の専門性への影響がみられる。

表2・3の介護保険に関連する項目をみると、出題されているのは、介護保険法施行後の第11回以降である。旧カリキュラムの第11回から21回では、「介護保険法の概要」9問（8.2%）と毎年のように出題されている。サービスの内容や提供について、「在宅・施設サービス」として項目があり、介護保険に含まれない配食サービス等を除いた「介護保険サービス」の出題を合わせると16問（14.6%）である。新カリキュラムとなった第22回以降をみると、介護保険に関連した内容が5割以上を占めている。科目名にも冠されているとはいえ、介護保険制度に重きを置いた出題であり、研究課題①「新カリキュラムにおける社会福祉士国家試験の高齢者福祉分野の出題が、社会福祉から介護保険の内容が多くを占めるように変化している」といえる。

2　高齢者福祉分野科目の国家試験出題の特徴

国家試験の問題が公開されている第3回から27回（入手できなかった第4回を除く）の高齢者福祉分野科目である「老人福祉論」及び「高齢者の支援と介護保険制度」の問題について、表2・3で分類したキーワードをもとに、カリキュラムごとに分類したのが、次頁の表4である。旧カリキュラムでは「高齢者の特性・生活・実態・ニーズ」「高齢者福祉に関わる法律」「施設・在宅等サービス」が約2割程度「専門職・連携」4割弱と各項目が満遍なく出題されている印象である。新カリキュラムになると高齢者の特性等や医療に関する出題は減少し「介護保険制度」とそれに関連したサービスや連携等に関する出題が大部分を占め偏っている。

また、社会福祉士養成に関わる高齢者福祉関係のテキストの目次に出されている項目にそって、「老いに対する理解」「高齢期の生活問題」「介護に関わる

表4　カリキュラム区分別キーワード分類出題傾向

カリキュラム区分	旧カリキュラム							新カリキュラム		
国家試験回（出題数合計）	第3、5〜10回（90）			第11回〜21回（110）			第22〜28回（70）		
分類キーワード	項目数	問題数	割合	項目数	問題数	割合	項目数	問題数	割合
高齢者の特性・生活・社会・ニーズ	7	16	17.78%	7	22	20.00%	3	6	8.57%
発展過程	1	3	3.33%	1	4	3.64%	1	3	4.29%
介護	2	3	3.33%	2	3	2.73%	13	16	22.86%
（介護予防）	(0)	(0)	0.00%	(0)	(0)	0.00%	(2)	(0)	0.00%
（介護と住環境）	(1)	(3)	(3.33%)	(1)	(3)	(2.73%)	(1)	(0)	0.00%
介護保険制度	0	0	0.00%	4	9	8.18%	19	8	11.43%
施設・在宅サービス、福祉用具等サービス	3	12	13.33%	3	14	12.73%	0	11	15.71%
専門職・連携	5	40	44.44%	5	46	41.82%	10	17	24.29%
介護保険以外の法	3	16	17.78%	4	12	10.91%	6	9	12.86%
（老人福祉法）	(1)	(7)	(7.78%)	(1)	(4)	(3.64%)	(1)	(4)	(5.71%)
（老人保健法）	(1)	(7)	(7.78%)	(1)	(7)	(7.78%)	(0)	(0)	0.00%
（虐待）							(3)	(2)	(2.86%)
（バリアフリー）							(1)	(1)	(1.43%)
（高齢者の住まい）							(1)	(2)	(2.86%)
（後期高齢者医療制度）							(0)	(0)	0.00%

資料　表2・3を参考に筆者作成

内容」「生活支援（介護外）」「介護保険制度」「高齢者福祉の歴史」「海外の動向」のキーワードに当てはまると思われるものを一覧として表5国家試験出題とテキストのキーワード分類として作成した。これをみると、旧カリキュラムの際には、「老いに関する理解」は毎年のように、「高齢期の生活問題」は年度によって差があるものの出題されていた。「介護に関わる内容」と「介護以外の生活支援」の項目についても多く出題されていた。それが、介護保険が導入されて以降、介護保険に関わる問題が増えていく。

6　考察および結論

社会福祉士の役割は、生活に関わる問題をともに考え、本人の自己決定を支えることである。高齢者福祉の分野で言えば、高齢者の生活問題をどう捉え、いかに支えていくべきかということが問われる必要がある。そして、国家試験問題は社会福祉士の専門知識として何が必要か焦点化されているものである。

11章 社会福祉士養成課程における高齢者福祉分野科目の位置づけ

表5　国家試験出題とテキストのキーワード分類

カリキュラム区分／項目＼回	旧カリキュラム																			新カリキュラム						
	3	5	6	7	7再	8	9	10	11	12	13	14	15	16	17	18	19	20	21	22	23	24	25	26	27	28
老いに対する理解	2	1	1	0	2	1	0	1	1	0	1	1	1	1	2	1	1	1	0	0	1	0	1	0	0	0
高齢期の生活問題	2	2	0	3	0	2	2	1	0	1	0	0	1	1	1	0	3	1	0	1	0	1	0	2	1	1
介護に関わる内容	6	5	4	4	2	3	4	4	4	4	3	2	4	3	2	2	2	1	1	3	1	2	2	1	2	0
生活支援（介護外）	5	7	5	3	4	4	4	4	4	6	2	2	3	3	4	1	2	4	3	2	0	1	1	1	1	2
高齢者福祉の歴史									1			1								1						
海外の動向																			1							
介護保険制度						1	0	4	3	2	2	2	5	3	3	2				5	7	6	7	6	6	7

資料　社会福祉士養成テキスト『高齢者に対する支援と介護保険制度』目次を参考に作成

　国家試験問題からみると、研究課題①は、**表2・3・4**で示したように、新カリキュラムとなって以降、「高齢者の支援と介護保険制度」の国家試験問題は、出題基準にあわせる形で介護保険の制度中心の出題が大部分を占めている。また、研究課題②にあげたように、厚生労働省が求めている社会福祉士は介護保険制度におけるマネジメントやガイドをする人を求めているのではないかと考える。現在のカリキュラムでは、高齢者福祉分野を担う社会福祉士としての専門性の後退にもつながりかねないのではないかと危惧される。

　社会福祉は、社会的にもっとも弱い人に対する支援を行うことを目指した専門的で個別性が高い領域である。専門的社会福祉のサービスは、公的責任で人間の尊厳を守りながら社会的に公平・平等に行うべきものである。一方、社会保険制度は、相互扶助の原理とその性格から画一的・平準的に行われる。介護保険制度は社会保険制度の一つとしてその原理を導入したものである。高齢者福祉分野の課題が、相互扶助ですべて解決されるわけではなく、公的な社会福祉としての原理原則が必ず必要である。ところが、日本の高齢者福祉が公的責任における社会福祉から相互扶助の方向を強めていっていることが国家試験や社会福祉士養成教育に色濃く問題を投げかけている。高齢者を取り巻く問題が多様化・複雑化している。それが、社会福祉分野における市場化・多元化の方向が強まり、介護部門の一翼を担う介護保険におけるケアマネジメントにとってかわり、サービス給付のマネジメントになってしまっている状況である。

サービスの管理、調整、コーディネーション、ネットワーキング、包括的といった言葉に集約されてきている。

　高齢者福祉分野における相談援助活動では、高齢者は人生が長い分だけ個別性や多様性があり、高齢者を取り巻く環境や、そこに至る歴史や地域の文化にも大きく影響される。だからこそ、高齢者福祉分野で働く社会福祉士にとって、高齢者を取り巻く環境、なにより、高齢者の理解が重要である。高齢者の特性、個別性、加齢に伴い多くなる疾病や障害などの利用者像の理解である。そして、高齢者の生活を支える法律・制度として、老人福祉法、介護保険法、高齢者虐待防止法、社会保障としての高齢者の医療や年金制度、成年後見制度なども必要であろう。法律制度だけではなく、高齢者の住宅に関する支援、生涯教育や就労も含む地域や友人とのふれあい・交流を含めた生きがい、認知症や虐待の問題、家族も含めた社会の支援体制と社会の状況としての高齢者の社会的孤立の問題等の知識が問われるべきではないかと考える。

　今後とも高齢者福祉分野における社会福祉士の専門性や必要な知識項目ついて研究を継続していきたい。

【引用・参考文献】

岩田正美、大橋謙策、白澤政和、岡田進一、橋本正明編『MINERVA社会福祉士養成テキストブック11　高齢者に対する支援と介護保険制度[第3版]』(2016)ミネルヴァ書房

大塩まゆみ・奥西栄介編(2013)『新・基礎からの社会福祉　高齢者福祉』ミネルヴァ書房

大友信勝・永岡正己編著(2013)『社会福祉原論の課題と展望』高菅出版

大橋謙策編集代表(2007)『日本のソーシャルワーク研究・教育・実践の60年』相川書房

木下大生・後藤広史・本多勇ほか(2015)『ソーシャルワーカーのジリツ―自立・自律・而立したワーカーを目指すソーシャルワーク実践』生活書院

木下大生・藤田孝典(2015)『知りたい！ソーシャルワーカーの仕事』(岩波ブックレットNo.924)岩波書店

京極高宣(1998)『[新版]日本の福祉士制度―日本ソーシャルワーク史序説』中央法規

空閑浩人編著(2012)『ソーシャルワーク入門―相談援助の基盤と専門職』ミネルヴァ

書房
厚生労働省「介護保険制度の改正の経緯」
(http://www.mhlw.go.jp/file/06-Seisakujouhou-12300000-Roukenkyoku/201602kaigo hokenntoha_2.pdf, 2016．7．26閲覧)
厚生労働省「これまでの介護保険制度の改正の経緯と平成27年度介護保険法改正の概要について」
(http://www.wam.go.jp/content/wamnet/pcpub/top/appContents/kaigo-seido-0904.html, 2016．7．26閲覧)
厚生省社会局庶務課監修（財）社会福祉振興試験センター編『社会福祉士・介護福祉士関係法令通知集』(1988) 第一法規出版
国家試験問題　（財）社会福祉振興・試験センター「国家試験　出題基準・合格基準」(http://www.sssc.or.jp/shakai/kijun/kijun_02.html, 2015．8．1閲覧)
社会・援護局施設人材課監修（財）社会福祉振興・試験センター編（1992）『改訂　社会福祉士・介護福祉士関係法令通知集』第一法規出版
社会・援護局施設人材課監修（財）社会福祉振興・試験センター編（1997）『第3次改定　社会福祉士・介護福祉士関係法令通知集』第一法規出版
社会・援護局施設人材課監修（財）社会福祉振興・試験センター編（2000）『社会福祉士・介護福祉士関係法令通知集』第一法規出版
社会・援護局施設人材課監修（財）社会福祉振興・試験センター編（2009）『改定版　社会福祉士・介護福祉士・社会福祉主事関係法令通知集』第一法規出版
社会福祉士養成講座編集委員会編『高齢者に対する支援と介護保険制度　第4版』(2015) 中央法規
社団法人日本社会福祉士会編『社会福祉士　国家試験模範解説書』（各年）発行福祉新聞社・販売筒井書房
社団法人日本社会福祉士養成校協会編『社会福祉士国家試験解説集』（各年）中央法規
社団法人日本社会福祉士養成校協会編『社会福祉士国家試験過去問解説集』（各年）中央法規
米本秀仁（2013）「社会福祉実習教育・指導の理論と実際―その到達点と今後の展望」社会福祉士養成校協会関東甲信越ブロック『第8回社会福祉士教育推進大会報告集』基調講演、7-24頁

*12*章　医療制度改革は高齢者に何をもたらしたか
―― 2000年以降を中心に

湯川　順子

1　はじめに

　高齢者の長期療養をどう支えるかは、高齢化がすすむ日本の大きな課題である。高齢化によって慢性疾患が増加し、継続的な治療と療養が必要な高齢者はますます増えている。日本の医療制度は1961年に国民皆保険を達成し、低コストで質の高い医療を提供し、効果を挙げていることが国際的にも評価されていると言われている。しかし、医療崩壊や無保険問題など、医療をめぐってさまざまな問題があらわれている。貧困者支援に取り組む藤田は、孤立死や孤独死といわれるものの多くは「治療中断死」や支援量の不足によるものだと述べている。「治療中断死」とは「何らかの病気をかかえているにもかかわらず治療を中断したり、治療が必要であるにもかかわらず受診が妨げられたりする状況があり、それが原因となって死を迎えてしまうもの」である（藤田 2016：34）。孤立死・孤独死という問題のあらわれ方は氷山の一角であり、その後ろには医療へのアクセスについての困難が広がっているのではないだろうか。
　また、入院中心の医療の時代には医療問題に包含されていたさまざまな高齢者問題が顕在化するようになっている。しかし、高齢者の長期ケアをめぐるさまざまな課題が十分に整理されないままに、「地域包括ケア」が「国策」として打ち出され（二木 2015：2）、地域での問題解決に期待が寄せられている。いわゆる団塊の世代が75歳以上を迎える2025年に向けて、財政的な視点からの医療制度改革が強められているが、高齢者の健康問題や生活実態との乖離がますます進んでいるのではないだろうか。

2　研究の目的と視点

　医療制度や医療政策の基本命題は医療の質、アクセス、コストの3つである（島崎 2015：119）。医療制度改革は、コストの削減と医療の質の確保を掲げて進められてきた。コストについては、高齢者の医療費が問題にされ、さまざまな改革が行われてきた。中でも長期入院患者を治療の必要のない「社会的入院患者」として退院させ、医療費の削減をめざすとともに、保険適用の範囲を縮小することで、患者の自己負担を増やす方策が取られた（山路 2013）。介護保険制度の創設もこの医療制度改革の延長線上に位置づけられる。

　本稿の目的は、医療制度改革がコストの削減をめざして高齢者の医療費を抑制しようとしたことで、結果として、医療の質やアクセスはどのような影響を受けたのかを明らかにしようとするものである。財政的な視点から進められてきた医療制度改革は、高齢者の長期療養を困難にし、さまざまな矛盾を生活の場である地域にもたらしているのではないだろうか。また、医療や介護のサービス利用にかかわっては、「医療区分」、「ADL区分」、「要介護度」などの心身の機能面を重視した基準により、利用できるサービスの範囲や量がコントロールされている。それらの基準と療養を必要とする高齢者の実態には乖離があるのではないだろうか。加えて、サービス利用には自己負担が伴う。自己負担に耐えられない低所得の高齢者にとっては、患者や利用者になれずに必要なサービスにアクセスできないような現実が広がりつつあるのではないだろうか。

　なお、本稿では、医療制度改革との関連で、長期療養に対する社会的な制度として介護保険制度を位置づけ、その創設や制度改正について検討する。介護保険制度については、医療と介護の一体改革が提起される中、医療制度と介護保険制度を連続的に分析する視点が重要だと考えるからである。

3　研究の方法

　本稿では、時期を2000年代以降に限定し、医療制度改革が高齢者にどのような影響をもたらしたのかを既存の文献、統計資料等から整理し、考察する。時期を2000年代以降とするのは次のような理由からである。2000年4月、診療報

酬の改定により急性期病院を中心に「地域医療連携室」が設置され、「地域連携が飛躍的に進んだ」とされる（杉崎ほか 2009：8）。また、同時に介護保険制度がスタートし、1990年代の「病院機能の分化と連携」という手法から、2000年代には「地域連携」へと、医療制度改革の影響が病院から院外へと加速度的に広がって行ったと考えられるからである。

　医療制度は、医療のサービス供給に関わる制度と費用の調達・財政に関する制度からなる。そして、2つの制度は、医療サービスの公的保険上の評価である診療報酬制度を通じて結びついている（島崎 2015：41-44）。そこで、まず、2000年代以降の医療制度改革について、医療サービスの供給体制、医療保険制度、診療報酬制度という3つ点がどのように関係しながら医療費の抑制が行われてきたのか、そして、結果として医療制度改革が高齢者にどのような影響を与えたのかを既存の文献等から整理する。また、研究の目的と視点でも述べたように、医療制度改革は、長期療養との関係で介護保険という新たな制度を生み出していることから、医療制度改革と介護保険の関連という視点から、高齢者の医療へのアクセス、介護保険制度の利用状況について、既存の統計から整理し、医療制度改革がもたらした高齢者への影響について明らかにする。とりわけ、「地域連携」という名のもとで、医療問題に包摂されていた高齢者のさまざまな生活にかかわる問題が地域の課題となってきた一方、生活支援にかかわる公的サービスの範囲が縮小する中で、家族の負担や地域での問題の潜在化がおこっていることを指摘する。

4　2000年代以降の医療制度改革

1　病院機能の分化と連携

　医療制度改革とは、高騰する医療費の抑制をめざし、医療供給体制の改革や保険料や窓口負担など、自己負担の増大などを進めてきた一連の改革である。とりわけ、病床数と医療費には相関があることから、病床数の抑制・削減が、医療制度改革の大きな課題となっている。1985年の第一次医療法改正により、都道府県ごとの「医療計画」という手法で病床数の増加は抑えようとしたが、罰則規定がなく、駆け込み増床という政策意図に反する現象が起こった。

国民医療費の削減を目的とした医療制度改革は、1992年の第二次医療制度改革を契機としている。この改革は、「病院機能の分化と連携」という考え方を医療に導入することで、急性期と慢性期を「入院期間」を目安に区分し、急性期病院への入院期間の短縮を促進しようとするものであった（山路 2003：200）。急性期に対応するものとして「特定機能病院」、慢性期に対応するものとして、「療養型病床群」が創設された。急性期医療には平均在院日数による看護料の逓減性、慢性期医療には包括払い制度が導入された。以降、90年代は診療報酬の改定によって、財政効率の観点からの機能分化が進められていく。山路は、第二次医療法改正について、疾病の個人差、患者の社会的背景などが置き去りにされたと指摘し、「医療経営の合理性、効率性に合致していたものの、患者の立場や人権という観点が忘れさられた国民不在の医療制度改革のスタートではなかったかという疑問を感じざるをえない」と述べている（山路 2003：201）。また、1997年の第三次医療法改正では、総合病院制度を廃止し、急性期の受診抑制の仕組みとして、「地域医療支援病院」[1]を制度化している。1990年代は、長期に入院していた患者の退院促進と急性期の受診抑制の仕組みがつくられたことで、高齢者の療養にかかわる家族の負担が増大し、在宅介護の限界が社会的な問題となった。つまり、医療制度改革によって、長期療養患者が「社会的入院」患者として病院から院外へと外部化したことで、介護問題が顕在化したともいえるのである。急激な介護の社会問題化に乗る形で、1997年に制度の詳細があいまいなまま介護保険法が成立し、2000年4月にスタートすることとなった。[2]

2　介護保険制度の創設

　医療制度改革によって長期入院患者は「社会的入院」患者として退院促進の対象になった。家族による介護の限界が社会的な問題となった。その受け皿として制度化されたのが介護保険である。介護保険制度の導入には、「医療から介護を分離する形での医療のスリム化とリストラ」という厚生省（当時）の意図があった（伊藤 2000：187）。実際に、介護保険法には直接的な記載はないものの、関係する法令や通知には介護保険が社会的入院の解消を一つの目的とし

ていたことが示されている（印南 2009：11）。介護保険制度スタートの2000年には、急性期と慢性期をつなぐ仕組みとして回復期リハビリテーション病棟が制度化された。

　介護保険制度がスタートして以降、高齢者の長期療養は医療と介護の2つの領域が存在することになり、医療における急性期と慢性期の機能分化と連携という時代から、医療と介護の連携という時代へと入った。介護保険のスタートは、医療と介護が重なりつつ連動しながら、さらなる医療・介護にかかる費用を抑制するための政策のスタートでもあった。例えば、介護保険成立後の1998年の診療報酬改定では、包括払いの範囲が拡大し、一般病院の入院算定に要する平均在院日数要件が短縮されるなど、介護保険制度実施を見越した大改訂となった。同年10月の改定では、新看護・基準看護等を届け出る一般病棟では高齢者の6か月以上の入院は一部の例外を除いて「特定長期入院患者」として看護料が大幅な減額となった（伊藤 2000：184-185）。

　しかし、介護保険制度の導入による医療費抑制効果という点では、医療保険適用病床から介護保険適用病床への転換が進まず、期待通りの成果が得られなかった。そのために、2002年に史上初の診療報酬のマイナス改定が行われた（金子 2004：85）。2002年診療報酬改定では、①長期入院に係わる保険給付の範囲の見直し、②特定機能病院などにおける医療機関別の包括評価の導入、③特定療養費制度の見直しが行われ、180日以上の入院患者の負担が増えることとなった。山路は「急性期は医療保険、慢性期は介護保険でというすみ分けを規定したものと推察される」と述べている（山路 2013：134）。ただ、このすみ分けは、医療保険適用と介護保険適用の療養病床が存在するなど、診療報酬の改定によってのみでは、十分に進まなかった。

　介護保険制度には、制度設計そのものにサービス供給を抑制する仕掛けがある。例えば、保険者である市町村が介護保険事業計画によって供給をコントロールする仕組みがある。また、介護保険制度は、フリーアクセスである医療保険制度とは異なり、要介護認定という仕組みを組み込んでいる。そして、サービス利用には自己負担が必要であり、サービス利用が増えれば介護保険料の上昇につながる。

介護保険制度の導入によって、居宅サービスの提供には営利企業の参入が認められ、その後、グループホームなどへ広がった。包括払いによる保険の対象範囲の限定と営利企業の参入により、保険制度ではカバーできないサービスを利用者が自己負担する流れが作りだされている。
　さらに、介護保険の制度化を高齢者の負担という視点からみると、介護保険料の負担という形で長期療養にかかる費用負担が高齢者の生活に大きな影響を与えることになった。この保険料徴収については、年金から天引きという費用徴収のあり方、保険料の地域格差、サービスの地域的偏在に伴う保険あってサービスなしという問題などが指摘されている。
　加えて、2006年の医療制度改革では、75歳以上の高齢者を「後期高齢者」として、新たに「後期高齢者医療制度」を2008年からスタートさせる制度改革を行った。この制度は、75歳以上の高齢者から保険料を徴収するという医療財源の確保の仕組みというところに最も特徴がある。75歳以上の高齢者は、医療保険と介護保険それぞれの保険料を一人ひとりが負担する仕組みとなり、長期療養をめぐる財源に占める高齢者本人の負担が次々と制度化されてきている。

3　療養病床問題

　長期療養患者を医療保険から介護保険へ移すことで医療費の抑制を目指したものの、現実には、医療保険から介護保険への転換は進まなかった。療養病床は介護保険制度スタート後も医療費高騰の原因となっているとされた。2006年、厚生労働省は「療養病床の将来像について」を発表し、療養病床の削減を打ち出した。医療保険適用の療養病床には医療必要度の観点からの見直し、削減という方針が示された。この方針はすぐさま2006年の医療制度改革法に盛り込まれた。医療必要度については「医療区分」、心身機能の状態については「ADL区分」という新たな基準が設けられた。医療区分は3段階に分けられたが、日本慢性期医療協会の資料によると、もっとも医療必要度が低いとされる「医療区分1」にも、「施設での対応が可能な軽症から重度意識障害、癌ターミナル、肝不全などの重症まで、実に多種多様な病態が含まれている」ことが指摘されている。しかし、介護保険適用の療養病床（介護療養型医療施設）は、医

療の必要度が低い患者が入院しているとし、2012年度に廃止及び老人保健施設等へ転換する方針が示されたのである。

　しかし、療養病床の削減や老人保健施設等への転換は進まず、混迷をみせている。この混迷の背景には、高齢者の長期入院は医療の必要度の低い「社会的入院」であるとされたことと現実のギャップがある。本当に医療の必要度が低いのかという問題、そして、医療の必要度が低いのにもかかわらず高齢者が入院しているとするならば、どのような理由からなのかという問題を明らかにしないかぎり、療養病床廃止に伴なう混乱は続くだろう。

　例えば、「社会的入院」について研究した印南（2009）は、「社会的入院」患者とは、これまで言われていたような医療の必要度が低い患者ばかりではない上に、治療が不十分なままでの退院、不適切な転院などの問題があると指摘している。むしろ、治療が終わっていなかったり、医療的なケアが必要だったりする患者が「入院日数」を基準とした診療報酬の体系によって、看護師の配置基準が低いところに転院させられたり、退院させられているという新たな問題が起こっている（小林 2016）。

　また、医療の必要度の低い患者が入院している場合には、療養の場の確保や高齢者を看る担い手の問題が横たわっているという現実がある。つまり、療養病床への「社会的入院」の背景に、療養の場としての住まいの問題や地域の生活環境、在宅医療の整備や療養を支える介護保険サービスの不備や不足といった複合的な課題、その延長線上には単身や高齢者のみの世帯が急増する中で看取りをどうするのかという問題などが重なり合っているのである。そして、今、受け皿としての「地域」が問題となっているのである。

　なお、厚生労働省は介護保険対応の療養病床である「介護療養型医療施設」を2015年度の介護報酬改定において、2017年度末までに「老人保健施設」等に転換し、新たに療養機能を強化した新類型の施設を設ける方針を示している。介護保険適用の療養病床を利用している高齢者の多くは、要介護4以上であり、病床を廃止した場合の受け皿がなければ、大きな混乱がもたらされるであろう。

4 「地域包括ケア」へ

「社会的入院」患者の退院が促進されたことで、受け皿としての介護保険も急速にサービス利用が増加した。住まいの確保や医療ニーズへの対応、生活を支えるサービスなどの問題が次々と地域の課題として表れている。もはや、医療から介護へというシフトで高齢者にかかるコストを削減しようとする政策は行き詰まりをみせている。受け皿なくしてはこれ以上の平均在院日数の短縮は難しい。そこで、受け皿づくりとして、地域の特性に応じた地域包括ケアシステムの構築という政策が打ち出された。2005年の介護保険制度の改革で、生活支援のサービスが抑制され、介護保険でカバーされる部分が減少したことによる家族の負担増や単身高齢者の生活困難を補うものとして、「地域包括ケア」が打ち出されたと宮本は指摘している。地域包括ケアという言葉は「財政的な困難から介護保険制度の持続可能性が取りざたされる中で浮上した」ものであり、「介護保険制度が目指した介護と医療の連携による在宅介護の実現という理念のみならず、財政的困難を、地域における共助や互助で少しでも補填しようとする発想も伴っている」(宮本 2014: 8)。さらに、今日では「地域包括ケア」は「介護保険の持続可能性」をめざす仕組みから高齢者の生活全般を支える仕組みに変化してきている。

5 医療制度改革は高齢者に何をもたらしたか

1 病院から「在宅」へ

1990年代以降、高齢者の平均在院日数は急激に減少している。また、他の年齢層と比較して高齢者の平均在院日数の減少率は大きい(表1)。退院を促進しつつベッドの稼働率を上げないと病院経営が成り立たない仕組みとなっているからである。とりわけ急性期の病院は、短期間での「在宅復帰」が診療報酬算定の要件となっていることで、いかに退院を促進させるかが課題となっている。また、退院を促進するための仕組みとして社会福祉士による支援も診療報酬の対象となった。

急性期からの「在宅復帰」とは、退院して自宅に帰ることだけを指すのではない。慢性期の病床や介護保険施設などに移ることも「在宅復帰率」にカウン

表1　平均在院日数の推移

年	1990	1993	1996	1999	2002	2005	2008	2011	2014
平均在院日数	44.9	41.9	40.8	39.3	37.9	37.5	35.6	32.8	31.9
(再掲)65歳以上	79.3	70.8	63.5	58.9	53.0	50.8	47.7	44.0	41.7

出所　厚生労働省「平成26年度 患者調査の概況」。
注　病院と一般診療所を合計したもの。2011年の数値は、宮城県の石巻医療圏、気仙沼医療圏及び福島県を除いたもの。

トされる。本来、治療中であり、退院したり転院したりする状態でない場合でも「在院日数短縮」を誘導する診療報酬制度による病院経営という視点から、「未完退院」「不適切な転院」が患者に強要され、治療の継続や重症で手厚いケアが必要な患者が看護配置基準の低い病床や在宅へと「押し出されて」いるのである。結果として急性期への「再入院」という問題も起こり、高齢者の尊厳やQOL（生活の質）という視点からはかけ離れた現実が引き起こされている。また、介護施設や地域には医療ニーズの高い利用者が増えているのである。

　それでは、介護保険は医療から「押し出された」患者の受け皿となりえているのだろうか。要介護認定者は介護保険が始まった2000年から一貫して増加している。介護保険サービスの受給者は2000年から2010年までの10年間に170％増加し、施設系サービスの62％増に対して、居宅系サービスは203％増となっている（平成23年度『厚生労働白書』）。これは介護保険制度が「社会的入院」を解消し、医療費を抑制しつつ、家族介護を前提とすることで介護費用も抑制しようとして「施設から在宅へ」を指向した結果でもある。しかし、単身高齢者や高齢者のみ世帯の増加にみられるように、家族による介護がますます困難となってきた現実は、特別養護老人ホームの待機者問題として表れていた。ところが、2015年の介護保険制度改正によって、特別養護老人ホームは「要介護3」以上を原則とすることになった。低所得で療養を必要とし、自宅での生活が困難な高齢者にとっては、ますます療養の場の困難が広がっている。

2 患者の自己負担の増加

　医療制度改革は、医療の供給面だけではなく、医療に必要な財源確保の一環として、高齢者の自己負担を強化してきた。介護保険の保険料は、制度開始時には全国平均で2,911円であったものが上昇の一途をたどり、2015年には5,514円となっている。加えて、75歳以上を対象とした後期高齢者医療制度の保険料も上昇してきており、両者を合わせると月に1万円を超えているのが現状である。負担増は保険料だけではなく、医療の窓口負担や高額療養費、介護保険の利用料にかかわっても行われている。

　また、入院給食費、差額ベッド料、おむつ代や寝巻・寝具のリース代などという形で保険外負担が増えている。保険外負担をできる経済的な余裕や代わりに支払ってくれる家族の有無などが高齢者のサービスへのアクセスの格差となって表れている。「稼働所得や預貯金が十分でない年金生活者は、救急病院入院中のQOL（生活の質）や長期療養する場所にもアクセスできない現実がある」と急性期病院の医療ソーシャルワーカーである鉾丸は述べている（結城ほか 2010：63）。医療費の支払いのために老後の資金が底をついたり、生活が破たんするということも起こっている。公的な医療保険が医療費の支払いのために生活が破たんするのを予防するために制度化されていることを考えると、その機能を果たさなくなっている現実がとりわけ高齢者を直撃している。

　また、毎月どれだけ支払えるかによって、生活環境を整えられるかどうかが大きく違ってくる。介護保険のサービスだけでは著しくADLの低下した高齢者の生活を支えることは困難である（結城ほか 2010：66-67）。介護保険が受け皿になりきれない部分は、高齢者や家族の負担で保険外のサービスを利用するか、利用そのものをあきらめなければならない。低所得の高齢者にとっては厳しい現実が広がっている。無届の有料老人ホームやお泊りデイサービスなど、自己負担をしながらも劣悪なサービスに甘んじなければならない現実も起こっている。保険サービスで高齢者の生活を支えられない現実は、家族の「介護離職」問題としてもあらわれている。

　そして、負担増は経済的な問題だけではない。短期間で病床を移動したり転院したりしなければならないことに伴って、各種書類へのサインなど保証人の

図1　年齢階級別にみた受療率の推移（入院、人口10万対）

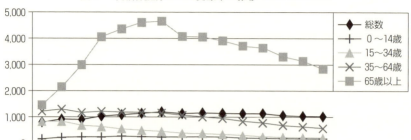

出所　厚生労働省「患者調査」。総数には、年齢不詳を含む。
　　　2011年は、宮城県の石巻医療圏、気仙沼医療圏及び福島県を除いた数値。

図2　年齢階級別の受療率の推移（外来）

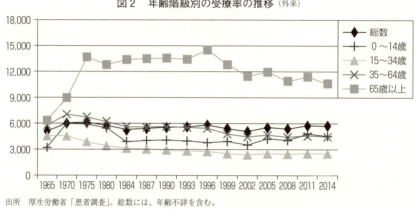

出所　厚生労働省「患者調査」。総数には、年齢不詳を含む。
　　　2011年は、宮城県の石巻医療圏、気仙沼医療圏及び福島県を除いた数値。

問題が起こる。保証人となる家族がいない場合には、転院ができないということも起こりうる。成年後見制度の身上監護では、保証人にはなれない。自治体の職員は連絡先にはなれても保証人になることはできない。親しい知人・友人がいたとしても保証人という責任の重さに引き受けを躊躇する。単身高齢者の増加が今後も予想され、この問題を解決しなければ、「在宅」へという流れを維持することは困難となるだろう。

表2　通院率の推移（人口千対）

	1992	1995	1998	2001	2004	2007	2010	2013
総数	264.8	285.4	284.5	313.8	325.4	333.6	370.0	378.3
65歳以上	576.5	611.8	625.4	631.6	637.9	637.9	679.4	690.6
75歳以上	—	—	—	—	673.3	675.4	721.9	735.0

出所　厚生労働省「国民生活基礎調査」

3　高齢者の受療率の低下

　高齢期は医療ニーズが高くなる時期である。2013年の国民生活基礎調査によると、高齢者の通院率は、65歳以上で人口1000対690.6、75歳以上で同735.0というように、年齢が高くなると通院率も上昇している（表2）。しかし、高齢者の受療率は1990年代以降、一貫して低下している（図1、図2）。図から分かるように、老人医療費が無料化された1970年代に入院、外来ともに受療率は急上昇し、その後、1980年代に入院は増加傾向、外来は横ばいであり、1990年代以降は、入院・外来ともに一貫して減少しているというように、高齢者の受療率は医療制度のあり方に大きな影響を受けているといえよう。

　疾病別にみた高齢者の受療率で高いのは、入院の場合、脳血管疾患、がん（悪性新生物）である（表3）。がんは年齢が上がるとともに受療率が増えているが、脳血管疾患は75歳以上の受療率が著しく高い。医療制度改革による「平均在院日数の短縮」「機能分化」が進められてきたことを背景に、がん患者の地域での治療の継続や脳血管疾患の患者のリハビリテーションが今後、地域包括ケアの大きな課題となってくることが考えられる。

6　まとめにかえて―患者や利用者になれない高齢者

　1990年代に病院機能の分化と連携を掲げて本格化した医療制度改革は、2000年以降、給付の抑制と患者負担の増大を同時に進め、総体として医療費を抑制する政策が展開されてきた。給付の抑制という点では、病院の機能分化を進め、平均在院日数を縮小し退院を促進する方向での制度改革が行われ、診療報酬制度によってその方向が強化されてきた。これまでみてきたような医療制度

表3　疾病別にみた高齢者の受療率
（入院、人口10万対）

傷病分類	65歳以上	75歳以上（再掲）
総数	2840	4205
脳血管疾患	419	678
悪性新生物	286	333
神経系の疾患	276	451
骨折	232	403
統合失調症、統合失調症型障害及び妄想性障害	218	159
心疾患（高血圧性のものを除く）	158	266

出所　厚生労働省　平成26年「患者調査」より筆者作成。

改革が中小の医療機関へ与えたダメージは大きく、地域の医療格差をもたらした。地域包括ケアは地域でのさまざまな社会資源の連携を前提としているが、連携には相手が必要である。医療制度改革がもたらした医療資源の地域間格差をどう手当てしていくかが問われてくる。

加えて、2000年以降の特徴としては、給付抑制のために長期療養の必要な高齢者を医療必要度の低い「社会的入院」患者として医療から切り離すという手法が取られてきた。その受け皿として介護保険が制度化され、長期療養の必要な高齢者は「患者」から「利用者」となることを余儀なくされている。ただし、受け皿としての介護保険も制度そのものにサービス利用を抑制する仕組み、すなわち、申請主義であり、要介護認定、要介護度別の利用制限などが内包されている。そして、介護保険制度も、財政的な視点から生活支援サービスの縮小や要介護度の低い高齢者の利用範囲の限定など、制度が改正されてきた。介護保険制度のサービスのみでは高齢者の在宅生活を支えることは難しい。家族による介護や保険外のサービス利用などを組み合せなければならない。介護保険制度ができ、65歳以上の高齢者は第1号被保険者としての保険料負担がはじまっただけではなく、75歳になれば、後期高齢者医療保険制度の保険料負担もある。経済的な負担は増しているが、安心して地域での生活を送るためには、さらなる自己負担や家族による支援などが必要であり、このような矛盾は、療養病床問題に端的に表れている。地域での暮らしを支えるためには、高齢者を医療や介護のニーズをもつ生活者としてとらえることが必要である。心身の機能からだけではニーズははかれず、社会経済的な背景や暮らしている地域の生活環境などによっても生活課題は異なる。生活をトータル

にとらえなければ本当に必要な支援は組み立てられない(5)。

　急性期の治療や重症度の高い患者であり、自己負担に耐えられる高齢者、家族が不足部分を補うことのできる高齢者は医療や介護保険のサービスにアクセスすることができるが、その範囲に入らない高齢者は患者や利用者になることは難しい。今日の生活保護受給者に占める高齢者の増加は、いかに負担に耐えられない高齢者が地域で増えているかを示している。生活支援の部分を互助の組織化で乗り切ろうとする「地域包括ケア」は、2016年に出された地域包括ケア研究会報告書で「医療や生活支援、住まいなども含めた複数の要素を包括的に結びつける仕組み」(6)であると説明され、システムの構築は市町村や都道府県が地域の特性に応じて作り上げていくものだとされている。しかし、医療費抑制政策の延長線上に「地域包括ケア」が位置づけられるとするなら、長期療養をめぐる課題は看取りという問題ともからみ、高齢者やその家族に深刻な生活問題を引き起こすだろう。

　本稿では、2000年以降の医療制度改革について、高齢者の長期療養にどのような影響を与えたのかを主に先行研究等の文献や既存の統計から整理し、高齢者とその家族の立場から、今後の課題を整理することを試みた。地域格差や自己負担に耐えられない高齢者が、医療や介護へのアクセスに困難をきたしているという点について、今後、実証的研究を進めていきたい。

【註】
(1) 地域医療支援病院とは、「紹介患者に対する医療提供、医療機器等の共同利用の実施等を通じて、第一線の地域医療を担うかかりつけ医、かかりつけ歯科医等を支援する能力を備え、地域医療の確保を図る病院」として、都道府県知事が個別に承認するものである。出所：厚生労働省「地域医療支援病院について」。
(2) 1970年代以降、「社会的入院」患者の問題の背景には、住宅問題や家族機能の低下によって在宅療養が困難な高齢者の存在と「社会的入院」患者を積極的に医療に取り込むことで利益を得ていたいわゆる「老人病院」の存在という関係があった。老人病院の一部には、大熊一夫によるルポや大友が「ボケは病院でつくられる」として問題提起したように、「高齢者の尊厳」とはかけはなれたような現実があった。
(3) 日本慢性期医療協会（2011）「医療区分1患者に関する調査資料」。
(http://jamcf.jp/pdf/2011/110602chairman_2.pdf、最終アクセス2017年1月5日)

(4) 2016年7月1日の毎日新聞によると、東京都高齢者福祉施設協議会が2016年1～2月、457施設に調査したところ（242施設回答、回収率53％）、2013年と15年で1施設あたりの平均待機者数は17.7％減、待機者数を調べている自治体に毎日新聞が聞き取ったところでは、13～16年ごろにかけて埼玉県42％▽北九州市30％▽神戸市27％▽横浜市16％▽岡山市13％▽兵庫県姫路市11％▽高松市11％▽広島市9％―と軒並み減っていたという。この制度改正によって特別養護老人ホームの待機者問題は一気に「縮小」した可能性がある。

(5) 例えば、戦後の住宅政策が持ち家政策を進めたため、公営住宅の整備は限られていた。在宅医療を受けながら療養するには療養の場である住まい必要である。年金生活で賃貸の場合、入院中に住まいを失くし、地域での生活の条件が整わず「漂流」する高齢者が増えているという（NHKスペシャル取材班2013）。住まいの問題は「地域包括ケア」を進める上での大きな課題となるであろう。

(6) 地域包括ケア研究会（2016）『地域包括ケアシステム構築に向けた制度及びサービスのあり方に関する研究事業報告書　地域包括ケアと地域マネジメント』1頁。

【引用・参考文献】
伊藤周平（2000）『介護保険と社会福祉―福祉・医療はどう変わるのか』ミネルヴァ書房
印南一路（2009）『社会的入院の研究―高齢者医療最大の病理にいかに対処すべきか』東洋経済新報社
NHKスペシャル取材班（2013）『老人漂流社会』
大熊一夫（1988）『ルポ　老人病棟』朝日新聞社
大友信勝（1998）『ボケが病院でつくられる―介護と闘う家族たち』旬報社
金子努（2004）『高齢者ケア改革とソーシャルワークⅠ―ソーシャルワークからみた高齢者ケア改革の基本問題』久美出版
小林美希（2016）『ルポ　看護の質―患者の命は守られるのか』岩波書店
佐藤幹夫（2009）『ルポ　高齢者医療―地域で支えるために』岩波書店
芝田英昭編（2014）『安部政権の医療・介護戦略を問う』あけび書房
島崎謙治（2015）『医療政策を問いなおす―国民皆保険の将来』筑摩書房
杉崎千洋・金子努・小野達也編著（2009）『医療制度改革と地域ケア―急性期病院から慢性期病院、そして地域・在宅へ』光生館
二木立（2007）『医療改革　危機から希望へ』勁草書房
二木立（2015）『地域包括ケアと地域医療連携』勁草書房
藤田孝典（2015）『下流老人―一億総老後崩壊の衝撃』朝日新聞社
藤田孝典（2016）「地域における医療との連携―ミクロとマクロを連動させた福祉実

践の取り組みから」公益財団法人日本生命済生会『地域福祉研究』44、34-43頁
堀越由紀子（2016）「社会福祉と医療の連携の諸相」『社会福祉研究』125、35-52頁
宮本太郎編著（2014）『地域包括ケアと生活保障の再編―新しい「支え合い」システムを創る』明石書店
村瀬博（2011）「現場実践レポート 特別養護老人ホームへの入所をめぐる『低所得者層』の問題について『待機者』にもなれない要介護高齢者問題を考える」『総合社会福祉研究』39、98-106
山路克文（2003）『医療・福祉の市場化と高齢者問題―「社会的入院」問題の歴史的展開』ミネルヴァ書房
山路克文（2013）『戦後日本の医療・福祉制度の変容―病院から追い出される患者たち』法律文化社
結城康博・嘉山隆司編著（2010）『高齢者は暮らしていけない―現場からの報告』岩波書店

13章 特別養護老人ホームのサービスは利用者主体となりえているのか
―― 措置制度から介護保険への制度変化のなかで

大友　芳恵

1　はじめに（研究の背景と目的）

「利用者主体[1]」が社会福祉の実践現場において強調されるようになったのは、1998年の「社会福祉基礎構造改革について（中間まとめ）」の提言以降であり、2000年の社会福祉法、介護保険法施行に伴い、高齢者福祉領域における援助は措置から契約へ移行した。この制度変化に関する言説は、「措置は行政処分であり、それゆえ、利用者主体は十分でなかったが、契約に移行したことで対等性が担保され、サービス利用においては利用者自らの判断と選択が保証される」というものである。つまり、措置制度（以下、措置と略す）にみられる、利用者のニーズに対して鈍感である仕組みから脱却し、利用者とその介護者の持つニーズへ柔軟かつ敏感に対応すべく選択権を担保することが、利用者主体の根本に通じるとされているのである。

介護保険開始時に厚生労働省が示した理念である「介護保険は介護を必要とする方がその有する能力に応じて生活できるよう、在宅・施設の両面にわたって必要な福祉サービス、医療サービスなどを提供するためのもの」は施行後15年を経過し16年目を迎えるに至って成熟してきたといえるだろうか。この15年間における介護保険法の数回の改定によって、充実する形で制度整備がなされてきただろうか。

例えば、直近の制度改正に通じた、2014年6月「地域における医療及び介護の総合的な確保を推進するための関係法律の整備等に関する法律」の成立に伴い、介護保険法の改定がされている。そのなかでも大きな変化である、要支援1、2の場合、訪問介護と通所介護を予防給付から外し、地域支援事業として

「新しい介護予防・日常生活支援総合事業（総合事業）」に移行させること、施設サービスに関しては特別養護老人ホーム（介護老人福祉施設）の利用は要介護3以上となったことなどは、いうまでもなく利用の制限が課せられたことであり、日常生活に何らかの支援を必要としている方のニーズが存在していても、利用者による選択は保障できないという内容に変質しているのである。そもそも、介護保険は利用者による「自己選択」を掲げて創設されたが、利用制限の拡大という現状は当初の理念から大きく変質したと言わざるを得ない状況となったといえよう。むしろそれは、理念を具現化するものに近づいているというよりも、少しずつ制度理念が変質しているといえるのではないだろうか。

本稿においては、「措置」「契約」の是非論で捉えることなく、介護保険の理念にあるように、特別養護老人ホームのサービス現状が利用者主体の視点で利用者の自由意思に基づく選択が保障されているかを、第2節では措置時代から特別養護老人ホームに勤務している職員に対するグループインタビュー（2016年）から、制度変化により変化したことは何か、利用者主体の観点からその変化を現場職員はどのようにとらえているのかについて整理した。第3節では措置時代（1996年）と介護保険に移行した頭書の施設（2006年）のケア内容を比較した筆者の調査結果から、利用者主体がどのように変化したのか、変化していないのかの問題提起を行う。

2　職員が感じる施設の変化

この節においては、措置による施設運営の時代から特別養護老人ホームに勤務している職員へのインタビューを実施した結果から、現状のケアサービスが利用者主体の視点で利用者の自由意思に基づく選択が保障されているかを検証してみる。

（1）フォーカスグループインタビュー　措置時代の特別養護老人ホームの運営やケア内容を職員として勤務経験し、介護保険施行後の運営やケアに関しても現職員として勤務経験している5名の方々に協力をいただき、2016年3月14日に1時間30分程度のグループインタビューを実施した。インタビューの内容はICレコーダーで録音し逐語録を作成し、記述分析法を用いて、参加メン

表1　インタビュー対象者

	年齢・性別	勤続年数	有資格
A	40代 男性	19年	介護福祉士 介護支援専門員
B	40代 男性	18年	介護福祉士 介護支援専門員
C	40代 男性	20年	社会福祉士／介護福祉士 介護支援専門員
D	40代 男性	17年	社会福祉士／介護福祉士 介護支援専門員
E	40代 男性	17年	社会福祉士 介護支援専門員

バーの語りをまとめた。

① 調査対象：5人の職員（表1）

② 倫理的配慮　調査実施に際して、本調査の目的及び方法、録音の許可、データの管理方法、結果報告を行うことについて口頭及び文書で説明した。また本調査において個人が特定されることのないよう個人情報保護に努めることを説明した。本調査は、筆者の所属する大学の研究倫理審査委員会による倫理審査の承認を得たうえで実施した。

③ インタビューガイド
・介護保険制度以降の施設内サービスで変わったと感じることはなんですか
・措置費から介護報酬で変わったことを自由にお話しください
・現状改善に取り組んでいることはありますか

(2) インタビュー結果及び考察　介護保険制度は、その理念として、サービス利用者との対等性や選択の自由を標榜しているが、介護保険施行15年を経て、現場の職員が感じている思いは複雑であった（章末**表2**参照）。インタビューで得られた変化内容をまとめたものが図1である。

制度変化直後は、それまで施設運営としてきた考え方の転換が求められ、経営的な視点での施設運営が強調された。そのことは、それまでの自由度の高い実践を阻むものともなっている。「1年間、行事を一切やらなかった…」というように、行事は「食事や排泄、入浴」のような基本的なケアとしてはみなされず、コスト管理の一つとしてみなされた経緯がうかがえる。また、介護保険が要介護度別の介護報酬となったことにより、利用者は経営的にもより重度の利用者となっている。また、2014年の介護保険法改正により利用要件は要介護

図1　措置と介護保険制度の特別養護老人ホーム

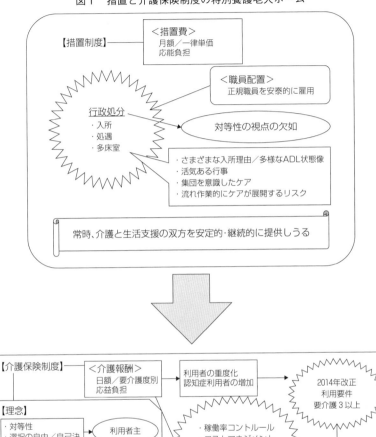
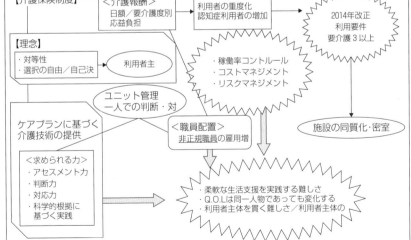

度3以上となったが、利用者のさらなる重度化は介護保険法の理念にある「対等」「選択の自由」などを実践の中で具現化していく難しさを増幅させていくことが考えられる。

また、この介護報酬は稼働率を意識するコストマネジメントをより強調させ、職員のコスト意識への喚起がなされていることのほか、経営上のリスクを意識したリスクマネジメントの強調にいたっている。経営コストを意識しすぎた結果として、非正規職員の雇用を増やしたことは、むしろ、ケア実践にマイナスに作用している。例えば、介護保険以降は居住環境も従来型の4人部屋から個室のユニットへと変化している施設が増えており、ケアスタッフは従来型のようにワンフロアに数人の職員が配置されている形から、1人でユニット内での対応を余儀なくされる場面も多い。重度化や認知症者の増加の中でケアの難しさがあろうし、求められる力としても、アセスメント力、判断力、対応力、科学的根拠に基づく実践などがあろう。しかし、この高い実践力を求められるなかでの職員は、措置時代のように安定的雇用がされる正規職員とは限らず、現実に支えているのは非正規職員である場合も多い。具体的な支援内容はケアプランに提示されているが、日々の変化に対応するきめ細やかなケア・柔軟な生活支援までを示してはいない。「介護への向き合い方が変わった…」という語りには、介護技術の提供はしても、日々変化する利用者の状態に対して柔軟に生活支援を実践することが十分でないというものであり、本来ケアをどう考えるべきかについて、示唆される部分が大きい。

とにかく余裕のない現場においての職員の疲弊も顕著であり、職員の育成には大きな課題を有していることが語られている。利用者主体を標榜しても現実には、制度の諸矛盾から実践の限界をもたらしていると考えられる。

3 措置時代から介護保険制度への移行

前章において、現場の職員は利用者に対する質の高いサービス提供を行うためにはどのようにすべきか、利用者主体や選択を保障実現していくために立ちはだかる諸課題を前に葛藤しながら模索していることが多く語られた。

現場職員が語っている措置時代とは、どのような時代だったのか、それが介

護保険によりどのように変化をしたのか、筆者が2006年に実施した調査結果をもとに整理してみる。

1 措置時代の高齢者施設

筆者が日本福祉大学の大友信勝先生ゼミの3期生として卒業を迎える際に、先生から「持ち前の明るさを活かした実践をするように！」とエールをいただき、特別養護老人ホームの生活指導員として勤務した1980年は措置の時代であった。当時の施設は戦前・戦後の救護法や生活保護法に規定された「養老院／養老施設」として機能していた歴史的な背景があり、それまでの「収容の場」としての施設から、いかに「生活の場」に転換できるかに積極的に取り組み始めた時代であった。今も印象深いことであるが、施設利用に関する措置が決定されると、行政から「収容依頼書」なるものが送付されたのだが、筆者はこの「収容」という文言に強い違和感を覚えた時代であった。その後、依頼文書は「収容依頼書」から「入所依頼書」へと変化を遂げたものの、現場は相変わらず施設利用者を当然のように「入所者」と呼称していた。しかし、現状への問題意識を持つ施設では「入居者」「入園者」等の呼称を用い、高齢者の基本的人権に思いをはせ、権利としての「生活の保障」をどのように具現化できるかについて積極的に取り組んできた時代であった。それはまた、「処遇」という文言に対する抵抗でもあった。支援関係には相互の対等性を意識することが必要であり、「処遇」ではなく「援助」「支援」という文言を意識して活用することが、日常生活に何らかの支援を必要としている人々の権利性や主体性を高めるものといった現場職員の強い思いがあった。

そもそも、措置時代は利用者の選択は保障されていなかったのだろうか。

まず、施設の利用に際して行政窓口で相談をすると、多くの市町村の担当者は、本人や家族の思いに沿いながら、希望やニーズに即した施設を探し、家族や本人が施設見学をしたうえで、市町村に施設利用の申請をしていた。もちろん、地域の社会資源としての施設数が不十分で、選択肢そのものが限定的となるといった自治体もあったが、それは、契約に移行した現状も同様の課題であり、措置が一方的な行政処分によるものであり選択が保障されないとする指摘

232　第3部　高齢者福祉の論点と課題

表3　選択の自由

	介護者の選択		主治医の選択		終末期の選択		食事の選択	
	06年	96年	06年	96年	06年	96年	06年	96年
選択 できる	27 40.3%	25 ＞21.9%	53 81.5%	90 ＜87.8%	45 66.2%	62 ＞53.0%	49 71.0%	85 ＜72.6%
選択 できない	40 59.7%	89 ＜78.1%	12 18.5%	26 22.4%	23 33.8%	55 47.0%	20 29.6%	32 27.4%
小　計	67 100.0%	114 100.0%	65 100.0%	116 100.0%	68 100.0%	117 100.0%	69 100.0%	117 100.0%

は必ずしも十分ではない。

2　「選択」は保障されていたのか

　高齢者の日々の生活を支える、ケア内容はどうであったか。
　ここでは、筆者が介護保険法の制定を目前にした（措置時代）1996年と介護保険が施行されて5年が経過した2006年の10年間で特別養護老人ホームの援助内容がどのように変化したのかについて北海道内の特別養護老人ホームに対し実施した調査結果[(2)]の比較から、ケア内容に内在している選択や利用者主体の実態を整理する。
　(1)　「**選択**」**の自由**　介護保険では、本人および家族の参加のもとに利用者の状態やニーズをアセスメントし、ケアに関するプランが検討される。この段階における高齢者本人の選択がケアプランに反映され利用者主体を通底させた支援内容が決定される仕組みとなっている。
　ここでは選択の自由の保障がどうであったかを見てみる（表3参照）。
　全体的な傾向として選択の自由が増していることがみてとれるが、その中でも主治医や食事の選択に関しては措置時代の選択自由の割合が高いことがみてとれる。「食事の選択ができない理由」（図2参照）に関して、1996年では「人手不足」や「複数献立が大変」という回答が多く見られていたが、2006年では「残菜が多く無駄が多くなる」や「経済的でない」の回答が96年よりも多く見られた結果となっている。

食事の質の向上を意識し、「適温給食」「バイキング食」「選択メニュー」「治療食」などに取り組み、季節を味わえるようにと行事食への工夫などがされてきた措置時代から、介護保険以降は給食を外部委託にする施設が圧倒的となり徹底したコスト管理が変化の要因の一つであるとも考えられる。

また、食事の選択ができる機会がどの程度保障されているか（図3参照）については、96年よりも06年のほうが機会の頻度が少なくなっていることがみてとれる。

図2　食事が選択できない理由

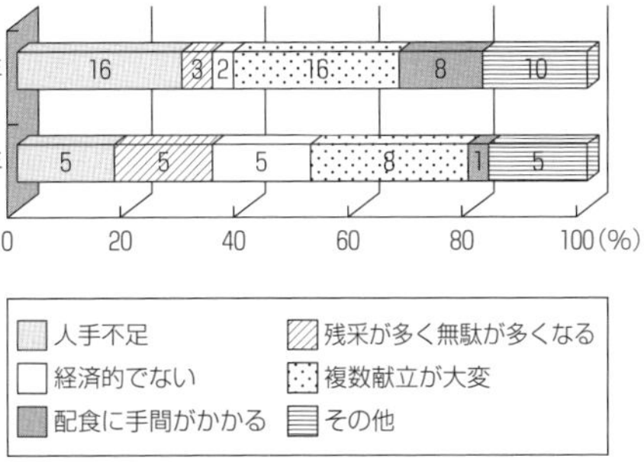
1996年
16
3
2
16
8
10
2006年
5
5
5
8
1
5
0
20
40
60
80
100(%)
人手不足
残采が多く無駄が多くなる
経済的でない
複数献立が大変
配食に手間がかかる
その他

図3　食事の選択ができる頻度

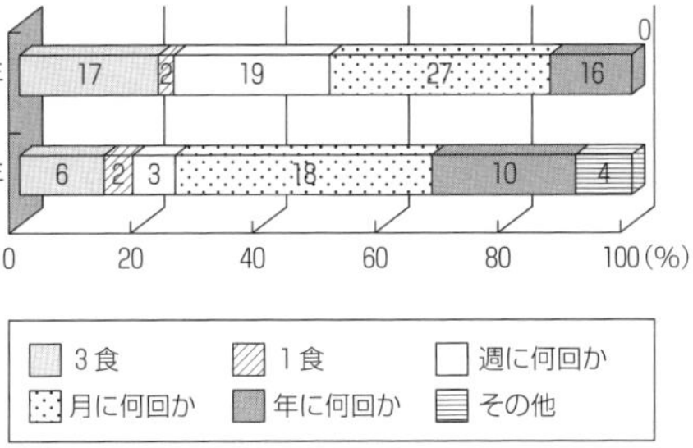
1996年
17
2
19
27
16
0
2006年
6
2
3
18
10
4
0
20
40
60
80
100(%)
3食
1食
週に何回か
月に何回か
年に何回か
その他

(2)　**プライバシー**　　自分らしい生活を保障する要素となる「飲酒」「喫煙」「家具の持ち込み」に関しては措置時代の96年においてもほぼ保障されており、全体的には「できる」と回答しながらも、飲酒や喫煙については06年の自由度がやや低下している結果が見て取れる（表4参照）。

介護保険以降は飲酒の機会（図4参照）や喫煙本数（図5参照）は、本人の希望優先というよりは、専門職による判断をもとに機会が保障されていることがみてとれる。

(3)　**基本的ケア**　　利用者の健康に大きくかかわる排泄に関し措置時代を振り返ると、布おむつを使用し施設内で洗濯を行う体制から、リースの布おむつを使用し洗濯は業者へと移行してきた経緯がある。措置時代の施設内では、職員と利用者である高齢者が談笑しながら一緒におむつたたみをする光景が日常

表4　プライバシー

	飲酒		喫煙		家具の持ち込み	
	06年	96年	06年	96年	06年	96年
できる	66 95.7%	118 <99.2%	65 94.2%	119 <100.0%	65 94.2%	108 >90.8%
できない	3 4.3%	1 >0.8%	4 5.8%	0 >0.0%	4 5.8%	11 <9.2%
小　計	69 100.0%	119 100.0%	69 100.0%	119 100.0%	69 100.0%	119 100.0%

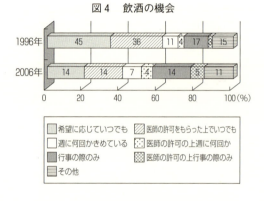

図4　飲酒の機会

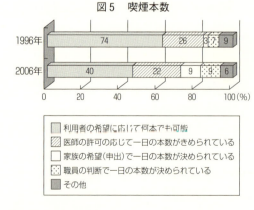

図5　喫煙本数

であった。やがて布おむつから紙おむつが台頭する時代となった。老人福祉施設の研究大会において、「きれいに洗濯し消毒したといわれても、人がはいたかも知れないパンツがはけますか？」と問われた際に大きな衝撃を覚えた。いまでは高齢者も子どもも、おむつといえば紙おむつをイメージするのだろうが、排泄ケアにもQOLを意識したケアへの模索と試行錯誤があった。また排泄への取り組みとしては定時交換を見直し、随時交換への取り組みがされたり、おむつをはずしてトイレでの排泄ができるようになることを目標としたケアなど積極的な取り組みが行われてき

た。措置時代は、全国の高齢者施設全体がボトムアップしていけるように、高齢者施設全体の向上という意識が強い時代であったように思う。1日当たりのおむつ交換の回数（図6参照）は、96年は1日あたりの交換回数が多いことがみてとれる（06年には、紙おむつ自体の質の高まりが頻回な交換を必要としなくなったということも影響していると思われる）。

（4）**本人参加**　前述したように、介護保険においては本人・家族の参加によるケアの検討やプラン策定を原則としている。措置時代は「本人が参加する」こと自体に必要性を認識していない回答もみられたが、介護保険以降は必要性を認識しつつも実施の際の困難を感じているという結果となっている。「利用者の重度か認知症高齢者の増加」などもこれらの一因であるとも考えられる（図7・図8参照）。

（5）**外出の機会**　介護保険によるケアプラン策定は従

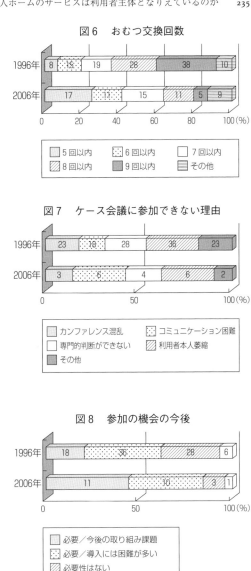

図6　おむつ交換回数

図7　ケース会議に参加できない理由

図8　参加の機会の今後

来のケアの柔軟性や自由度を低下させていると考えられる要因の一つに外出機会の減少をあげることができる（図9参照）。

本人の希望があればいつでも対応可能としていた措置時代から、ケアプランとの兼ね合いで外出が保障されるように変化していることがみてとれる。ケアの柔軟性が十分に機能せず、むしろ硬直化したケアに変化しているとはいえないだろうか。

（6）家族の苦情　家族からの苦情内容から、家族は施設のケア全般をどのようにとらえていたのかをみてみよう（図10参照）。介護保険に移行してからは他の利用者に関する苦情が減少し、具体的サービスの改善に関する苦情が増えていることがみてとれる。措置時代に多床室を基本とした環境から個室やユニット化が

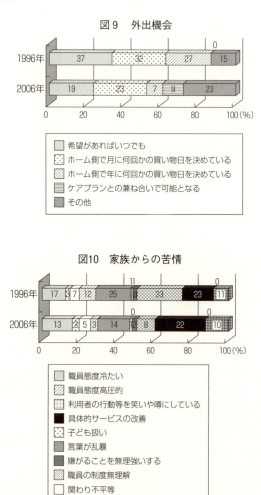

進み、他の利用者とのトラブル発生よりも、そもそものサービスの改善や向上に関して着目されている結果となった。

4 おわりに

　高齢者福祉施設の役割の変化について、時田ら（2015）は、これまでは利用者の生活を支えることであったが、高齢化の進行とともに入居者の半数以上が90歳を超える超高齢な要介護者となり、かつほとんどの利用者が治癒不能な複数の慢性疾患を抱え、さらに大多数が認知症を合併しており、対応の難しい高齢者が増加し、いまや、重介護高齢者の終末期ケアまでを担う大きな役割を期待されているが、その対応に係る人員配置やケア責任が問われる現状の困難性を指摘している。

　現場職員のインタビューにおいても明らかなように、利用者の生活を根底に据えたケア提供を行いたいと苦心しても、利用者の重度化、対応困難な利用者増、そのなかで職員に求められる対応能力や専門性も高く、瞬時の判断力や科学的根拠を求められ、強い緊張感の中にある現場の姿が明らかになっている。そのような専門性や科学性が求められる時代状況に反して、職員確保が難しいため高い専門性を求めたくても求めることができず、結果として、質の高いケア提供、利用者主体のケア提供を標榜しても実際のケアで具現化していくことの難しさを抱える現状にあるといえよう。谷口（2006）は、重度化の課題を、①重度化による入院のリスクの高さは稼働率の低下をもたらし、その結果、収入減となった場合には人件費に影響する。さらに、重度化は、虐待やネグレクトの増加にもつながる、②居住の場（生活施設）としての機能喪失、と指摘しているが、この視点も重要なものと思われる。

　また、2014年の改正によって特別養護老人ホームの利用は要介護3以上となったことで、今以上に施設が同質化・密室化していくことが懸念される。そもそも社会は多様な世代や人々とのかかわりによって構成され、生活の場が社会を構成していく基本要素であると考えると、重度の高齢者だけの集団を社会からながめたときに、ある種の違和感を覚えることはないのだろうか。むしろノーマライゼーションの具現化からは程遠い状況を作り出しているということも言える。

　さらに、介護報酬に移行したことは、稼働率や経営を常に意識し、リスクを

排除することが優先され、柔軟なケアが定型化したケアに変化してしまう。ケアプラン通りのケアを実践することがむしろ日々生活している中での利用者の息遣いを意識したケア提供を出来にくくしている。結局、対等な関係性のもとでの契約によるサービスを利用する利用者にとって、ケアプラン自体が「最善のケアを受ける権利」を阻害しているともいえるのではないだろうか。最善のケアはQOLの最大化にも通じるものであるが、そもそも、QOLは同じ人物であってもその時々に変化するものである。柔軟性の乏しい定型化した現状のケアのなかでは、QOLの志向も限界があるとは言えないだろうか。

利用者主体の意味するところが「ノーマライゼーションと自己決定の実現を目指し、福祉サービスの利用者と提供者が対等な関係にたち、福祉サービスを主体的に選べるようにする、利用者の立場を重視した考え方」であるとされるが、佐橋（2012）は準市場化した介護サービス提供現場においては、「「利用者主体」とは新自由主義的な一つのイデオロギーであり、使い勝手のよい概念にしか過ぎない」と述べ、利用者主体は誤謬であるとしている。

まさに、介護保険制度で標榜している、対等性や選択の保障は介護保険制度という仕組みの中では倫理的に明らかな瑕疵があり、妥当ではないという指摘は極めて重要な指摘である。また、制度の仕組みの中核の一つである、ケアマネジメントが機能することで、コストマネジメントとリスクマネジメントが強化され、結果として、利用者の望む生活から遠ざけてしまうという課題をも孕んでいるといえよう。

超高齢化の社会の中に合って、施設サービスの利用を希望している待機者問題がいわれて久しい。施設に入居できればそれでよしではなく、高齢者を生活者として、利用者主体のサービスのありかたを検討していくことは、市民一人ひとりにとっての普遍的な課題でもあり、それゆえ、現状制度の諸矛盾を根底から見直し・改善していくことが急務であると考える。

13章 特別養護老人ホームのサービスは利用者主体となりえているのか

表2 措置と介護保険制度による特別養護老人ホームの違い（職員インタビュー）

カテゴリー	サブカテゴリー	生データ
運営から経営へ	施行直後の混乱	介護保険の1割負担に伴って、それまでデイサービスなどは、無年金や国民年金の人にとって、応能負担から応益負担に変わったことの負担感は大きかった。回数を減らした利用者さんなどもいた。要支援にもなれなかった人はどう拾うのか‥が問題となり、町の独自事業での対応したのだが、利用者・家族が慣れるまでの料金の質問は多かった。仕方ないというあきらめになる時代でしたね。
		施設側の混乱は相当なものでしたね。まず、契約書作り、重要事項説明書、あのときはその時課長だった人が、「これからは介護保険制度になったら行事は一切できなくなるから‥」といって1年間まるまるやめたんです。1年間の収支の感じが分かってきて、小さい行事を家族の方に負担していただきなから初めてみて、それからはすこしずつ行事もできるようになってきた。
		介護保険制度が始まってからの最初のうちの3年間はけっして報酬は安くなかったですから、その後はだんだん減らされていって、さあどうするかっていったら、それは国の言う自助努力をせざるをえなかった。行事やさまざまなケア内容の見直しをした。
重度者への生活ケアの難しさ	生活ケア継続の難しさ	重度化してきて小さなテーブルレクのようなもの対応への工夫をしているのだが、そのひとに合わせて小さな単位でやるしかないかな‥
		当事者視点で言うと、おとしよりに合わないぐらいにいろいろなことをやらなければいけないようになってきた。質の高いサービスを提供してそれに対して報酬をいただいてという点とは異なる
		本来の生活サービスは、合うサービスと折り合いがつかなかったら、「はい、さようなら」というわけにはいかない。しかし、制度の中で納めなければならないという無理があるような気がしている。
		福祉的感覚　利用者が楽しく！！がなかなかまっとうできていない

			10年前に入居した利用者にてきめんにそれを言われますね
		利用者の重度化	介護保険になって重度の方が増えて
			重度化のため、通院も多くなっている
			利用者の重度化に伴い、利用者の声を聞くといっても、直接訴えをする人もすくなくなり、その分、家族のこえが声高になる？？
			プライバシーや選択の自由が重視されてきている中で、判断をすることのむずかしさが増しているのではないだろうか
制度変化によるコスト意識	ケアの向き合い方の変化		介護という向き合い方が変わった。それは介護保険と措置の違いから生じたものとも言い難いんだけれども‥
			せかせか感がない
			措置時代などはバイキングは食に対しての楽しみをもってもらえるように大皿に盛って楽しんでもらっていたが、今はやっぱりそれができるかといったら難しさがあるかな
			措置費の経済的な安定があったから統制力があったんですね。業務命令とかもしっかりしていたし
			かつてはいまでいう要支援レベルの人もいて活気あふれた四季折々の行事もできた
			なにかを犠牲にしてやるという人が昔に比べて減ってきたなと‥。昔の寮母時代はおばちゃんがいて「これやるよ！」と言う人もいたんだけども‥
	契約と権利意識		利用者の視点も多岐にわたるようになってきた。利用者からのクレームも増え、過剰要求も増えている　通常考えたらそれは無理でしょうというようなことも言ってくることも多くなっている　取り巻く環境（家族
			福祉はサービス業ですよね。お金をもらってその対価に対して福祉的なサービスを提供する。ただホテルマンと違うのは、ホテルは「安かろう悪かろう」のサービス、「高かろう良かろう」のサービスだというなかで、介護保険という現場では、従来型特養であれば画一された料金の中で、あっちの施設はこんなことをやってくれた。こっちはやってくれないという、なんか変な視点が利用者本人と言うよりは家族さんからの訴えが多い。ここ数年目立ってきたな‥と感じる。それなりのお金を出せば質の高いサービスが利用できるが、福祉は画一された料金の中

13章　特別養護老人ホームのサービスは利用者主体となりえているのか　241

		で、比較対象される。あっちの施設はこんなことしてくれた‥というような家族の要望がここ数年目立ってきたなと思う。
		昔の家族って、できなかったところは協力してくれたんだけど、今の家族はできなければ「なんだこれ！」と言う反応で、なにかと大変ですね
	介護報酬によるコスト意識	介護報酬の収入によって、稼働率が意識化され、稼働率が低下すれば人員の配置も変わってくることは大きい変化である。結局は余裕のなさにつながる。余裕をもってスタッフ育成もできない。悪循環が続いている感じがする
		15年前の介護保険が施行される時点での社会福祉法人はここまでがつがつと経営を考えなければならないとは感じていなかったと思います。徐々に介護報酬が下げられていく中で、経営を強化していかなければならないという感じに変わったのだと思います。
		最近は、介護職員まで「ここまでさげないとそれはできないね‥」とかを言う様になっていて介護コストを意識するように変化しているように思います。
		それまでは意識されていなかったけれども、介護保険がはじまって「こんだけベッドあいたら介護報酬がこれだけ下がって、介護報酬がへらされると、人員配置にも影響が及ぶということ」に意識を持っていかなければいけないと思います。
		主任会議レベルまでは、常に介護報酬収入に関する内容が議論され、収益について検討されています。
		稼働率の事とか、収益の事とか考えなくてはいけないという反面、利用者さんには生活する人間というか、思いっきり生活する人としてとらえなければ
		例えば、掃除も措置時代は業者か掃除専用職員の雇用もできたが、介護保険以降は介護職員が担わざるを得ず、掃除に十分手がとれていないことも多い現状ですね。先日も某テレビ局の報道で、よい施設の見極め方は観葉植物にさわってみて、埃がないかがカギであるとしたものがあったんですけど、うちの職員は観葉植物の清掃には気をつけよう！と話していました。
		これだけ、介護職員が減っている中で、利用者が重度化しているということは、必ず事故は起きますよと言っている。でも「事故起こしていいんですか？」といわれたらいいわけないん

		で‥、だから僕たちの立場は中間管理職の立場で、例えばこれ以上になったらこうなりますよ‥という板挟み。非常勤の人にも話はしています！
普遍化の限界	利用の限界	現にユニットに入居している人が、10月の改定で利用料が上がったことで、従来型に入りたいとする人の相談も数件受けているが、実際に、特養から特養への利用変更はなかなか難しいこともあり、利用者の現状ニーズに則していくことは難しい状況でもあり、「事情はわかりますけど‥」といって受付させてもらった方もあります
		札幌市はそれをだめとはいっていないの？「一応経済的事情をいって特養から特養へ話し合いがつけられるものであればそれは拒むものではありません。」と回答していますね
		お金を持っている人にとっては選択肢がいっぱい増えてということはいえるが
「生活」と「権利保障」の視点を持つ職員育成	生活支援の視点から介護技術提供の視点の変化	15年たって、複雑な気持ちがある。職員は利用者の全体を見てその人を判断するのではなく、属性・年齢や性別を理解してその人を見ることが少なくなった‥。そう深く考えながら動こうとしている人が少なくなっているのかなと感じる。熱い思いを持っている人が少なくなっているんですね。
		職員もだんだん専門的知識はついてきているけど、個々としては能力があるんだけれども、一致団結してなにかをやる、なにかを犠牲にしてやるという人が昔に比べて減ってきたなと‥。昔の寮母時代はおばちゃんがいて「これやるよ！」と言う人もいたんだけども‥それが今はいなくて、仕事として割り切るのも多いような気がしますね。臨時職員が多くなって正職員の割合が以前よりも減っていることも要因の一つかな‥とも思います。
		措置の時代は流れ作業になっていて、今はユニット等で多くの職員で何かをなすことが変化し、そこでは判断力等（個人が判断する場面が多い）、科学的なケアが求められていて、辞める人の話を聴く中では、ついていけない、判断ができないといった話しを聴く事もある。求められているものがたくさんあって、その中で異業種からや無資格では入ってもすぐにやめてしまうということにも繋がってしまうのかなと思う。
		専門職が増えたので専門職からの情報入手であり、リアルに自分自身がそのことを感じ取れない？

13章 特別養護老人ホームのサービスは利用者主体となりえているのか

		職員もだんだん専門的知識はついてきているけど、個々としては能力があるんだけれども、一致団結してなにかをやる、なにかを犠牲にしてやるという人が昔に比べて減ってきたな‥
		仕事として割り切るのも多いような気がしますね。臨時職員が多くなって正職員の割合が以前よりも減っていることも要因の一つかな‥とも思います。
	疲弊する職員	余裕を持って育成していくしかないのにそれができずに辞めていくという悪循環を感じるようになったのが介護保険かなと思うんです
		職員間に余裕がないように思うんですよね。記録の多さが原因なのか‥なにかはわからないですがケアプランの通りにやらなければいけない、あと、記録もやらなければいけないとかっていうことになると、行事とか他に力を入れる余裕がないのかな‥というところも原因にあるのかなぁ
		記録をこんなに書くのはいやだといってやめる人もいる。現場は記録システムを整備し、個々人にアイパッドを持たせるなど対応したら、新しいことを覚えるのが大変だ‥とやめた50代の職員もいる。良かれと思ってやったことがあだになっていることも多い。
		介護現場で働いている職員がPCを活用した新しいシステムを利用するのに抵抗があったり難しさを感じる人も多いかもしれないですね
		不安定な要因はすぐに責任もたされることなのかな‥、あるいは煩わしいといった‥資格をとって何年かたったらいいとこ見つけるんだといった感覚みたいなものはあるかもしれない。
	専門職担保の課題	正職員を売りにしても、人がこないよ‥。
		選択肢が増えたというか、どこも人がいないので、渡り歩ける時代になっちゃってますし、サ高住や有料老人ホームに入ったんだけど、そこでは専門的な事を教えてくれない。そこで上と下にはさまれて転職をする人なんかもいませんか?
		まったく畑違いの仕事をしていた公立大学卒の男子や大学院の人が、やりがいがあるからと、異業種から転職してくる人も多い。最近は建築や美容師なんかもいて、異なる視点も大切なんだけど、専門性という観点ではどうか‥ともなってしまうよね。無資格でもとるよ‥という具合になってきていて、せめて

| | | 無資格だったら介護助手で入って働きながら資格をとらせてステップアップさせることも必要だと思う。 |
| | | 育てるという感覚ではなく、ついてしっかり教えてくれると思っていたら、1人でやってね！と求められる |

【註】
(1) ノーマライゼーションと自己決定の実現を目指し、福祉サービスの利用者と提供者が対等な関係にたち、福祉サービスを主体的に選べるようにする、利用者の立場を重視した考え方。従来の福祉サービスは提供者側の事情が優先する面がみられたが、一連の社会福祉基礎構造改革のなかで利用者本位の福祉サービスが進められており、社会福祉法の成立によって、福祉サービスの利用制度化、苦情解決、情報提供等に関する規定が整備されている。『現代社会福祉辞典』有斐閣2003年による定義を利用者主体と捉える。
(2) ここで用いるデータは拙著（2008）「介護保険制度施行以降における特別養護老人ホームの援助の変化」『北星学園大学大学院論集』第11号pp137-152　北星学園大学大学院社会福祉学研究科の研究成果の一部を活用する。1996年調査は北海道内の228施設を対象に実施。回収率119（52.2％）、2006年調査は北海道内276施設を対象に実施し、70施設（回数率25.4％）の調査結果をもとに、本論文では単純集計結果から概観した。

【参考文献】
安宅川佳之（2010）「少子高齢化時代の社会保険制度の展望」『日本福祉大学経済論集』第40号　1-32頁
井口克郎（2015）「介護保険制度改革が地域で暮らす人々の生活の自律にもたらす影響」『貧困研究』15巻　明石書店　45-56頁
池田省三（2011）『介護保険論―福祉の解体と再生』中央法規出版
伊藤美智子、近藤克則（2012）「ケアの質評価の到達点と課題―特別養護老人ホームにおける評価を中心に」『季刊・社会保障研究』48巻2号　120-132頁
岩田正美（2016）『社会福祉のトポス―社会福祉の新たな解釈を求めて』有斐閣
大島正彦（2007）「『社会福祉基礎構造改革』の問題点」『文京学院大学人間学部研究紀要』9巻1号　275-283頁
川村匡由(2014)『介護保険再点検―制度実施10年の評価と2050年のグランドデザイン』ミネルヴァ書房
児山正史(2016)「準市場の優劣論と社会福祉基礎構造改革」『人文社会論叢社会科学篇』

35　25-41頁
佐橋克彦（2012）「わが国介護サービスにおける選択制と利用者主体の限界―準市場の観点から」『北星論集』（社）49号　99-114頁
杉澤秀博、中谷陽明、杉原陽子編著（2005）『介護保険制度の評価―高齢者・家族の視点から』三和書籍
谷口泰司（2006）「特別養護老人ホームの変貌に関する一考察―介護報酬及び要介護認定の視点から」『近畿福祉大学紀要』7巻2号、105-122頁
時田佳代子、井口健一郎、西山八重子、時田純（2015）「特別養護老人ホームの重介護施設化と倫理的課題」『認知症ケア学会誌』14巻3号　ケア学会、612-619頁
西村正広（2012）「今日の社会福祉政策における鍵概念」愛知大学地域政策学部地域政策学センター『地域政策学ジャーナル』1巻1号　9-18頁
増田雅暢（2016）『介護保険の検証―軌跡の考察と今後の課題』法律文化社
壬生尚美（2011）「特別養護老人ホームのユニット型施設と従来型施設における入居者の生活意識―安心・満足できる生活の場の検討」中部学院大学『人間福祉学研究』4巻1号、77-90頁
宮本恭子（2016）「介護保険制度施行15年の総括―介護保険制度改正の方向性と課題」島根大学法文学部『社会文化論集』12巻、15-29頁
三菱UFJリサーチ＆コンサルティング（2016）「特別養護老人ホームにおける良質なケアのあり方に関する調査研究事業報告書―平成27年度老人保健事業推進費等補助金　老人保健健康増進等事業」報告書

14章 韓国における認知症高齢者支援システムの現状と課題
―― 日本における認知症高齢者への支援システムとの比較を通して

李　栖瑛

1　はじめに

　2015年、韓国の高齢者数は6,624,120人である。このうち認知症高齢者は648,223人で高齢者全体の9.8％を占めている。認知症高齢者の増加に伴う社会的費用の増加は、韓国でも解決すべき重要な課題として注目を浴びており、彼らに対する社会的対策の整備が求められている。

　認知症は記憶障害だけでなく多様な行動障害の発生により家族の扶養負担が加重化される傾向があり、社会的活動の制限、家族関係の変化、社会的孤立などの問題に直面する危険性が高いとされる（室伏 2004）。認知症高齢者を扶養する家族は推計250万人とされている（中央痴呆センター年次報告書、2015）。

　韓国では、認知症高齢者の急増による社会的問題の解決のため、2012年2月から「痴呆管理法」に基づく認知症管理対策を展開している。同法は、5年ごとの認知症総合管理計画の策定、研究事業、検診事業、医療費支援事業、認知症登録統計事業、疫学調査の実施、中央痴呆センター・痴呆相談センターの設置等、認知症高齢者を支援するインフラ作りを政策の中心に置いている。一方、2008年には長期療養サービスへのニーズをもつ高齢者を対象とする長期療養保険制度が導入された。同制度の被保険者は全国民であるが、受給権者は、65歳以上の高齢者で認知症あるいは脳疾患などの老人性疾患を持つ高齢者、64歳未満で6ヶ月以上持続的な世話が必要な者と規定されている。彼らには身体活動と家事活動を支援するサービスを提供する仕組みとなっている。2014年7月以降は、受給対象者を軽度認知症高齢者まで拡大し、従来とは異なる形態の給付を加え現在に至る。

本稿は、韓国において認知症高齢者はどのような支援を受けられるのかを述べながら、改善されるべき課題を見出すことを目的とする。特に、韓国の認知症高齢者支援に必要なシステムの模索にあたっては、日本の支援システムと照らし合わせながら論述する。

2 韓国における認知症高齢者への支援システムの概要と課題

韓国の認知症高齢者への支援システムは、①「痴呆管理法」に基づく痴呆管理事業と②長期的保護サービスが必要な状態になった者を対象とする長期療養保険制度の2つに区別してみることができる。

前者「痴呆管理法」の代表的施策である痴呆管理事業は、痴呆管理総合計画をはじめ、認知症研究事業（第10条）、認知症検診事業（第11条）、医療費支援事業（第12条）、認知症登録統計事業（第13条）、中央痴呆センターの指定（第16条）、痴呆相談センターの設置（第17条）等が中心となっている。

第2次痴呆管理総合計画（2013年～2015年）は、社会的費用の抑制および認知症高齢者とその家族の生活の質の向上を目的として策定され、早期発見と予防強化、症状に応じた治療・保護の強化、効果的治療管理のためのインフラ拡充、家族支援および社会的つながりの拡大を図った（保健福祉部 2012）。また、2015年12月に発表された第3次痴呆管理総合計画（2016年～2020年）では、地域社会中心の認知症予防、診断・治療・介護サービスの統合的提供、認知症高齢者を扶養する家族の負担軽減、研究・統計などのインフラ拡充という4つの課題が設定された（保健福祉部 2015）。

「痴呆管理法」に基づく現在の政府の支援策は、認知症の発見、検診、治療にかかわる一部の低所得者に対する費用軽減策などが主であり、認知症高齢者が必要とする生活支援策としては機能していない。また、家族の介護負担を軽減させるにも十分ではない。現行の支援策は、要介護度が高い高齢者への支援策と低い高齢者への支援策に二極化されており、認知症高齢者への支援策としては多くの制約が存在するといえる。

後者の老人長期療養保険制度を通じた支援システムは、認知症、脳疾患などにより日常生活での自立が難しい重度の認知症高齢者を対象とし、身体活動支

援と家事支援を長期療養給付として支給する制度である。

　基本的なサービスの利用は在宅給付（訪問療養、訪問入浴、昼夜間保護サービス、短期保護サービス、訪問看護、福祉用具サービス）、施設給付いずれかを選択して利用できるが、原則的に施設サービスは3等級以上の者が対象である。

　新「痴呆特別等級」は、従前の老人長期療養保険の等級判定の仕組みを維持しつつ、これまで利用できなかった高齢者（認定点数が45点以上～51点未満者）のうち医療機関から認知症の診断を受けた者を新たな対象として包含し、一部のサービスを提供するものである。なお、韓国の老人長期療養保険制度で利用できる在宅サービスの事業者数は、2016年現在、訪問療養10,673箇所、訪問入浴8,691箇所、訪問看護577箇所、昼夜間保護サービス2,244箇所、認知症専担昼夜間保護サービス5箇所、短期保護サービス281箇所、福祉用具事業所1,777箇所となっている（国民健康公団 2016）。

　主に重度の認知症高齢者が長期療養保険制度を活用し利用することになる施設サービスは、10人以上の療養施設と10人未満の老人療養共同生活家庭に区分される。2008年以降はとりわけ後者が急増し、2016年現在、5,159箇所となっている（国民健康公団 2016）。

　老人長期療養保険制度については、従来から認知症高齢者に関連する様々な問題が指摘されてきた。認知症高齢者を支援する際の課題を中心に述べることとする。

第1の課題は、老人長期療養保険制度の利用制約である。

　「痴呆特別等級」（5等級）の新設により、軽度認知症高齢者がサービスを利用できるようになったことは評価できる。しかし、このような措置だけでは認知症高齢者のサービスニーズに十分応えているとはいい難い。

　実際、韓国での認知症高齢者65万人中、老人長期療養保険を利用し得る者はわずか30％に過ぎない（中央痴呆センター 2014）。療養必要度を基準にした制度ができたにもかかわらず、多くの軽度認知症高齢者は制約の問題から依然として必要なサービスを利用できない状況に置かれている。

第2の課題は、利用できるサービスメニューの不足である。

　認知症高齢者の地域生活を支援するためには、必要に応じた多様なサービス

を組み合わせて提供することが不可欠である。しかし、先に述べたようにサービス提供事業者数が偏っており、しかも5等級の軽度認知症高齢者が選択できる在宅サービスメニューは、認知活動訓練を行う訪問療養サービスか昼夜間保護サービスしか用意されていない。したがって、身体的自立度が高い軽度認知症高齢者でも家族による扶養が困難な場合、施設入所を選択せざるを得ないケースも少なくない。先行研究では、認知症高齢者を扶養する家族が好むサービスは、昼間あるいは夜間まで高齢者の身の回りの世話と必要なケアサービスを提供する認知リハビリサービスであるとされている（Lim Jeong Gi 2009, Ryu Ae Jeong 2014）。しかし、当該サービスは未だ普及・整備されていないのが現状である。

また、施設サービスにおいても選択できる施設の種類は少ない。しかも認知症高齢者の多くが選択する小規模施設は、不十分な人材配置基準から個別ニーズに対応したサービス提供が困難な現状にある。さらに、認知症高齢者へ専門的なサービスを提供すべきはずの療養保護士の問題と関連し、提供するスタッフの質の低さも指摘されている。

第3に、老人長期療養保険制度が適用されない認知症高齢者への支援システムの欠如である。

「痴呆特別等級」において等級外と判定された高齢者を対象とする事業として、「地域社会支援連携事業」がある。しかし、当該事業は地方自治団体や保健所が提供するサービスの情報提供を行うに過ぎない。よって、認知症高齢者およびその家族は、ニーズに適したサービスの選択やそのサービスの利用可否について、自ら事業者へ問い合わせ、利用手続をとらなければならない。

3　日本の認知症高齢者への支援システムの概要と特徴

日本において認知症高齢者を支援する対策は介護保険制度の中でどのようになっているのかを把握する。日本での認知症高齢者は2015年現在で345万人であり、高齢者人口の10.2％を占めている。なお、2020年には410万人（11.3％）になると予測されている。また介護保険を利用している認知症高齢者は約280万人であり、介護認定を受けていない高齢者は160万人と推計されている（厚

生労働省 2013a)。

　日本の認知症高齢者対策の特徴の一つは関連する多様なサービスを長期的な計画のもので拡大してきたことといえる。

　1970年代から高齢者精神病棟を整備し、入院治療を必要とする認知症高齢者を入院できるようにした。また1982年には認知症高齢者を介護するスタッフに対する「痴呆老人処遇技術研修事業」を始めた（中島 1997）。1980年代には行政主導で認知症高齢者の対策が整備されることになり、1986年には厚生省内に認知症高齢者のための対策本部を設け専門委員会が設置された。1993年には高齢者関係3審議会合同委員会として認知症高齢者のための対策検討会が設立され、国の認知症高齢者への対策への議論が行われた。

　1994年に出された認知症高齢者支援システムの骨子は、①在宅介護支援センターと老人性認知症疾患センターの整備、②認知症の発病の予防と早期発見・早期対応、③認知症高齢者へのより適切なサービスの拡充、④認知症に関する基礎研究の推進であった（厚生統計協会 2002）。1990年代半ばから2000年にかけては、認知症高齢者に特化したサービスも登場した。

　2000年以降は、介護保険制度が始まるとともに量的整備からサービスの質的向上を強化する方向へ対策の中心が置かれるようになっている（宅老所・グループホーム全国ネットワーク編 2003）。また認知症高齢者に対する介護人材の養成・研修・調査研究を目的とする認知症研修センターが設置され、認知症介護指導者養成研修事業等も実施されるようになった。

　さらに認知症対策推進5ヵ年計画（オレンジプラン）は、2013年から2017年までの5年間の対策であり、市町村の介護保険事業計画に反映されることとなっている。主な内容として、認知症高齢者に対する事前的対応の重視を基本にしながら、①標準的な認知症ケアパス（状態に応じた適切なサービス提供の流れ）の作成・普及、②早期診断・早期対応の強化、③地域生活を支える医療サービスの強化、④地域生活を支援する介護サービスの構築、⑤家族支援の強化、⑥初期認知症対策の強化、⑦医療、介護サービス人材の育成等が掲げられている（厚生労働省 2013b）。本計画の意義としては、標準的認知症高齢者ケアパスの作成促進、および本計画の2015年度介護保険事業計画への反映があげられてい

る。さらに、サービスの多様化とともに関連する専門の人材の養成に力を入れてきたことをあげられる。

　認知症高齢者を支援する専門家養成では、介護実践者研修、認知症介護実践リーダ研修、認知症介護指導者養成研修という重層構造で実施している。オレンジプランでは、実践リーダ研修者4万人、指導者2,200人を目標として提示している。

　次に、日本の介護保険制度の中での認知症高齢者対策をみると、日本の介護保険制度では認知症高齢者を特別対象とせず、認知症高齢者の日常生活自立度や身体機能状態を基準に状態を把握し要介護度を決めることとなる。またそれとは別に、認知症高齢者の認知能力を判定する基準として「日常生活自立度」もある（厚生労働省 2006）。2013年現在、日常生活自立度2以上で介護保険制度を利用している認知症高齢者は280万人、日常生活自立度1あるいは介護保険で認定を受けていない高齢者が160万人、健康な状態と認知症の境界にある高齢者が380万人と推定されている（厚生労働省 2013a）。

　介護保険制度では、要介護度1〜5までの認定を受けた高齢者は介護給付を利用し、要支援1〜2の高齢者は予防給付を利用する仕組みとなっている。2006年からは地域密着型サービスが導入され、予防給付、介護給付、地域密着型のうち、いずれかを選択し利用する。

　居宅で利用可能なサービスは、訪問介護、訪問看護、夜間対応型訪問介護、複合型サービス、訪問入浴介護、訪問リハビリ、定時巡回、随時対応型訪問介護看護、居宅療養管理指導等、多様なサービスが整えられている。また通所して利用できるサービスとして、通所介護、通所リハビリ、短期入所生活介護、認知症対応型通所介護、短期入所療養介護等がある。さらに在宅での生活を持続するために必要な福祉用具貸出サービス、住宅改造、補修サービス、特定福祉用具販売サービスも利用できる。

　一方、生活の場を居宅から施設に移す場合でも、介護老人福祉施設、介護老人保健施設、小規模多機能型居宅介護、地域密着型特定施設入所者生活介護、地域密着型介護老人福祉施設入所者生活介護、介護療養型医療施設、特定施設入所者生活介護、認知症対応型共同生活介護等が利用できる。

要支援者に対する介護予防サービスでは、介護予防訪問介護、介護予防訪問看護、介護予防居宅療養管理指導、介護予防認知症対応型通所介護、介護予防短期入所生活介護、介護予防福祉用具貸出サービス、介護予防住宅改造、補修サービス、介護予防特定施設入所者生活介護、介護予防訪問入浴介護、介護予防訪問リハビリ、介護予防通所介護、介護予防通所リハビリ、介護予防短期入所療養介護、特定介護予防福祉用具販売、介護予防小規模多機能型居宅介護、介護予防認知症対応型共同生活介護等のサービスが整えられている。

こうした居宅サービスの充実や地域密着型サービス追加の背景には、認知症の初期段階から終末期まで人間らしく住み慣れた地域で生活することを政策理念として掲げている点があげられる。

4 韓国における認知症高齢者支援システムの構築に向けて

ここでは、韓国においてどのような認知症高齢者支援システムの改善が必要であるのかにつき、日本の支援システムからの示唆を踏まえて述べていきたい。

まず、日本では、軽度認知症高齢者も本人のニーズに適したサービスを選択し利用できるシステムが整備されている。それは認知症の程度に合わせて多様なサービスメニューから選択できるシステムが整えられていることと関連する。もちろんこれにより介護保険制度の財政が膨らみ、制度の持続性を担保できないという批判も受けているようである。しかし、サービスを必要とする認知症高齢者と扶養する家族の立場からすれば、どのような状態であれ、一元化されたシステムの中で必要なサービスを組み立てて利用できるというメリットが存在する。さらに、保健・医療・福祉・住宅環境等を考慮した統合的な支援システムの構築が政策のスローガンとして掲げられ、その具現化に向けたネットワークづくりが進められている。

こうした点において、韓国の長期療養保護システムは大きく異なっているといえる。

先述のとおり、韓国の認知症高齢者の多くは関連する制度が二極化されているため、認知症の進行予防が必要な段階では主に自治体の保健所あるいは「痴

呆支援センター」等が提供するサービスの対象となる。そこで提供されるサービスには、認知症の検診、家族の相談、軽度の認知症高齢者を対象とする認知活動訓練プログラム等がある。一方、ある程度認知症が進み長期療養保険制度を使えるような状況（認知症特別等級）となった軽度認知症高齢者は、制限付きではあるが、訪問サービス等の利用が可能となる。さらに認知症が進行すれば身体支援と家事支援を行う訪問療養サービス、デイサービス等が利用できる。重度と判定された場合は、居宅での生活を継続できるようなサービスが不足していることから、施設サービスの利用を余儀なくされる。要するに、現在の認知症高齢者支援システムでは、認知症発見時から軽度、重度に至る過程において連続的・継続的なサービスが受給できないのである。Kim Wook（2010）は、韓国の長期療養保護システムは現行の重症者中心のサービス支援から脱皮し、予防およびリハビリサービスに転換することの必要性を述べている。認知症高齢者への支援は、初期段階からの悪化予防および治療支援とともに、個々人の状態に適したプログラムを選択し利用できるようなサービスメニューの多様化が必要であろう。

　第2に、このようなサービスメニューの拡大とともに考慮されるべき点は、認知症があっても住み慣れた地域で住み続けられるような支援システムの構築である。

　日本で最近打ち出されたオレンジプランをみると、持続可能な長期療養保護システムの確立と同時に、認知症高齢者が地域で安心して住み続けられるよう支援する地域システムの構築を打ち出している。かつて日本においても、認知症高齢者への支援の中心は精神科病院や入所施設であった。が、今はまさに地域支援こそが重要な政策の中心となっている。また注目すべき認知症高齢者への支援策の1つに「認知症初期集中支援チーム事業」がある。本事業は、主に40歳以上で認知症の可能性がある者、認知症でありながら医療サービスあるいは介護サービスを利用していない高齢者、サービスの利用を中断した者、行動心理症状が多くみられケアしにくい者を対象とし、地域包括支援センターに配置された認知症初期集中支援チームが優先的に支援するものである。このチームには複数の専門職が配置され、認知症高齢者の認知機能障害、生活機能障

害、行動心理症状、家族の介護負担などの把握、家庭訪問の実施、家族の認知症理解に向けた説明、医療機関等の情報提供、介護保険サービスの説明、本人および家族への心理的支援等のサービスを実施する。

　韓国においても、初期の認知症高齢者と扶養する家族を支援する組織として日本の認知症初期集中支援チームと似た専門スタッフが痴呆支援センターに置かれている。しかし彼らの役割と機能にはかなりの差がある。ここで行われるサービスは管轄する中央政府の政策を自治体のレベルで提供するが、初期から重度まであらゆる状態の認知症高齢者をカバーする支援システムになっていない。サービスを管理する組織も、痴呆支援センターは自治体、長期療養保険でのサービス管理は国民健康保険公団に分かれており、2つのシステムのもとで提供されている。したがって韓国の認知症高齢者の地域生活を支援するためには、在宅生活を支援できる多様なサービスの整備とともに、痴呆支援センター中心の初期認知症高齢者支援システムと長期療養保護システムとの連携が重要となる。

　第3に、認知症高齢者を支援する専門性をもったスタッフの養成と持続的な教育システムの整備の必要性である。上述のとおり、日本では認知症高齢者をケアするスタッフの専門性向上の取り組みを続けてきた。とりわけ当該スタッフの養成のために国、自治体のレベルで関連施策を模索し、青写真を提示したうえで教育訓練の仕組みを整えてきた。

　韓国でも、長期療養保護の仕組みの中で専門性をもったスタッフ養成の必要性が指摘されてきた。しかし、このような現状を認識しながら、国・自治体レベルでの積極的な人材養成および教育システムは整備されていない。初期の認知症高齢者への支援をする現場はもちろん、より療養必要度が高い重度認知症高齢者へのサービス提供は、より専門性を備えたスタッフによって行われるのが望ましい。しかし、現在の韓国での人材養成においてこのような取り組みはきわめて弱い。

　2014年の軽度認知症高齢者を長期療養保護システムの対象としたときに、「痴呆特別等級」と判定された人たちに認知リハビリ訓練をできるよう在宅事業所の一部の人たちに国民健康公団が中心となり短期間の教育を行った（Lee

Yoon Kyoung 2013)。しかし、この教育は利用制限された軽度の認知症高齢者のリハビリ活動プログラムを提供するための教育であり、認知症高齢者が必要とする総合的な支援のための教育でなく、持続性も担保されていなかった。

最近日本でも様々な対策の模索が展開されるように、韓国でも多様な現場で認知症高齢者を支援するのに必要な専門知識と技術に対する教育はもちろん、さまざまな職業分野の従事者たちに求められる職務力量を強化できるような人材養成の仕組みづくりが必要である。

【註】
(1) 韓国では認知症高齢者は痴呆高齢者と名称しているが、ここでは日本で一般的に使われる用語として認知症高齢者と記すこととする。ただし、韓国の制度、政策、サービス提供機関などの固有名詞は原語のまま記すことを断っておく。
(2) 1等級は長期療養認定点数が95点以上、2等級は長期療養認定点数が75点以上から95点未満、3等級は長期療養認定点数が60点以上から75点未満、4等級は長期療養認定点数が51点以上から60点未満、5等級は長期療養認定点数が45点以上51点未満を示す。
(3) 老人長期療養保険制度と同時に新設された国家資格であり、療養保護士専担の教育機関で240時間受講し、試験に合格すれば取得できる。しかし受講資格要件に学力・年齢等の制限がないことから、療養保護士の質に対する批判がなされている。

【参考文献】
医療経済研究所（2003）『初期から終末期に至るまでの地域に密着した望ましい痴呆性高齢者のケアの在り方』医療経済研究所
厚生統計協会（2002）『国民福祉の動向』厚生統計協会
厚生労働省（2006）「痴呆性老人の日常生活自立度判定基準の活用についての一部改正について」厚生労働省
厚生労働省（2014）「介護保険事業現況報告（2014年1月基準）厚生労働省
厚生労働省（2013a）「認知症施策の推進について」社会保障審議会資料、厚生労働省
厚生労働省（2013b）「認知症施策推進5ヶ年計画（オレンジプラン）」厚生労働省
　（2014）（http://www.mhlw.go.jp/stf/houdou/2r9852000002j8dh-att/2r9852000002j8ey.pdf, 2014.06.01）
国民健康保険公団（2013a）「2013老人長期療養保険業務処理指針」
国民健康保険公団（2013b）「2013老人長期療養保険統計年報」

国民健康保険公団 (2014)「2014上半期老人長期療養保険主要統計」
国民健康保険公団 (2016)「2016上半期老人長期療養保険主要統計」
  (http://www.edementia.or.kr/main/mainStart, 2014.6.1)
社会保障制度改革国民会議 (2013)『社会保障制度改革国民会議報告書』
宅老所・グループホーム全国ネットワーク編 (2003)『宅老所・グループホーム白書2003』宅老所・グループホーム全国ネットワーク
中央痴呆センター (2013)『痴呆老人失踪対策シンポジウム資料集』ソウル中央痴呆センター
中央痴呆センター (2014)『2014国家痴呆管理workshop資料集』ソウル中央痴呆センター
中央痴呆センター (2015)『中央痴呆センター年次報告書2015』ソウル中央痴呆センター
中島健一 (1997)「痴呆性老人対策の展開」『月刊福祉』80 (1)、14-19頁
日本認知症ケア学会編 (2004)『認知症ケアの基礎』東京ワールドプランニング。
認知症介護情報ネットワークホームページ (2014) (http://www.dcnet.gr.jp, 2014.11.30)
長谷憲明 (2009)『よく分かる！新しい介護保険のしくみ』瀬谷出版
保健福祉部 (2012)「老人長期療養保険基本計画」ソウル保健福祉部
保健福祉部 (2013)「2013年度痴呆政策方向」ソウル保健福祉部
保健福祉部 (2015)「第3次地方官吏総合計画」ソウル保健福祉部
Kim Wook (2010)「老人長期療養保険の認知症高齢者支援研究、精神保健と社会事業」35、295-319頁
Lee Seo Young (2014)「老人長期療養保険制度の中での認知症対応方案」『2014韓国長期療養学会春季学術大会資料集』韓国長期療養学会、67-85頁
Lee Yoon Kyoung (2013)『長期療養等級体系の改編及び痴呆管理模型開発』ソウル国民健康保険公団・健康保険政策研究院
Ryu Ae Jeoung, Lee Ho Yong, Kim Kyoung A, Lee Ji Hye, Lee Yoon Kyoung (2014)『長期療養5等級（痴呆特別等級）2次モデル事業評価研究』健康保険政策研究員研究報告書・ソウル国民健康保険公団

終　章　社会福祉研究・教育の歩み
　　　　——自分史を中心として

大友　信勝

1　はじめに

　自分史を書くというのは面映い。どう書くのか、まよいつつ、最初に自分史を意識したのは龍谷大学の定年退職（2012年3月）を前にしてからであり、その頃から書きとめたもの、思い出等を組合せて、研究・教育を中心に述べてみたい。

2　龍谷大学退職記念講演会を終えて（2012年2月）

　私の職業人生は、龍谷大学の定年退職で一つの区切りとなる。大学院大友ゼミナールによる実行委員会形式の退職記念講演会が人生の集大成の一つとなった。その意味で、自分史を「定年退職」から始めたい。本論は、退職記念講演会後に関係者に送った「感謝」の言葉である。

> 　私の職業人生46年間の幕が、龍谷大学定年退職という形で、一つの節目を迎え、閉じることになりました。退職記念講演会を2012年1月28日（土）に開いたところ、京都駅前アバンティ9Fの龍谷大学響都ホールに約150名の方々が参加してくれました。北は北海道から南は沖縄、そして韓国からの参加がありました。
> 　真冬の京都、インフルエンザの影響、当日朝に起きた関東でのやや強い地震、その影響を当日参加の方々が上まわる形で、予定した資料を心配する状況が起きました。
> 　当初、30名の予定が150名になったのは、龍谷大学社会学研究科社会福祉学専攻大友ゼミナールの院生、研究生、修了者たちによる実行委員会の企画、呼びかけがあってのことです。また、日本福祉大学同窓会事務局が広く呼びかけをして下さり、大友ゼミのメンバーが口コミによる参加呼びかけをしてくれました。同じことは、東洋大学大学院福祉社会システム専攻の大友ゼミナールにもありました。龍谷

大学社会学部、社会学研究科の主催や協力によるフォーマルなものでなく、龍谷大学大学院ゼミナールの院生たちによる主催であり、自主的企画・運営だったことが今回の退職記念講演会の最大の特徴でした。準備も手作りで、田中聡子実行委員長を中心に、実務を權順浩さん、湯川順子さん、写真・DVD（主として祝賀会企画）を水野謙二さん、杉浦加奈子さん、そして、全般にわたり大友ゼミ関係者が役割を分担しあい、全員総参加で臨んだ運営であったとみています。

　私が「ただごとではない」と思うようになったのは、当初の参加予定者30人が50人、そして70人になり、100人という数字が出てきたときです。急遽、当日資料を抜本的に編集し直し、記念の配布用冊子を作成することになりました。『社会福祉の道50年』の退職記念冊子（表紙をクライストチャーチ・ニュージーランドの大聖堂、Ａ４版、114頁）を200部プラスアルファ作成し、殆どなくなりました。「ただごとではない」という予感は的中し、後半一気に伸びました。

　2012年1月28日、響都ホールの受付会場が、まるで同窓会のようであり、お互いが20年ぶり、30年ぶりという方々もいて、再交流の場をつくったのかもしれない、と思いました。あれから30年というのにタイムスリップし、「学生と教師」の関係に戻れるものであることを感じました。ゼミ生といっても、50代後半に入った人たちもおり、貫禄がつき、風格も出ていて、内心「すごい」と思ったほどです。

　第1部、講演会は司会が斉藤とも子さん（女優、東洋大学大学院ゼミ生）、開演の挨拶、田中聡子さん（県立広島大学、龍谷大学大学院ゼミ生）、祝賀公演を渡辺潤さん（太田区役所、全国公的扶助研究会事務局長）が自作の歌で盛り上げてくれました。

　リレートークは、白石真帆さん（元・姫路市社会福祉事業団、日本福祉大学ゼミ生）、渡辺靖志さん（岩国市市会議員、日本福祉大学ゼミ生）、田代真樹さん（地域包括支援センター、東洋大学大学院ゼミ生）、李栖瑛さん（ソウルサイバー大学、東洋大学大学院ゼミ生）、辻村禎彰さん（宇治明星園理事長）、井岡勉さん（同志社大学名誉教授）、尾藤廣喜さん（鴨川法律事務所・弁護士）、小倉昌行さん（亀山美術館長）から思い出、励まし、これからへの提言等、心に残るメッセージをいただきました。その都度、タイムスリップして、おひとり、おひとりのメッセージを「こころの財産」として受け止めさせてもらいました。

　私は「社会福祉研究の歩み－自分史を中心として」というテーマで約80分の講演をさせてもらいました。人生の思い出を共有する方々を前にして、社会福祉研究の歩みを語る機会をつくってもらえたことに「生きていることはすばらしい」、「こんな幸せなことはない」としみじみ思いました。生きているから、この喜びがある。そんな気持ちを抱いて講演をさせてもらいました。

　講演終了後、企画になかったことが起きました。長女・信乃からスピーチをさせ

てほしいと申し入れがあり、何を話すかはいえないというのです。壇上に上がった長女は、自らの難病を語り、仕事人間の父が、今は自分をよく理解し、普通に生きていくことを共に語りあえ、信頼しているといわれ、励ましているつもりが励まされていると思ったことでした。

閉演の水野謙二さん（阪南市役所、日本福祉大学ゼミ生・龍谷大学大学院ゼミ生）の挨拶は、思い出と信頼を込めたスピーチであり、「勿体ない」と思いながら、感謝を込めて聴きました。

第2部、祝賀会は当日申し込みもあり、約90名の参加がありました。第2部の司会は、野中ますみさん（大阪人間科学大学、龍谷大学大学院ゼミ生）と水野謙二さんが行いました。第1部同様、最も参加者の多かったのが日本福祉大学関係者であり、ゼミコンパをやっているような雰囲気でした。

第2部は、開会の挨拶を犬塚繁道さん（元・日本福祉大学事務局長）からいただき、杁中キャンパス時代、美浜キャンパスへの移転とスキーバス事故等を思い出しました。乾杯の挨拶は中川健太朗さん（花園大学名誉教授）が行いました。

そして、第2部は尺八公演があり、尾藤廣喜弁護士が都山流大師範の尺八を演奏され、会場に染み渡り、祝賀会を一気に盛り上げてくれました。

第2部もリレートークがあり、宮部真弥子さん（日本精神保健福祉協会常任理事、日本福祉大学ゼミ生）、畠山護三さん（広島医療保健専門学校教員）、片平洌彦さん（前・東洋大学教授、新潟医療福祉大学教授）、岡本波津子さん（杉並区・社会福祉法人サンフレンズ相談役）、竹内則夫さん（東京都社会福祉協議会、日本福祉大学ゼミ生）のメッセージがありました。アルコールも入り、スピーチもなめらかで心あたたまる思い出、励ましをいただき、「ありがたいことだ」。そう思いながら何度もうなづきながら聴きました。

第2部は、「思い出の時間」があり、水野謙二さん、杉浦加奈子さん（市立四日市病院、日本福祉大学）が研究室を何度か訪れ、私から写真をもっていったものの中からピックアップし、DVDをつくり、大画面に約13分間映し出すとお互いのゼミナールにおける若かりし頃の思い出が次々とアップで出てくるので、会場はざわめき、何度も大きな声があがりました。

これは実行委員の武藤敦士（龍谷大学大学院ゼミ生）さんに申し込むと入手できるという案内が行われました。余剰金はすべて東日本大震災への寄付にあてられることになっています。このDVDも、私を驚かすために、当日まで見せてもらえなかったのですが、心を込めて作成して下さったことが言葉よりも画面に出ていて、何と感謝申し上げたらいいのか。ぐっとつまるものがありました。

職業人生46年間の、社会福祉研究者として定年という一つの区切りに際して、幕

を降ろすべきときがきた、と心に決めておりました。その別れの時に、「さようなら」、「ありがとう」を最も思い出を共有し、お世話になった方々の前で、皆さんにお辞儀をして、懐かしいひとりひとりの前でいえることの晴れがましさ、これを幸せといわずに何というべきでしょうか。

　私は、2012年1月28日、龍谷大学大学院大友ゼミナールの関係者によって退職記念講演・祝賀会を企画してもらい、これだけ多くの日本福祉大学、東洋大学、龍谷大学の方々に囲まれ、人生の財産を彼岸にも持っていける温かい思い出をいっぱいいただきました。研究仲間の方々、市民運動の関係者も駆けつけてくれました。

　また、1月28日、さまざまな事情、都合により参加できないというメッセージも多くいただきました。お花等やカードもありました。長い長いお手紙もありました。私からの感謝の気持ちはその方々にも同じく向けられています。こころにかけていただき、それだけでありがたく思っています。勿体ないことだと何度思ったかもしれません。

　残された人生、2012年1月28日の感動と感謝をもって、定年の幕を降ろした研究者がどう生きていくか。研究に定年はない。しかし、残された時間を考え、節度と謙虚さをもって、次の人材育成にささやかな役割を果たし、研究時間をいとおしむように使いたい。社会福祉研究に何らかの形で貢献できるように、「気力、体力、志」を維持し、問題意識をみがき、私の年代でできる研究・教育を心がけ、第一線で役に立たなくなったらいさぎよく舞台から降りる勇気と自制心をもち、生きていこう。

　皆さまのおかげで今日までやってきました。人生で何と素晴らしい方々と出会えたことか。多くの方々のお世話でここまでたどり着きました。

　みなさま、ありがとうございました。

(2012年2月)

3　「15の春」と大学進学

　今日の私があるのは、家族をはじめ、多くの方々のお世話とご支援があってのことであり、私がひとり生きてきたわけではない。

　私が学んだ由利（当時は「前郷」）の教育は「読み・書き・算盤」を中心に、経済的に自立して困難を切り拓いていく「生きる力」、その基礎としての「学力」、なぜ学ぶのかという心構え（思想・価値）を身につけさせることを重視し

ていた。小学校から「生活を記録する」、「生活を見つめる」教育を受け、田植えの時期に「農繁期休み」があり、子守り、家畜の世話、農作業は子どもの役割だった。村には本屋がなく、学校にある図書室を利用し、読む習慣が小学校から身についた。

　中学校では、「新聞部」に入り、ガリ版印刷でリード文、本文の起承転結があることを知り、何をどのように調査、取材し、表現するのかを学んだ。教育は自主、自立が基本で押しつけられたり、介入がなかった。教師たちは「生活綴り方」（北方性教育運動）を通して児童の生活環境を把握し、教育の課題を考えていた。新島襄等の伝記を読み、学問は金もうけや立身出世のためではなく、社会的に最も困難な立場にある人々の生活と暮らしを守る「底辺にむかう志」を育て、学ぶことにあるのではないかと早くから考えるようになった。

　「15の春」（1958年）は、村の同級生たちにとって、集団就職の時代であり、高校への進学者が100人中、30％台であった。当時、時代の転換期であり、産業構造が大きく変わっていく予感がした。農業（米作中心）ではこの先「飯がくえない」と新聞を読んで考えた。農業高校ではなく、母が入院している地方の小都市にある旧制中学の進学校の一つである普通高校に入ることにした。

　高校時代は多くの本を読んだ。高校に入り、初めて「ガリ勉」をする級友たちをみた。私は「一夜漬」タイプで、試験直前に徹夜で急場をしのぐ高校生だった。高校3年間、「ガリ勉」の記憶はなく、いつも岩波文庫がカバンに入っている生活を送った。

　なぜ、社会福祉系大学への進学を考えたのか。母の難病と医療費負担の影響が背景にある。当時、母は日本社会事業大学を卒業し、秋田県庁中央児童相談所で児童福祉司をしている親戚の話、叔母（母の妹）が看護婦をしており、「聖路加に医療社会事業」があるという話等を入院先で語った。母は私が中学3年から高校の卒業式直前まで、自宅を離れ、本荘市（現・由利本荘市）の病院に入院している。

　大学は将来の生活設計に影響することから真剣に考えた。母の難病は、国民健康保険制度が創設される前後のことで保険適用外の私費による治療を含め、長期入院による医療費で国保ができても5割負担、貯えを切り崩し、山林田畑

が売却され、破産ギリギリまで追い込まれていった。父は「財産は後で取り戻せる。しかし生命は買えない」と覚悟を決めていた。生命の重さがいつも目の前にあった。

母と語り合い「社会福祉系」の学部に絞り込んだ。高校の進路指導に申し出たところ、「そんな大学はない」と助言されたが、調べていたので初志を貫いた。確かに、全国的に社会福祉系の大学、学部は殆どなかった。受験日の早い日本福祉大学を地方入試（新潟大学）で受け、次の準備をしている時に母が亡くなった。日本福祉大学の合否判定前だったことから「就職しろ」という声が周囲にあった。村の社会常識からいえば、中学校の同級生は100人中、大学等に進学したのが当時6人であり、母の医療費のツケを考え、「就職しろ」という声に説得力があり、人生の転機のように考え、立ち止まった。この時、父が「夢を大事にしろ。お前ひとりの夢ではない」と背中を押した。母の葬式に合格通知が届いた。

名古屋は行ったことも降りたこともない街であり、親戚も知人もいない。「仕送り」が期待できないことは分かり切っていた。学生寮に入り、由利町奨学金（私の入学年度に創設）の受給者第1号になり、アルバイトを中心に学生生活を組み立てた。

4　日本福祉大学で学んだことが原点

(1)　**学生生活**　私の人生観、社会観が変わったのは大学の生活や学びからであり、大学は高校までと違う「広い世界」だった。

当時、沖縄からの学生が「パスポート」を持って「入国」し、U・Sドルを日本円にかえて使っていた。沖縄の占領統治が続いていることを、高校まで意識して生活してきたわけではない。また、東北出身の私に、島崎藤村の『破戒』で読んだ「部落問題」の研究会があるというのも「えっ、何をやるの」という感じだった。

学生寮も「破格」の安い寮費に納得せざるをえない「歴史的建造物」に指定できるような6畳1間に3人、共同トイレ、共同洗面、廊下は破れ波うち、雨が続くと床下浸水があり、という生活から「がまんと忍耐」が始まる。

サークルはセツルメントに入り、そこで活動した。セツルメントはイギリスのCOS（慈善組織協会）に源流があり、それを発展させた社会改良組織である。セツルメントは貧困を個人の責任や怠惰に求めず、社会貧とみる。貧困は非人間的生活環境が無知と人間的な自立力の剥奪に追い込んでいると考え、不就業者の教育的環境、労働者教育に取り組み、知識人の「植民」を行い、社会改良を進める点に特徴がある。日本のセツルメントは、第二次世界大戦下において治安維持法で弾圧され解散するが、戦後学生セツルメントとして誕生する。
　伊勢湾台風（1959年）の救助活動から出発したヤジエセツルメントに入部し、名古屋南部のゼロメートル地帯に通い続けた。災害復旧の応急仮設住宅は「8畳1間のバラック、共同トイレ、共同炊事、風呂は近くの銭湯」だった。名古屋南部は第二次大戦の軍事工場が多く、労働者に「在日」が多い。歴史的に戦時下の軍事産業と伊勢湾台風の災害弱者が輻輳し、つながっている印象を受けた。当時、名古屋南部の中学校は「荒れ」ており、子どもたちに学習する習慣と言うよりも、学習環境が乱れていた。基礎学力や学習する習慣を課題とするには、まず子どもたちの生活実態と家族の労働と生活、その社会的背景にあるものと当面の活動計画を子どもたちの目線から考えることが必要だった。学生セツルメントのスローガンは「同じ喜びと悲しみの中で」であり、全国学生セツルメント連合（全セツ連）から学ぶものが多かった。ヤジエセツルメントの委員長、全セツ連の役員をしていたことから、東海道線の各駅停車（夜行）で氷川下セツルメントハウス（文京区）に通い、全国の仲間から「子どもたちに夢と希望を」という訴えをきき、実践を学び、励まされて帰路についたことを覚えている。
　セツルメントとともに、学生時代に関心を持ったのは全国社会福祉系学生自治会連合ゼミナール（全社ゼミ）の研究活動である。4社大（日本社会事業大学、大阪社会事業短期大学、東北福祉大学、日本福祉大学）が中心になり、幅広い研究・教育・文化の交流会が各大学持ちまわりで行われていた。全社ゼミの中に、研究報告・討議を行う、学生による研究交流会があった。大げさにいえば、学生にとってはミニ学会のようなものであり、ここに研究発表を行って研究の難しさと面白さを学んだ。

(2) **日本福祉大学での学び**　日本福祉大学の校舎、図書館、学生寮、どれをとっても「ハコモノ三流」で、4年間を通し、人生どこでも暮らせるというヘンな自信を身につけた。しかし、教員と学生が輝いていた。何といっても教授たちがすばらしく、尊敬すべき先生たちが多かった。わが国の社会福祉事業史に残る教授陣たちの顔ぶれは、社会福祉概論・浦辺史、社会福祉事業史・高島進、ケースワーク論・浅賀ふさ、社会調査論・三浦文夫、施設福祉論・大坂譲治、教育学・大沢勝、哲学・島田豊、公的扶助論・岸勇、障害者福祉論・秦安雄等である。何を学んだのか。単なる講義等による知識の多寡ではない。『社会福祉の大学教育を理解するために』（日本福祉大学 1969年）の中に、当時の社会福祉教育の方針がでている。

① 大学は科学・技術を身につけ、国民の福祉に役立てるように豊かな人間性を培う場である。
② 大学教育は、学生自らが集団生活を通して社会的良心（社会正義）をもって、節度のある社会的人間として自らを積極的に鍛え上げることを期待する。
③ 人間の福祉は平和と民主主義のもとにおいて初めてこれをもたらすことができる。学生が人権意識に目覚め民主的な人間になってほしいと期待する。
④ 社会福祉の研究と教育にあたるものの教育信条
　・人間の尊厳を第一義として生きる。
　・社会的良心（社会正義）を育てる。
　・人間の、社会の、社会と人間の、科学的探究を重んずる。
　・社会的困難を切り開く積極性と創造性を身につける。
　・自主性と連帯性を身につける。

以上の基本方針のもとでカリキュラムの構造として、以下の点が特徴になっている。

① カリキュラムの特色─社会科学的理論と人間関係的社会福祉の専門技術（方法）の統一的研究・教育の追求
② 社会福祉は、すぐれて社会的実践であり、学生を単なる教育の対象とみ

るのではなく、自主的研究の担い手と位置づける。
③　社会福祉の現実の貧しさを思うとき、独力で知的作業に従事し得る専門的能力と社会進歩に貢献し得る徳性をきたえ、身につけることである。
④　カリキュラム原則
・研究と教育との統一的発展をはかること
・学生の自主的・集団的研究の促進
・一般教育と専門教育との有機的結合

　以上のような教育理念・政策のもとで、社会福祉を社会問題（生活問題）に対する人権と生活権保障の専門職による社会的実践と位置づけ、「貧困な社会福祉」を改善していく役割が期待されているものと考えた。

　私は、社会福祉の思想・価値（浦辺史）、イギリス救貧法から社会福祉の歴史・理論（高島進）、利用者・当事者中心の方法・技術（浅賀ふさ）等、先生方の生き方を通して学んだ。社会福祉を何のために研究するのか。専門演習は高島進ゼミナールをとった。高島ゼミで学んだことは、社会福祉が形成途上の学問であり、そこにどう道を切り拓いていくのかが課題になっているということであった。ささやかながら、社会福祉の発展に寄与できるようなことは何であろうか。最初の一歩として考えたのが卒論をどうするかである。

　卒論はテーマが「戦後における結核政策の現状と問題点」である。心かけたのが２点であり、第１に、長文であること、第２に、朝日茂のような当事者視点をもち、社会福祉の実践から政策を批判的に研究し、改善していく視点と方法を大事にすること、であった。なぜ、長文なのか、長文は論旨の枠組みがしっかりしていないと書けない。必ず、先行研究、調査、論文のレビューが必要となる。長文にすると歴史的な分析と考察が入ることになり、政策動向を社会科学的に研究しやすい。当事者視点を研究方法にすえると関係機関・団体へのインタビューや調査が必要となり、実践とつなげることができる。そして、もし実現できたら、卒業後に大学で学んだことを現場でいかせるのではないか。そのように考え、昼は社会福祉の現場で実習を兼ねたアルバイトをやり、研究計画を立てて400字×169枚の卒論を書いた。

5　社会福祉現場の仕事

(1) 秋田県職員の仕事　郷里の秋田県職員採用試験を受け、民生部に配属され、北秋田福祉事務所に赴任した。社会福祉専門職としての就職先は殆どなく、「公務員上級職」問題集を独習し、約3～4ヵ月間集中して受験勉強を行い、何とか合格にこぎつけた。

　秋田県職員として北秋田・仙北福祉事務所で通算8年間働き、主な業務として生活保護の地区担当を行った。担当地区は奥羽山脈の山沿いにある阿仁町（現・北秋田市）、田沢湖町（現・大仙市）という豪雪地帯で、中山間地域そのものだった。国有林事業の衰退、鉱山の廃鉱、電源（ダム）開発による集団移転等の問題を抱える地域で、生活保護は最後のセーフティネットにみえた。調査を行い、申請を押さえず、違法な「推定収入認定」をしなければ、殆どが生活保護基準以下の生活だった。生活保護率は全県一になった。福祉事務所の上司や県本庁主管課から「ほめられたか」、「注意されたか」。待っていたのが、厚生省特別監査だった。青雲の志をもって、社会福祉専門職として就職したが、生活保護行政の方針が次第にみえてきた。生活保護行政第2次「適正化」の時期だった。社会的困難におかれた人たちに役立つ仕事がしたい。しかし、保護率を「適正」（減少させること）にしなければ評価されない。福祉の理念よりも財政の論理が上まわっている。公務員の分野で、福祉事務所職員として何ができるのか。

　北秋田福祉事務所の直属の上司（米澤貞蔵・査察指導員）が「特別監査で厚生省に対し、阿仁町の保護率が高い社会・経済的理由を説明できるようにしておくこと」を指示してきた。査察指導員は「悪いことをしたわけではない。なぜ保護率が高いのか。その点の根拠を示すこと」を私に求めた。

　ここで2つのことを考えた。第1に、保護率が高い社会・経済的要因を研究すること、第2に、その結果を社会的に公表し、理解を得る努力をすること、である。

　第1の点は、特別監査に備えて「秋田県阿仁町における貧困問題の一考察」としてまとめ、日本の鉱山史や国有林事業、地域の産業・経済の動向等を研究

した。第2の点は、自主的研究運動への参加である。ひとりでは社会的に孤立することから、秋田県社会福祉主事協会への参加と機関誌への投稿、他に、秋田県社会福祉研究会の設立、東北ソーシャルワーカー協会への参加、全国公的扶助研究連絡会へのセミナー参加、日本福祉大学社会福祉学会（学内学会）への加入と活動等、次第にウィングを広げ、投稿論文がそれぞれの機関誌等に掲載されるようになった。

(2) **福祉事務所から研究・教育職へ**　公務員生活8年間を通して研究・教育職への転身を考えたことは、8年目に入るまで全くなかった。なぜ、現場を離れたのか。30代を目前にして、公務員の虚像と実像のギャップ、特に気になったのが「権力に弱く、当事者（社会的弱者）に強い」傾向が顕著で、人事異動（出世）への関心の強さにどうしてもなじめないものがあり、将来展望を考え直した点にある。

暁学園短期大学（現・四日市大学）幼児教育科第2部の開設に伴う人事があり、採用された（1974年）。時代は「福祉元年」（1973年）といわれ、老人医療費の無料化が始まったが、同年秋に第1次オイルショックがあり、高度経済成長から低成長に入り、「福祉見直し」へと転換する時期のことである。学生は四日市市周辺の繊維工場の女工であり、交替制勤務にあわせた「3部授業」（2部交替にあわせ、同じ授業を2回行う）を実施した。学生は東北、四国、九州（主として離島）等から「短大卒・保母、幼稚園教諭資格」を目指してくる勤労学生たちであった。教師集団も同世代の意欲的なメンバーに恵まれ、学会等における研究発表、紀要等の論文について意見を述べあい、学際的な研究交流ができた。

6　大学における研究・教育の歩み

(1) **日本福祉大学での研究・教育**　暁学園短期大学に勤務して2年目、日本福祉大学で「社会福祉論」の公募があり応募し、採用された（1976年）。経済学部が新たに開設され、総合大学へと変化していく節目の転換期に採用され、社会科学系の研究者が多くなり、かつての福祉大とは少し違う印象を受けた。わたしにとって、日本福祉大学は学生として4年間、非常勤講師歴が通算約6年、専任教員として18年間、多くの方々のお世話になったところであり、思い

出は尽きない。ここでは研究・教育の節目になる点を簡潔に述べることにとどめたい。

　第1に、学内を中心とする共同・学際研究への参加である。「日本社会事業史の総合的研究」は、秋田の感恩講史研究を中心に行ったが、歴史学の史料整理、古文書の扱い方等をここで学んだ。また、1930年代における社会事業協会の機関誌を発掘し、『秋田県社會時報』の復刻版を発刊した。学際的な研究会として組織された生活問題研究会は事務局長として活動した。窪田暁子、金持伸子を中心とする研究会で機関誌『生活問題研究』を発行し、「被保護母子世帯調査」をはじめ、「生活問題」調査を系統的に実施した。

　第2に、学内に国連地域開発センターに関わる東南アジアプロジェクトがあり、そこに参加した。今までの研究と違うフィールド、私にとって新たな世界だった。ベトナムは滋賀大学との共同研究もあったが、ツーズー病院で「ベトちゃんドクちゃん」に会い、国際会議に出席し、支援活動に参加した。ベトナム戦争による枯葉剤作戦の影響をベンチェ省で調査し、メコンデルタ地帯を歩いた。子どもたちの2部授業、住宅や生活環境の劣悪さ、教師たちの低待遇とダブルワーク、医療機関の設備の低さに絶句、病理室にある多くの「障害児のホルマリン漬」にさらに「言葉を失う」状態が続いた。カンボジアではポルポト政権の大量虐殺があり、内戦がほぼ終結した時期の訪問調査である。子どもたちの教育環境、医療機関の整備、どれをとっても専門職が不足で、傷跡の深さに考えさせられた。安定しているといわれるタイでも軍部の権力が強く、タイ北部のチェンマイを訪問したがチェンマイ大学やNPO等が貧困対策に取り組んでいた。東南アジア各国は戦争による負の影響、軍部の権力、民衆の貧困、子どもたちの教育や女性の社会参加が共通した問題になっていた。

　第3に、自らの研究は全国公的扶助研究連絡会（全国公扶研）の研究活動を中心に、白沢久一（北星学園大学）、高野史郎（明治学院大学）等と研究交流を行い、全国の公的扶助研究に取り組んでいるリーダーたちと実践交流をした。全国公扶研の機関誌『公的扶助研究』から執筆依頼が多くなり、全国公扶研セミナーやその活動に研究面から参加するようになった。

　第4に、教育面では、3・4年の専門演習ゼミナールを重視した。福祉事務

所での実践を理論化し、わが国のこれからを指導する専門職養成につながる研究・教育を心がけた。ゼミ生を全国公扶研活動や研究会に参加させたり、各年度毎に、社会調査のテーマを決め、フィールドワークを実施した。社会調査は、わが国で最も保護率の高い筑豊の貧困問題調査等をはじめ、生活問題調査に特徴があった。

　第5に、学内の役職と業務である。学内勤務の経験とともに、教務委員、教授会執行部、日本社会事業学校連盟事務局長等の役職、同窓会関連事業や大学広報等に業務の責任と役割が拡大し、とどまることがなかった。このままでは「学内業務一流、教育二流、研究三流」に向かっているのではないか、という危機感を抱くようになった。

　第6に、研究・教育の転換はカンタベリー大学（ニュージーランド）への1年間にわたる留学（1989～1990年）が転機になっている。留学先で東欧革命、ベルリンの壁崩壊を経験し、世界が地球的規模で歴史的転機に立っていることを痛感した。ソーシャルワーク学科の教授、学生たち、専門職団体のスタッフたちとの交流から、イギリスの影響を応用的に発展させようとしている研究・教育を学んだ。国際社会の中で、日本の社会福祉は何を目指すのか。今までにないカルチュアショックを受け、視野の広がりに役立った。

　第7に、留学から帰国し、「高齢者保健福祉推進10カ年戦略」の時期と重なり、名古屋で「高齢者保健・医療・福祉推進名古屋市民会議」を立ち上げ、代表になった。『あんきにくらしてける街にしよまい―私たちがつくる老人保健福祉計画』、『続・あんきにくらしてける街にしよまい―高齢者がわが家で暮らせるために』、『検証・高齢者保健福祉計画―住民参加型へのアプローチ』を次々と出版した。

　この時期、研究者としてどう生きるのか。40代後半に入り、転機を迎えていた。学内業務はさらに責任を伴う役職が回ってくるであろう。地域における社会貢献事業も期待はさらに重くなるに違いない。研究時間をどう確保するのか。「まともな研究をしていないではないか」と自問自答を繰り返した。重い決断に追い込まれ、東洋大学が社会福祉学科を新設する募集に悩みながら応募した。

(2) 東洋大学での研究・教育　東洋大学の11年間（1994年4月〜2005年3月）は、研究者としての体験と学びに貴重なものがあったと思っている。研究・教育の重要な部分を簡潔に述べてみたい。

第1に、東京で仕事をするということは権力との関係、情報の集中に特徴があり、人生観、社会観が試される。国の審議会や委員、全国的な行政研修の講演、報告等の打診や依頼は様々な機会に日常的にある。社会福祉の思想、理念が当事者中心であれば、自ずと政策への批判、注文は多くなるし、立場によって厳しいものになる。自分では、「政策提言」し、使い分け、バランス論で綱渡りのつもりが、やがてからめとられていく先行事例が多くみられる。権力には自制心をもち、「近づかない」のがベストだと次第に考えた。

第2に、同じ学科のスタッフの誰をとっても研究者として輝き、個性的であった。「いつ書いたのか」と思うほど論文や出版を次々と発表する。一番ヶ瀬康子、山手茂、園田恭一、窪田暁子、古川孝順、佐藤豊道、天野マキ、秋元美世、森田明美が当時のメンバーである。一番ヶ瀬康子とは日本社会事業学校連盟の会長・事務局長という関係から、『戦後社会福祉教育の50年』の編集で研究交流があり、杉並老後をよくする会が関わる社会福祉法人サンフレンズの理事長職を譲られ、断れなかった記憶がある。

第3に、研究時間は「与えられるものではなく、つくるものだ」と痛感した。しかも「気の弱い人」に仕事はくる。忙しい人にほどまわってくる。あげたらきりがないが、日本介護福祉学会の大会事務局長に始まり、日本社会事業学校連盟事務局長・東京事務所長、日本社会福祉学会理事や福祉フォーラム等の事務がいつも切れ目なく回ってきた。学内的には、「2部社会福祉学科主任」、「夜間大学院・福祉社会システム専攻主任」等、夜間の担当に切れ目がないのも特徴だった。

第4に、研究は何をしていたか。「高齢者福祉論」を担当しており、秋田県鷹巣町（現・北秋田市）の「ケアタウンたかのす」の検証を実施し、『月刊総合ケア』に「秋田県鷹巣町の福祉のまちづくり」を連載した。高齢者医療の問題を患者（父）の視点、立場から追求した『ボケが病院でつくられる』、社会福祉事業団の実践からみた『高齢者施設のルネッサンス』等を発表した。

第5に、大学院の入学者が留学生、社会人と多くなり、博士後期課程の研究指導に重大な変化が持ち込まれた。それは、博士後期課程の研究指導担当教員は「博士」の学位取得者に限定するという新たな運用である。学科会議において、研究留学等で研究時間を保障し、博士論文を仕上げることが議論された。「博士」をもっていなかったので2000年にオーストラリア留学を行い、『公的扶助の展開─公的扶助研究運動と生活保護行政の歩み』を書いた。主査は山手茂である。続編の『福祉川柳事件の検証』も学位論文とあわせて取り組み、公的扶助研究運動の通史をまとめている。

　(3)　**龍谷大学における研究・教育**　龍谷大学は7年間（2005年4月～2012年3月）のうち、5年間を大学院社会学研究科長、社会学部長（学部長は大学常任理事を兼務）を担当している。龍谷大学は民主的な大学運営をしており、すべて選挙により選出される。自己都合で選出されたわけでないことから「反省」というのもおかしいが、研究が二次的になったのは事実であり、研究と学内業務のバランスを欠いたと後悔している。ふり返ってみれば、学内行政に貢献できたと思うが、研究面では停滞につながった。簡潔に7年間を小括すると次のようになる。

　第1に、「社会福祉とは何か」の研究を企画した。日本社会福祉学会「政策・理論フォーラム」の企画・運営に関わり、『福祉政策理論の検証と展望』を企画・編集した。同時期に、もう一つ永岡正己等と『社会福祉原論の課題と展望』を企画・編集したが、これは定年後に持ち越してしまった。

　第2に、龍谷大学「福祉フォーラム」会長の時期に、原田正純（水俣病）、羽田澄子（映画監督）、岩川徹（旧鷹巣町、福祉のまちづくり）、反貧困ネットワークの連続講座等を企画・運営し、大学からの社会的発信を行った。「福祉フォーラム」は「生命、貧困、まちづくり」を企画の趣旨にすえ、社会問題に正面から取り組んだ。

　第3に、大学院社会学研究科に、沈潔（日本女子大学）の協力を得て、「東アジア研究プロジェクト」を立ち上げた。国際比較研究を東アジアで展開し、研究交流を通して留学生を広く受け入れる企画・運営で山辺朗子が事務局を担った。「東アジア公的扶助制度比較研究」も人民大学（中国）、京畿大学（韓国）

との間で国際学術セミナーを実施するところまで取り組み、定年を迎えた。

　第4に、研究・教育は学部の1年ゼミ、講義、実習巡回等、これは誰もが一緒であるが、大学院博士後期課程の比重が高かった。日本社会福祉教育学校連盟大学院教育検討委員会の調査研究を主担しており、全国の福祉系大学院のレベルアップを図る仕事をしていた。まず、龍谷大学の位置と役割を確かなものにしようと考えた。次の時代を担う研究者養成、高度専門職養成に努力し、研究・教育の新たな発展の芽を育てることに関心とエネルギーを注ぐ覚悟を決め取り組んだ。

7　「恩送り」の試み——郷里の中学生へ「学問の糸」を紡ぐ

　(1)　「恩送り」の試み（2010年3月）　「恩返し」という文化がある。自らが人生の後半に入り、「ひとりでここまで来たわけではない」、両親はもとより、多くの方々のお世話になって、ここまで辿りついたと人生を振り返ることがある。そう思って「恩返し」というときに、すでに両親もお世話になった多くの方々も亡くなっている。そこから「恩返し」を次世代に引き継ぐ「恩送り」の発想を学んだ。私は母の医療費負担がどういうものかを経験しており、最も困難な時に「由利町奨学金」を受給し、「学問の糸」に救われた。これからの郷里と次の時代を担う中学生へ「学問の糸」を引き継ぐ機会をつくりたい。そう考えて「恩送り」を企画し、協力してくれた方々への礼状が次の一文である。

　　由利中学校同窓会主催による新入会員（対象は中学生）にむけた講演会へ出席の機会をえた。私はかねて、現役の研究・教育者をしている時期に「学問における生命のバトンタッチ」をしておきたいと考えていた。その理由は「恩送り」である。
　　今日の私があるのは、多くの方々のお世話とご支援があってのことである。私ひとりで生きてきたのではない。私は、由利町奨学金受給者の第1号である。当時、3000円（月額）の奨学金（途中から、5000円）とアルバイトで4年間を過ごした。私の家は自己破産ぎりぎりまで追い込まれた「かまどけし」（「かまど」をひっくり返す、という意味で「破産」のこと）を経験している。理由は母の難病による長期入院（私が中学3年から高校3年の卒業式直前まで）の医療費負担である。
　　「恩送り」という言葉は俳優の斉藤とも子さんがNHKラジオに出演していた時に聞き、「これだ」と感銘を受けたのが使うようになった始まりである。郷里（由利町）

への「恩返し」は由利町老人保健福祉計画策定、特別養護老人ホーム「白百合苑」の建設、運営、管理職人事等を通して、当時の伊東町長をバックアップする形で、ある程度はたした。私の父が『ボケが病院でつくられる』に書いた経過をえて「白百合苑」にお世話になったが、計画策定時に「まさか」父の入所を考えたことは全くなかったので、ものごとは「一方的」な貢献ではなく、螺旋状に、相互に関連しあって「支え、支えられ」、「生かし、生かされ」あう関係をつくることを学んだ。

そうだ！「恩返し」をする方々は亡くなっているが、これからの時代を担う世代に「恩送り」をして、由利の教育が原点になっている「学問の糸」をつなごう。そう考えて、畠山晃一（元・由利町議会議員）さんに由利中学校との橋渡しを依頼し、今回の企画になった。

畠山晃一さんはもとより、当日、講演会の講師紹介等の役割は高橋信雄さん、前日に最近の介護福祉事情を教えてくれたのは大滝和枝さん、そして、旧交を温める場をセットしてくれたのは三浦令子さん、何れも由利町老人保健福祉計画策定委員であり、北欧に先進地モデルを求め、研修旅行をしたときの仲間たちである。安心して暮らせるまちづくりを志した仲間は、いまや人生の友人であり、このようなお付き合いをさせてもらえることに感謝している。

講演会の前日、秋田市に立ち寄り、NPO法人蜘蛛の糸・佐藤久男さんと自殺防止の研究・実践の書を出版する企画を打ち合わせ、それから由利町に行った。佐藤さんは、「生命行政」の岩手県沢内村を映画にしたスタッフの取材を受けていた。昨年2月、私は旧・沢内村の「輝けいのちネットワーク」の研究集会・基調講演をしており、その時のメンバーたちである。ここでも、社会的なテーマをやっている者同士の関係の連鎖をみる思いがした。

畠山晃一さんや三浦令子さんがセットした集いに高橋さん、大滝さんのほかに、小・中学の同級生、阿部満さん、鈴木憲一さん、尾留川芳子さん、本荘から知人の石川さん（リハビリの専門家・施設経営）も参加した。満さんは「大友！いつも硬くて。釘さしで五十土まできたり、きがねわらしの代表だった」、憲一さんは「信勝！なんとせばぜんこ儲かるか教えろ」という。芳子さんは腰痛の私をみて「身体が第一だ」と気遣ってくれた。令子さんは、みんなのやり取りを包み込むようにしていた。高橋さんの「竹細工」の見事な作品に話が弾んだり、憲一さんの経営術に感心したり、話題は「天下・国家」から離れた「面白い」ものだった。タイムトンネルをくぐって「1950～1960年代」に違和感なく入れる仲間は貴重なものだ。

講演会当日の朝、本荘グランドホテルからみる子吉川の風景は吹雪交じりの白銀の世界だった。認知症の義母をグループホームに訪ね、多くの主訴（大病で今にも死にそう）をじっくり聞くことがまずルールである。成年後見役をやっており、義

母の元気な姿をみていると「この人より早く死ぬとご迷惑をかける」と思った。グループホームに「まんじゅうひと箱」をもっていったら、帰り際に藤井蘭子総園長に声をかけられ「お菓子二箱」をいただいてしまった。いつもこんな具合で世話になっている。私が仕事を現役でやれるのは、義母のサポートをして下さる方々がいるからであり、ここのケアマネージャーが大滝さんである。

　鳥海山麓線で前郷駅へ。大雪なので腰痛を考え、駅前の芳子さんの所に荷物を預かってもらい、そこから由利中学校に行った。白百合苑を横に見て、天神町にはいり、根堀台の校舎に向かった。ここには人生の思い出が詰まっている。

　当日の講演会に佐々木元先生が出席してくれた。由利の教育で、私が最も影響を受けた恩師である。当時の教育や鈴木正之校長の業績、先生方の動向等、話し合えたが、多くの先生方がお亡くなりになっていた。佐々木元先生は「教え子」の講演が気になってきたのであろう。こうやって、見守られてきた。いい教師に巡り合え「価値観」(生き方) を学んだことが一生の知的財産になっている。

　私の講演レジュメは別紙のようになっている。レジュメの自己評価は60点。その理由は、いくら「学問の糸を紡ぐ」というテーマで「学問のバトンタッチ」を考えたとしても分量が多く、内容が難しい。当日、60分の範囲で「わかりやすく」をこころがけたが、やや難しく、後半は時間切れとなった。ところが、講演会終了後、中学生たちがコメントを述べた。次々と挙手があり、内容を相当理解したであろう発言が相次いだ。私が訴えようとした全体の趣旨や気持ちが受け止められていた。中学生に「夢と希望を」と励ますつもりが、励まされたのは私かもしれないと思った。

　実を言うと、これほど講演レジュメを推敲したことはない。10回も手を入れたのは最近はじめてである。手抜きをしてはならないと緊張した。最初で最後の機会になることが想像できるので全力を尽くそうと考えた。超繁忙期に出張したことで、社会学部長をしていることもあり、その前後のやりくりは、多分、皆様の想像を超えるに違いない。しかし、今は、このような仕事ができたこと。そして、何よりも、この企画を受け入れてくださった方々への感謝でいっぱいである。多くの新たな思い出も作ることができ、これも皆様のおかげである。

　由利中学校同窓会会長・佐々木正人さんは「恩送り」の講演会趣旨をこころよくお引き受け下さった。事務局の新田先生もていねいな心配りをして下さった。由利中学校の教職員の方々とお話をする機会は時節柄、ご多忙で時間をとれなかったが、生徒さんをあそこまで整然と時間厳守でというのは、事前の準備がどのようなものであるか。私も教員なので十分理解できる。直接、お礼を申し上げられなかったことを申し訳なく思っている。

　皆さん、ありがとうございます。中学生たちに「学問の糸を紡ぐ」趣旨が伝わった

> かどうか。私らしく難しい硬い話になりました。しかし、「恩送り」の一歩を歩むことができました。
>
> (2010年3月9日)

(2) 学問の糸を紡ぐ（2010年2月）　由利中学校における講演タイトルは「学問の糸を紡ぐ」である。以下は、その時の配布レジュメである。振り返ってみて、冷や汗が出る。いくら当日、焦点を絞り、わかりやすく噛み砕いたとしても「難しく」、「分量が多い」。中学生は「郷里の先輩」に配慮し、眠らずに目をパッチリと開け、質問・意見も多く出してくれた。「これだけは伝えたい」と欲張りすぎて空回りしたのではないかと反省している。ここでは、「これだけは伝えたい」と考えたことがどういうものであったか。その点を意識して取り上げてみた。自分史が全体的に展開されているのがその理由である。

> はじめに
>   なぜ、由利中学校の皆さんに話をしたいと考えたのか。それは21世紀が求める人材像のイメージを出身中学の皆さんに伝え、現役の研究・教育者をしている間に「学問における生命のバトンタッチ」をしておきたいと考えたからである。
> 1　最近気になっていること
>   (1)　受験生が「大学合格を目的化」して、理系、文系、偏差値、特定受験科目に輪切りされて入ってくる―知識が偏り、国際比較で「デンマークの社会福祉」を講義する時、デンマークがどこに位置しているか知らない。専門教育と教養教育の関係をいつも考えさせられている。
>   (2)　入試の多様化で、学力不問（推薦入試）で入学できる方法がある―元気はあるが学習意欲が不足し、集中力に欠け、授業中の私語、学習方法がわからず、課題レポートをきちんと書けない学生がいる。
>   (3)　格差・競争社会で「大学はでたけれど」不安定な就職・生活をすることもある。大学進学は手段、目的は人生どう生きるか、にある。
>   (4)　何を期待するか―自ら学ぶ習慣をつけ、将来のことを考え、夢と目標に向かった人生の輪郭づくり。明治のリーダーはなぜ地方から、なぜ下士や多様な階層からうまれたのであろうか。
> 2　社会福祉学研究者としての歩みと原点

（1） 大学に入って学んだこと
 1） 高校までとは違う「広い世界」に入った
  ①サークル案内で「部落問題研究会」というのがあった。「セツルメント」というのもあった。「えっ、何をやるの」
  ②沖縄の学生（当時）はパスポートをもっていた。そしてドルを日本円にかえていた。「えっ、なぜ」
  ③「社会的なるもの」の世界と日本の比較、最先端の政策、研究、実践の講義、演習
  ④学問は金もうけや立身出世のためではなく、社会的に最も困難な立場にある人々の生命とくらしを守る「底辺にむかう志」を育て、学ぶことにあるのではないかという使命感
 2） 多彩で個性的な教授たち
  ①U.S.Aのソーシャルワークを導入し、戦後GHQの通訳をしていた教授。YMCAのグループワークをキャンプ場で体験教育する教授。戦前の治安維持法・「思想・言論」で逮捕歴をもつ「真実」の教授。東大セツルメントをやり、イギリス研究をしている社会正義の教授、等。
  ②教育運動史の学習で「前郷小学校」がでてきた。郷里が「北方性教育運動」の拠点だったとは。
（2） 私の学んだ由利の教育と文化
 1）「読み・書き・そろばん」―自立して生きていく大事な力、自ら学んでいく心構えとその基礎
 2） 生活をみつめ、記録するということ―生活綴方を取り入れ、家族や地域、生活を深く考える力。体験や観察すると何を書いたらいいか、テーマや課題がみえてくる。しかし、書くためには要点や順序を考え、調べたりしないと書けない。先行的に評価されているものを読むとヒントが得られる。
 3） 協働し、ネットワークをつくる力―村には「結い」の文化があり、水利・里山を大事にした共生の思想があった。
 4） 15の春に考えたこと―集団就職の時代。農業（米づくり）だけで生活できるだろうか。10年先の日本は産業や仕事が大きく変っていきそうだ。転換期は創造力をもって人生の将来設計を考えないとのりきれない。
3 社会福祉の仕事―どのように歩んだか
（1） 秋田県職員の仕事
 1） 公務員試験の特徴と準備
 2） 青雲の志をもって就職―生活保護を担当。一生懸命生活に困っている方々の

声をきき、生活を調べて利用を増やすと「ほめられる」か「注意される」か。鉱山の廃鉱跡に暮す人々の歩みに鉱山の歴史があり、「何とかしなければ」と論文を書いた。市町村役場の声や県民の息づかいに心を配るか、上司の意見や上級官庁のことを中心に考えるか。国の監査をめぐる風景も想像をこえた。
3) 真実が評価される仕事へ転職しないと人格が「立身出世」でおかしくなるかもしれない―「出世」しなくていい。真実をいかし、人々の役にたつ仕事をしたい。
（2） 大学の教員になるにはどうしたらいいのか
1) 小・中・高校の教員とは違ったシステム
2) 学会における研究発表、論文等の研究実績―大学院博士課程から入っていく方法とそれ以外の入り方。論文を書き、学会発表し、学問への実力をつけていく方法をとった。
（3） 国連地域開発センターの委託事業
1) ベトナムの傷あとと貧困―多発するガン患者と障がいをもつ人々
2) カンボジアの風景―ポルポト政権による「がい骨の塔」、アンコールワットとグランドホテルの滞在
3) タイ北部の「身売り」―軍部と民衆
4) 国連の支援、政府開発援助（ODA）が現場に届くのか
5) 識字率を高め、女性と子どもに学問と職業教育を
（4） 留学生活―ニュージーランド、オーストラリア
1) ニュージーランド・カンタベリー大学へ
①夏のクリスマス―サンタクロースはサマーウェアーに着替えてくるか
②オールブラックスはなぜ強いのか
③スコットの南極探検の絶筆をみて
④なぜ平均的労働者がヨットをもち、週末はアウトドアライフを楽しみ、世界旅行もできるのか
⑤国際マラソンやクロスカントリーへの出場
⑥活発なホームパーティー
2) オーストラリア・クイーンエリザベスセンター及びバララット大学
①ゴールドラッシュと福祉の先進地域
②先住民族アボリジニーとマオリ（ニュージーランド）
③レストラン―カンガルーやエミュー、クロコダイルのステーキとワイン（ぶどう栽培）
④プロスポーツとクラブチーム、アウトドアライフ

4 博士論文はどのように書いたか
 （1） オーストラリア留学で書き上げた論文
  1） なぜオーストラリアで書いたのか―社会的活動と研究
  2） 資料はどうしたのか―社会科学の学術論文
  3） どのように書いたのか
 （2） 論文執筆のストレスと病気
  1） 救急車で2度搬送―「地球は動く」
  2） 「お金を払えるか」―この証明がないとOKがでない
  3） ホームドクター制と入院―ナースの自己紹介、自分で選ぶ食事メニュー、アレルギー等の説明
 （3） 論文審査と評価
  1） 博士学位論文審査の風景―受験生の心情に共感
  2） 財団賞、学会賞の受賞―恩師からの言葉
5 社会福祉学研究からのメッセージ
 （1） 発表し、伝える力
  1） マークシートや携帯メール―知識、思ったことをダイレクトに表現。客観的な評価、簡潔でわかりやすい。
  2） 論文―論理力、言語力が必要。起承転結や主題にそって目的、仮説、根拠を示して自分の意見を語る力。ディベートや小論文の蓄積が必要。よい論文を読むとノウハウを掴める。
  3） 社会福祉は社会的に支援ニーズをもっている人を支え、新たな夢、希望をもってもらう仕事―知的障がい、認知症や孤立しやすい当事者への「共感」、「傾聴」から始まるので、当事者主権（人権）の思想がないと「ほりおこし」やコミュニケーションがとれない。
  4） 社会的発言力の強い立場の人たちからワーキングプアはなまけ者（モラルハザード＝倫理の崩壊）という声がある。就職氷河期、非正規雇用の社会的労働事情を個人の責任にしてしまう風潮もある。人間を景気の安全弁やモノ扱いする見方をしてはならない。人間の生命と尊厳にまさる価値はない。
  5） 先進国に共通する「格差・貧困」。発展途上国にみられる飢えや児童・女性の身売り。地球的規模で①日本を考える、②日本から世界を考える、③日本を越えて世界をみる、④地球的規模で、国境を越えて、考える。
  6） 目は世界を、心は地球的規模で、足は地域に立ち、手は協働・連帯へ、自らの人生を基礎学力を身につけ、それを自らの可能性を切り拓く夢と希望、目標につなげ、いつも志を大きく抱き、そこにむけて努力されることを期待する。

> 7）世界の人々の違い（異質）を受け入れ、そこから学び、信頼と尊敬をもって力をあわせたら、やがて新たな文化、次の地球環境と、人々のその人らしく暮らしあえる社会をつくっていくことができる。
>
> （2010年2月12日）

8　定年後の研究・教育、社会的活動

(1)　**定年後の研究・教育**　龍谷大学は研究者人生の集大成の時期であったが学内行政と社会的活動に多くの時間とエネルギーを注ぐことになり、反省が多い。定年退職後、中部学院大学に任期制（3年間）で採用された。定年退職後の研究業績を「研究のまとめ」として刷子（2013年10月）にして発行した。研究刷子の発行にあたり、次の言葉を述べている。

> **研究冊子の発行において**
>
> 　研究のまとめをささやかでも整理しておくことが次のステップになることから、一つの冊子に収録した。
> 　最初に、日本社会福祉学会が研究の継承と発展のために企画している「学界回顧と展望－貧困・公的扶助部門」を2年間担当し、学会誌に掲載したので、研究動向を概括的にまとめる機会をつくることができた。ここでは、研究動向を概観した論文を収めている。
> 　第2に、全国公的扶助研究会の機関誌に、我が国における生活保護の自立支援の展開をまとめ、日韓比較を行った論文を発表したことから、それを収録している。この論文は、韓国・保健福祉部主催の「国民基礎生活保障法12周年記念国際セミナー」（2012年11月、ソウル）で発表したレジュメに手を入れたものである。
> 　第3に、「朝日訴訟の会」の機関誌『人間裁判』に生活保護法が歴史的な危機に立っていることから、改悪を阻止したいという願いを込め発表した原稿である。この原稿は、先月、取り急ぎ書いたものであり、本格的な学術論文にする前の草稿というべきもので、大幅に書き直し、きちんとした論文に仕上げる前のささやかな作品であることを断っておきたい。
> 　これらの論文は、日本社会福祉学会の論文の一つが、2011年12月となっていることを除けば、何れも、2012年4月以降、今日（2013年10月）までのものである。

ここに収録するかどうか迷ったが、「書評」も一つ入れることにした。埋橋孝文編著『生活保護』ミネルヴァ書房、を同志社大学社会福祉教育・研究支援センターニュースレター（2013年9月）に掲載している。危機にある「生活保護」にどう立ち向かうか。その構えて読んでみた。

　最後に、私の編著で、何れも2013年に発刊した2冊の新刊書のチラシを入れている。一つは『社会福祉原論の課題と展望』であり、社会福祉理論研究も岐路に立っていることが明らかにされている。次に、『韓国における新たな自立支援戦略』であるが、国際的にワークフェアがいわれる中で、韓国が新たな自立支援戦略を構想、実施していることが、日韓の共同研究を通して明らかにされている。

　研究を先送りすると後がないことは自分が誰よりもよく知っている。自らが歴史的、社会的にどこに立っているかを見据え、時代と学問に切り結ぶ研究を、もう少し努力してみようと考えている。

（2013年10月）

　中部学院大学は「任期3年」であり、前回に引き続き「研究のまとめ」（2014年版）を刷子にして発行（2014年12月）した。この刷子における発行の言葉を次に紹介しておきたい。一読すればわかるように、「任期3年」で退職し、職業としての社会福祉研究・教育を離れる決意を述べている。

研究冊子の発行について

　社会福祉研究に定年はない。研究をどのようなところでもやりきる工夫と努力がこれからも必要でないか。龍谷大学を2012年3月に定年退職するときにそう考えた。研究への志を維持するために学会発表を自らに課し「研究のまとめ」を報告できればと考えた。

　昨年に続き、今年も「研究のまとめ」を冊子にして発行し、皆様に報告することにした。しかし、本年度は、この冊子が研究・教育機関（大学）に専任として在籍する最後のものになるという点に特徴がある。社会的不平等や不正への怒り、「何とか」という気力、体力はあるが、区切りやけじめは必要であり、余力のある今が引き際ということになる。

　いつか「自分史」に挑戦するかどうかは未定だが、戦時下に秋田県の鳥海山麓に生まれ、義務教育で北方性教育運動（生活綴り方）の影響を受け、福祉系大学に学

び、セツルメント活動を実践し、秋田県庁民生部（8年）に就職し福祉事務所で生活保護業務を担当した。その後、研究・教育職に変わり、暁学園短期大学（2年）、日本福祉大学（18年）、東洋大学（11年）、そして、龍谷大学（7年）で定年退職を迎えた。定年後、中部学院大学（3年）に勤め、年度末をもって退職する。約半世紀の職業人生を送ったことになる。

「社会福祉とは何か」を一番ヶ瀬康子が『思想』(1970) に発表し、その後著作集（旬報社、1994）に再録しているが、①人権視点をふまえることによって、まず痛みや思いを共感する感性的認識、②それがどういう性格のものであるかという理性的認識、③実践につながる主体的認識、④実存する人間の生活問題から社会福祉学を出発させる、を学び、研究・教育の原点にすえて今日までやってきた。

社会福祉は①社会と人間の科学的研究、②社会正義・人間尊重の豊かな感受性、③社会的・人間的困難を打開する実践と方法、が研究・教育に不可欠である。多くの学恩があった。いつも、社会福祉は「社会的なるもの」を社会科学的にみる視点を高島進から、福祉の思想として「底辺に向かう志」を小倉襄二から、実態（社会問題、貧困）を見る目を江口英一、白沢久一、実践を通して困難を切り拓く視点を浦辺史や浅賀ふさ等から学んだ。社会福祉は固定的なものではなく、常に社会問題を正面から見据え、実践によって改善し、政策への問題提起で切り拓くものであることを学生時代に学んだ。比較研究の視点は、高島進ゼミだったので、一番ヶ瀬康子や吉田久一の研究会に参加できたことが幸いだった。

社会福祉は学問として形成途上の新たな領域であり、書斎で完結する学ではなく、実践が創り上げる学問である。公的扶助や高齢者福祉の現場に関わり、多くのことを学び、約半世紀にわたり社会福祉の道を何とかここまでやってきたのは皆様方のお蔭である。

この冊子は研究・教育機関に所属する最終コーナーで発表した1年間の論文、調査報告、学会発表に限定して収録している。社会活動の報告は別の機会にと考えている。この冊子をお届けして、在野からできる研究に切り替え、今後も研究と実践を続ける予定である。

（2014年2月）

(2) **聖隷クリスファー大学大学院**　研究室の文献・資料を段ボールに分類し、引っ越し業者も決めて、大学を去ろうとする直前、聖隷クリストファー大学大学院から「採用」の打診があった。十分な事前調査をしないと大変なことになることを中部学院大学で経験しており、慎重になった。大学院で研究・教

育が十分可能であるかどうか。その点が課題であったことから、そのことを確認し、「最後の仕事」を決意した。

　龍谷大学を定年退職してからの近況と研究動向を次に報告しておきたい。龍谷大学の後半、学内行政に多くの時間を費やし、まともな研究をきちんとやらなかった。「やれなかった」という弁解は許されない。この点は厳しく自戒し、次にいかすべきだと考えてきた。次に述べる近況と研究動向から、少し軌道修正したことをご理解いただけるであろうか。

　（i）研究・教育、社会貢献活動の近況　　研究に定年はないが、問題意識や感性、日頃からの資料整理を心がけ、ここ一番の集中力をその時々に引き出せるようにしておかなければならない。いずれにしても「体力」がないと続かない。今のところ大きな問題はないが、右目が見えなくなり、2月に白内障の手術をしている。経過はいいが「そろそろ」信号が点滅し始めたことを自覚しなければならない。研究計画を柔軟に組み合わせてやっていくしかないものと考えている。

　2016年3月末で、社会福祉の実践・研究・教育を始めてから満50年になる。一つの道を半世紀にわたり歩むことができたのは、多くの方々のお世話、ご支援があってのことであり、ひとりで歩んできたわけではない。最近、研究・教育で、ご指導を受け、お世話になった先生方や先輩、友人がこのところ旅立っていく。『社会福祉研究』編集部から「仲村優一先生の追悼企画」の依頼（『社会福祉研究』第125号、鉄道弘済会、2016年4月）があり、いつの間にか「戦後社会福祉研究の語り部」のような役割を依頼される「年頃」になってきている。確かに、同世代で「現役」も次第に少なくなっている。

　最近、何をやっているか。研究・教育は、2015年4月から聖隷クリストファー大学社会福祉学研究科に勤め、この4月から研究科長を命じられている。役職人事が本人のしらないところで、選挙を伴わないやり方で決められ、「晴天の霹靂」である。新学期、幕が開くと、現実は入学者が修士課程（定員10人）に1名、博士課程（定員3人）に2名、に象徴される問題と課題を持っている。この問題の根が深く、構造的なものであり、原因の究明、他大学の調査、関連団体や専門職能団体との協議、それを踏まえ学内組織の手続き、教員

への問題意識の共有、等を図りながら進めなければならない。想像しただけで「時間とエネルギー」の予測がつく。4月に入るや、待ち構えていたようにヤマのような書類、「あて職」に伴う各種の委員会や会議、これでは研究どころか潰されてしまいかねない。まだ、仕事の全体像が見えてこない。緊張と不安の中で過ごしている。全力を尽くし、早く道筋をつけて次にバトンタッチできるようにしていくことを考え、取り組む以外にない。

　研究・教育と共に重視していることに社会貢献活動がある。学会の文献賞審査委員等をしているが、最も力を入れているのは学識経験者枠で活動している社会福祉法人の業務である。首都圏は、社会福祉法人サンフレンズ（杉並）の理事長を、2002年から2012年まで、一番ヶ瀬康子先生から引き継いで行い、現在も理事をしている。中山間地域では、2013年から、岐阜県加茂郡白川町にある社会福祉法人サンシャイン福祉振興会の理事長をしている。

　我が国の介護政策は混迷と先行き不透明になっている。介護への公的責任を回避し、家族介護や共助へ、そして営利型（株式会社）に委ねる路線に入っている。首都圏は各種施設の乱立と過当競争で「良質のサービス」を打ち出しようにも職員が集まらないし、今の介護基準で、要介護3以上では職員が倒れる。

　私がかかわる白川町は、中山間地域を代表する地域だが、高齢化率約45％、少子化は学校運営に深刻な問題を投げかけている。「人口のダム」に合流し「地方消滅」という論理と政策に対抗し、中山間地域の特性を生かし、暮らしを支える事業を展開し、それに伴う人的ネットワークと雇用を創り出していきたいと考えている。介護施設の新設・増設に終止符をうち、介護保険が対象としない、新たな在宅サービスを開拓、実施シテいく時期に入ったと認識している。介護実践の現場から中山間地域の新たなまちづくりモデルを創り、一方で介護保険を正し、批判し、政策提言していく役割が使命と考えている。

　時代の大きな転換期、戦後70年を経過し、憲法や人権が社会的テーマになっている。一方で、平和や原発政策という国の理念やエネルギー政策の根本が大きく揺らいでいる。この1年間、私なりに、時代に立ち向かったつもりであるが、結果をみるとささやかなものにすぎない。これから「時間をひねり出す」

ための自分との闘いが避けられない。「言い訳」にしない生き方をしなければ大変なことになる。大事なことは「時代に立ち向かう」思想、生き方、方法なのかもしれないと考えている。

　「福島原発事故」から5年を経過し、もっとも困難な立場に置かれている「自主避難」を取り上げ「チェルノブイリの祈り」や「苦海浄土」を取り上げたのも、私の価値観からすれば自然なことである。この大きなテーマを避けて、保健・医療・福祉の研究者といえるのか。正面から、原発事故と向き合うこと、それは「自主避難」の構造を考えることに始まる。そのように考え、チェルノブイリ原発事故の現場、「死の町」といわれるプリピャチに足を運んだ（2015年9月）。繁栄を極めた原発都市が一夜にして荒廃し、どんなに慌てふためき避難したのか。その傷跡を生々しく残している現場に立ち、空気を吸ったことは忘れられない。そこから避難した方々、多くのがんや健康障害に悩む方々からの聞き取り調査を行った。ホットスポットにも調査訪問をした。「避難も、残るも」命がけである。チェルノブイリ原発事故から30年、放射性物質は旧石棺内部でどうなっているのか。いまだに究明されていない。これは福島原発事故でも同様である。原発事故の「避難者」問題、これを機会に、今後さらにどうまとめるか。いくつかの研究方法があるが、風化させてはならない。取り組むには、課題も多く残っている。ご批判をいただければ幸いである（2016年4月）。

　(ⅱ)　最近における研究動向—2011年以降の断片　　龍谷大学の定年退職（2012年3月）を前にして、学内業務と研究・教育の振り分け、両立がうまくいかなかったことを自戒し、私なりに軌道修正を内心、心掛けた。この方向に切り替え、どのようなものを世に問うたのか。以下が、その時期から現在までの業績一覧である。研究計画をたて、その方向に舵を取り、もう少し研究を発展させたいと考えている。

1　著　書
　（1）　大友信勝・永岡正己編著『社会福祉原論の課題と展望』高菅出版、2013年5月
　（2）　大友信勝編著『韓国における新たな自立支援戦略』高菅出版、2013年10月

2　調査報告書
（1）　第1章　学校現場からみる子どもたちの課題
　　『子どもの笑顔がまちを照らす―地域学習支援プログラム「大熊モデル」の取り組みから―』東日本大震災及び原子力発電所事故によって避難生活をおくる児童を対象とした学習支援活動に関する研究、一般財団法人こども未来財団、会津大学短期大学部、戸田典樹、2014年3月、9 - 20
（2）　第1章　放置できない自主避難者問題
　　『三重苦を背負う自主避難者たち―母子避難者、県内自主避難者の声に耳を傾けて―』会津大学短期大学部、戸田典樹、2014年3月、7 - 16
3　論　文
（1）　2010年度学界回顧と展望「貧困・公的扶助部門」『社会福祉学』Vol.52- 3号、日本社会福祉学会、2011年11月、106-118
（2）　2011年度学界回顧と展望「貧困・公的扶助部門」『社会福祉学』Vol.53- 3号、日本社会福祉学会、2012年11月、160-175
（3）　生活保護バッシングへの視座『人間裁判』第7号、特定非営利活動法人朝日訴訟の会、2013年9月　10-20
（3）　日本における生活保護の自立支援、季刊『公的扶助研究』通巻第229号、全国公的扶助研究会、2013年5月、28-43
（4）　特集：排除・差別と向き合う専門職―専門職としての省察、総論　差別意識とその克服への視座『社会福祉研究』第121号、公益財団法人、鉄道弘済会、2014年10月、4 -12
（5）　生活保護「改革」とバッシング、季刊『公的扶助研究』通巻第235号、全国公的扶助研究会、2014年10月、16-27
（6）　貧困ソーシャルワークの特徴と専門職アイデンティティ―福祉事務所に関する政策動向を中心に―『ソーシャルワーク実践研究』第2号、2015年9月、19-32
（7）　昭和恐慌から戦時下の社会事業―社会事業の成立、変質、厚生事業―『社会事業史研究』第48号　社会事業史学会、2015年9月、23-43
（8）　第7章　自主避難者への社会的支援『福島原発事故　漂流する自主避難者たち』明石書店、2016年3月、169-195
（9）　「仲村・岸論争」から学び得たもの『社会福祉研究』第125号、公益財団法人、鉄道弘済会、2016年4月、17-25
4　学会等研究発表
（1）　韓国・京畿大学大学院社会福祉学科　国際学術セミナー

「日本における生活保護の特徴と課題」（ゲストスピーカー）京畿大学、2011年11月
（2）　韓国・保健福祉部「基礎生活保障法12周年記念国際シンポジウム」
「日本における生活保護の自立支援」（ゲストスピーカー）国会図書館、2012年11月
（3）　愛知県司法書士会研究集会　基調講演
「自殺問題をどう見るか─社会福祉学からのアプローチ」（ゲストスピーカー）愛知県司法書士会館、2014年2月
（4）　大会企画シンポジウ「日本のソーシャルワーク実践・理論の継承と創造的発展」
「社会福祉原論とソーシャルワーク」日本ソーシャルワーク学会第31回大会、日本福祉大学、2014年6月
（5）　特定課題セッションⅣ「原発事故による自主避難者への社会的支援の必要性を考える」
「福島第1原子力発電所事故における自主避難者の背景と本質」日本社会福祉学会第62回秋季大会、早稲田大学、2014年11月
（6）　大会企画シンポジウム「戦争・社会福祉・人権─「排除の歴史」を問い直す─」
昭和恐慌から戦時下の社会事業─社会事業の成立、変質、厚生事業─」
社会事業史学会第43回大会　愛知県立大学　2015年5月
（7）　日韓両国における生活困窮者支援の比較研究（共同研究）
「日韓両国における中間的就労の比較研究」社会政策学会第131回（2015年秋季）大会、西南学院大学、2015年11月
（8）　日本福祉大学同窓会設立60周年記念シンポジウム、基調講演
「日本の社会福祉教育に反映される社会福祉の専門性─日本福祉大学に焦点を当てて」日本福祉大学同窓会・日本福祉大学社会福祉学会、日本福祉大学、2015年11月
（9）　聖隷クリストファー大学社会福祉学会　基調講演
「貧困ソーシャルワークの動向と新たな自立論」聖隷クリストファー大学社会福祉学会第10回大会、聖隷クリストファー大学、2016年3月

（2016年4月11日）

9 おわりに

　「自分史」をどう書くのか、このテーマは難しい。人生の節目における感情や思い出、その評価は必ずみる人によって意見が分かれるであろう。ここでは、職業人生につながる「研究・教育」に焦点をあて述べてみた。

　人生の節目や転機を乗り越えてきたのは志を同じくする先輩や仲間たち、すばらしい恩師、同僚にめぐり合い、多くのご支援とお世話をいただいたからである。最後に述べておきたいのは、同僚の川田誉音先生である。ソーシャルワークが専門であり、「社会福祉とソーシャルワーク」(『社会福祉原論の課題と展望』)の論文は興味深い。私が日本福祉大学で教員をしている時に赴任され、その後、龍谷大学、中部学院大学において大学院を共に担当することになった。学問への見識、先行研究・専門的文献・資料への目配りと読みの深さ、冷静で客観的な評価、院生への誠実な対応、専門職業人として大事なものを学ばせてもらった。職業人生の後半、大学院博士後期課程において幾つかの修羅場があった。川田先生の洞察力と助言にどれほど救われたことか。いい同僚に恵まれたと思っている。

　残念なこともある。二人の優れた研究者を相次いでがんで見送ることになってしまった。ひとりは、野中ますみ（大阪人間科学大学）さんである。龍谷大学大学院で博士の学位（社会福祉学）を取得（2012年）した。博士論文を出版したいという依頼文を受け取ったが、2014年に急逝した。これからの介護福祉学を中心的に担う研究者として期待していた。野中さんの無念さを推察し、元ゼミ生たちに諮り、編集を担い、博士論文『ケアワーカーの歪みの構造と課題』（あいり出版、2015年）を1周忌に合わせ出版した。もうお一人は、山邊朗子（龍谷大学）さんであり、2015年に急逝した。私が龍谷大学社会学部長時代に教務委員長として活躍し、大学院で東アジアプロジェクトを立ち上げたとき、事務局長として大事な仕事を担ってもらった。これからの龍谷大学はもとより、社会福祉学（ソーシャルワーク）研究を背負い、指導していく立場にあった。将来性豊かな、大きな期待をかけている研究者、しかも若い研究者に早く逝かれると全身の力が抜けていく。悔しいというより無念である。

この原稿を準備している時に恩師の高島進先生の訃報に接した。秦安雄先生の偲ぶ会の情報も耳にした。自分の年齢や社会的位置を改めて考えることになった。これからの仕事は、研究とともに、次の時代を担う人材育成に焦点をおき、そこにつながる役割を少しでも果たせればと考えている。

大友　信勝先生　略歴
（おおとも　のぶかつ）

学　歴

1966年3月	日本福祉大学社会福祉学部社会福祉学科卒業
2001年3月	博士（社会福祉学）（東洋大学）

職　歴

1966年4月	秋田県庁民生部福祉課社会福祉主事（1974年3月まで）
1974年4月	暁学園短期大学幼児教育科専任講師（1976年3月まで）
1976年4月	日本福祉大学女子短期大学部専任講師（1981年3月まで）
1981年4月	日本福祉大学女子短期大学部助教授（1983年3月まで）
1983年4月	日本福祉大学社会福祉学部助教授（1991年3月まで）
1991年4月	日本福祉大学社会福祉学部教授（社会福祉総論、社会福祉専門演習担当）（1994年3月まで）
1994年4月	東洋大学社会学部教授（老人福祉論、公的扶助論、社会福祉政策論）（2005年3月まで）
2005月4月	龍谷大学社会学部教授（社会福祉学原論、臨床福祉学演習）（2012年3月まで）（2006年4月～2009年11月：大学院社会学研究科長、2009年7月～2011年3月：社会学部長・龍谷大学理事）
2012年4月	中部学院大学教授（社会福祉概論、社会福祉事業史、現代貧困論）（2015年3月まで）
2015年4月	聖隷クリストファー大学大学院教授（ソーシャルワーク特講、ソーシャルワーク特講演習、社会福祉学特別研究）（2016年4月、大学院社会福祉学研究科長）

海外留学

1989年8月～1990年8月	カンタベリー大学ソーシャルワーク学部（ニュージーランド・クライストチャーチ）
2000年4月～2001年3月	クィーンエリザベスセンター（オーストラリア・ビクトリア州バララット）

担当科目

社会福祉（学）原論（社会福祉総論）、公的扶助論、老人福祉論、社会福祉政策論、保健福祉計画論、社会福祉行財論研究、社会福祉援助技術実習、社会福祉援助技術演習、社会福祉専門演習

非常勤講師歴

弘前学院大学、鳥取大学、沖縄国際大学、同朋大学

学術的社会活動

1　学会活動

1970年10月	日本社会福祉学会会員（現在に至る）
1976年5月	社会事業史研究会（1998年5月、社会事業史学会に改組）、（2010年5月～2011年4月、2015年5月～2018年5月社会事業史文献賞審査委員）
1980年4月	日本社会政策学会会員（現在に至る）
1987年11月	日本地域福祉学会会員（現在に至る）
1987年11月	日本地域福祉学会理事（2002年6月）
1992年10月	日本社会福祉学会理事（1998年9月）
1992年4月	日本社会事業学校連盟事務局長（1994年3月）
1996年4月	日本社会事業学校連盟事務局長（1998年3月）
1998年4月	日本社会事業学校連盟東京事務所長（2000年3月）
2001年10月	日本社会福祉学会理事（2005年10月～2007年9月、研究統括理事、政策・理論フォーラム企画委員）（2007年9月）
2002年4月	日本社会福祉教育学校連盟大学院教育検討委員会委員（2010年度同検討委員会委員長）
2007年4月	日本社会福祉教育学校連盟評議員（2007年度、全国社会福祉教育セミナー委員長）（2011年3月）
2007年4月	龍谷大学福祉フォーラム会長（2011年3月）
2009年1月	査読委員　日本社会福祉学会（2012年3月）
2009年9月	日本学術会議連携会員（2011年9月）
2016年8月	日本村落研究学会会員（現在に至る）

2　学会・研究会活動（元を含む）

日本社会福祉学会（元理事）、日本地域福祉学会（元理事）、社会事業史学会（文献賞

審査委員)、社会政策学会、日本高齢者虐待防止学会、全国公的扶助研究会

3　社会活動
1989年4月	社会福祉法人安全福祉会理事（2001年から顧問）
1989年4月	社会福祉法人白泉会理事（2014年から理事長、現在に至る）2016年4月、法人名変更（サンシャイン福祉振興会）
2001年5月	社会福祉法人サンフレンズ理事（2002年4月から2012年3月まで理事長）（現在に至る）
2001年5月	文京区社会福祉協議会・運営適正化委員会副委員長（2005年3月）
2002年11月	（財）長寿社会開発センター「福祉公社等のあり方検討委員会」委員長（2004年3月）
2003年4月	（財）武蔵野市福祉公社理事（2007年3月）
2004年5月	文京区地域福祉推進協議会副会長（2005年3月）
2007年4月	滋賀県社会福祉事業団理事（2011年3月）
2008年4月	大津市社会福祉協議会・地域福祉活動計画策定委員会委員長（2009年3月）
2014年4月	社会福祉法人知多福祉会理事（現在に至る）
2016年4月	社会福祉法人サンシャイン福祉振興会理事長（現在に至る）

受賞歴

1968年5月	第1回日本福祉大学社会福祉学会学術奨励賞
2002年3月	第3回安田火災記念財団・社会福祉学術文献賞
2002年5月	第21回社会福祉事業史文献賞（社会事業史学会）

293

執筆者紹介

(①現職 ②最終学歴・取得単位 ③主著)

■監修者

大友 信勝（おおとも のぶかつ） 　　　　　　　　　　　　　　終　章
① 聖隷クリストファー大学大学院（教授）
② 日本福祉大学卒業　博士（社会福祉学）
③ 『公的扶助の展開――公的扶助研究運動と生活保護行政の歩み』旬報社、2000年

■編者

權　順浩（くぉん すんほ） 　　　　　　　　　　　　　　　巻頭言、10章
① 神戸親和女子大学（講師）
② 龍谷大学大学院社会学研究科社会福祉学専攻博士後期課程修了　博士（社会福祉学）
③ 「在宅家族介護者の所得保障に関する研究」（博士論文）、2013年度

船本 淑恵（ふなもと よしえ） 　　　　　　　　　　　　　　巻頭言、8章
① 大阪大谷大学（准教授）
② 龍谷大学大学院社会学研究科社会福祉学専攻博士後期課程単位取得満期退学　修士（社会福祉学）
③ 「障害者グループホーム入居者の地域生活支援に関する研究――世話人の地域における業務内容に焦点を当てて」『大阪大谷大学紀要』49、2015年

鵜沼 憲晴（うぬま のりはる） 　　　　　　　　　　　　　　巻頭言、1章
① 皇學館大学（教授）
② 龍谷大学大学院社会学研究科社会福祉学専攻博士後期課程単位取得満期退学　博士（社会福祉学）
③ 『社会福祉事業の生成・変容・展望』法律文化社、2015年

■執筆者（五十音順）

青木 聖久（あおき きよひさ） 　　　　　　　　　　　　　　　　6章
① 日本福祉大学（教授）
② 龍谷大学大学院社会学研究科社会福祉学専攻博士後期課程修了　博士（社会福祉学）
③ 『精神障害者の生活支援――障害年金に着眼した協働的支援』法律文化社、2013年

磯野　博（いその ひろし） 　　　　　　　　　　　　　　　　　7章
① 静岡福祉医療専門学校（常勤教員）

②龍谷大学大学院社会学研究科社会福祉学専攻博士後期課程単位取得満期退学　修士（社会学）
③「無年金障害者問題の今日的特徴と障害年金の課題」『福祉社会開発研究』11、日本福祉大学大学院、2016年

大友　芳恵（おおとも　よしえ）　　　　　　　　　　　　　　　　　　　　13章
①北海道医療大学（教授）
②北海道大学大学院教育学研究科教育学専攻博士課程単位取得満期退学　博士（教育学）
③『低所得高齢者の生活と尊厳軽視の実態―死にゆきかたを選べない人びと』法律文化社、2013年

門　道子（かど　みちこ）　　　　　　　　　　　　　　　　　　　　　　　9章
①神戸親和女子大学（准教授）
②龍谷大学大学院社会学研究科社会福祉学専攻博士後期課程単位取得満期退学　修士（社会福祉学）
③「ソーシャルワークの近接領域としての就学前教育・保育の場における保育者の役割―幼稚園・保育所一元化の先がけ的役割をもつ認可外幼児教育施設の実践から」『龍谷大学社会学部紀要』第39号、2011年

竹之下　典祥（たけのした　のりよし）　　　　　　　　　　　　　　　　　5章
①盛岡大学（准教授）
②中部学院大学大学院人間福祉学専攻博士後期課程中退　修士（教育学、社会福祉学）
③「第1部第2章　住民主体に求められる要件―草の根地域福祉モデルを岩手県旧沢内村から」井岡勉・賀戸一郎監修、加藤博史・岡野英一・竹之下典祥・竹川俊夫編『地域福祉のオルタナティブ―＜いのちの尊厳＞と＜草の根民主主義＞からの再構築』法律文化社、2016年

田中　聡子（たなか　さとこ）　　　　　　　　　　　　　　　　　　　　　4章
①県立広島大学（教授）
②龍谷大学大学院社会学研究科社会福祉学専攻博士後期課程修了　博士（社会福祉学）
③「第6章　子どもの貧困に抗うための実践」埋橋孝文・矢野裕俊編『子どもの貧困／不利／困難を考えるⅠ』ミネルヴァ書房、2015年

戸田　典樹（とだ　のりき）　　　　　　　　　　　　　　　　　　　　　　2章
①神戸親和女子大学（教授）
②龍谷大学大学院社会学研究科社会福祉学専攻博士後期課程修了　博士（社会福祉学）
②『福島原発事故漂流する自主避難者たち―実態調査からみた課題と社会的支援のあり方』明石書店、2016年

武藤　敦士（むとう　あつし）　　　　　　　　　　　　　　　　　　　　　　3章
①高田短期大学（助教）
②立命館大学大学院社会学研究科応用社会学専攻博士課程後期課程在学中　修士（社会福祉学）
③「母子世帯の貧困の性格とその対応に関する課題―母子生活支援施設入所世帯の分析から」『日本の科学者』第51巻第2号（通巻577号）、2016年

森田　靖子（もりた　やすこ）　　　　　　　　　　　　　　　　　　　　　　11章
①長野大学（助教）
②龍谷大学大学院社会学研究科社会福祉学専攻博士後期課程単位取得満期退学　修士（社会学）
③「第7章4節　釜山ドルボム社会サービスにおける介護人材（ドルボミ）育成事業―ともに支えあい、ともに成長する協働の人材育成事業を通した貧困の克服に学ぶ」大友信勝編著『韓国における新たな自立支援戦略』高菅出版、2013年

湯川　順子（ゆかわ　じゅんこ）　　　　　　　　　　　　　　　　　　　　　12章
①県立広島大学（助教）
②龍谷大学大学院社会学研究科社会福祉学専攻博士後期課程単位取得満期退学　修士（社会福祉学）
③「高齢期における社会的孤立への地域福祉活動の可能性と限界」『龍谷大学大学院研究紀要　社会学・社会福祉学』18、2011年

李　栖瑛（り　すよん）　　　　　　　　　　　　　　　　　　　　　　　　　14章
①ソウルサイバー大学（准教授）
②東洋大学大学院社会福祉学研究科社会福祉学専攻博士後期課程修了　博士（社会福祉学）
③「老人療養病院の老人虐待実態分析」『韓国産学技術学科紙』2016年

Horitsu Bunka Sha

社会福祉研究のこころざし

2017年3月25日 初版第1刷発行

監修者	大友信勝
編　者	權　順浩・船本淑恵 鵜沼憲晴
発行者	田靡純子
発行所	株式会社 法律文化社

〒603-8053
京都市北区上賀茂岩ヶ垣内町71
電話 075(791)7131　FAX 075(721)8400
http://www.hou-bun.com/

＊乱丁など不良本がありましたら、ご連絡ください。
　お取り替えいたします。

印刷：西濃印刷㈱／製本：㈱藤沢製本
装幀：白沢　正
ISBN 978-4-589-03836-4

© 2017 N. Otomo, S. Kwon, Y. Funamoto, N. Unuma
Printed in Japan

JCOPY 〈(社)出版者著作権管理機構　委託出版物〉

本書の無断複写は著作権法上での例外を除き禁じられています。複写される
場合は、そのつど事前に、(社)出版者著作権管理機構(電話03-3513-6969、
FAX03-3513-6979, e-mail: info@jcopy.or.jp)の許諾を得てください。

井岡 勉・賀戸一郎監修／
加藤博史・岡野英一・竹之下典祥・竹川俊夫編

地域福祉のオルタナティブ
―〈いのちの尊厳〉と〈草の根民主主義〉からの再構築―
A5判・250頁・2900円

戦後日本の地域福祉の展開と到達点を踏まえ、地域福祉が立脚すべき価値や目的・手法を明示し、理論・政策・実践のそれぞれにおける問題傾向と課題を考察する。地域共同体の再構築への方途を提供する。

増田雅暢著

介護保険の検証
―軌跡の考察と今後の課題―
A5判・208頁・2500円

制度実施から15年が経過した介護保険について、これまで4回の制度改正の経緯・概要および課題を包括的に分析、考察する。制度を巡る社会状況が大きく変化するなか、制度のあり方につき諸論点を整理し、今後の課題を提起する。

田中和男・石井洗二・倉持史朗編

社会福祉の歴史
―地域と世界から読み解く―
A5判・224頁・2400円

急速に変化する現在の社会福祉の課題を明らかにするためにその原型となる思想・実践を概観。前近代から説き起こし、古代から明治・大正期、戦中・戦後に至る数百年単位の時間の中で、現在の複雑化する制度の在り方を捉え直す。

青木聖久著

精神障害者の生活支援
―障害年金に着眼した協働的支援―
A5判・266頁・2300円

障害年金に着眼し、社会資源の活用による精神障害者への協働的支援のあり方を考察。PSWとしての長年の経験を活かし、精神障害者が地域社会でよりよく暮らすための生活支援システムの構築を提起する。

鵜沼憲晴著

社会福祉事業の生成・変容・展望
A5判・338頁・6900円

これまでの社会福祉事業の史的変遷と展開に時期区分を設け、各時期の社会的背景の変化や理念の浸透などをふまえつつ各構成要素の変容過程を綿密に分析。これからの社会福祉事業のあり方と実現のための課題を提示する。

山本惠子著

英国高齢者福祉政策研究
―福祉の市場化を乗り越えて―
A5判・282頁・5600円

市場化・地域化・連携化をキーワードに、英国の高齢者福祉政策の理論と実際を分析、考察する。なかでも福祉の市場化と財政に焦点をあて、新たな福祉多元主義のもとでの介護財源のあり方を追究。日本への示唆にも富む。

―法律文化社―

表示価格は本体(税別)価格です